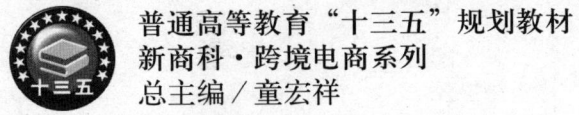

普通高等教育"十三五"规划教材
新商科·跨境电商系列
总主编／童宏祥

电子商务法律实务

童宏祥 王卓亚 崔慧华／编著

立信会计出版社
LIXIN ACCOUNTING PUBLISHING HOUSE

图书在版编目(CIP)数据

电子商务法律实务 / 童宏祥,王卓亚,崔慧华编著
. —上海:立信会计出版社,2019.1
ISBN 978 - 7 - 5429 - 6067 - 2

Ⅰ.①电… Ⅱ.①童… ②王… ③崔… Ⅲ.①电子商务—法规—中国—高等职业教育—教材 Ⅳ.
①D922.294

中国版本图书馆 CIP 数据核字(2019)第 014072 号

策划编辑　　余　榕
责任编辑　　余　榕
封面设计　　南房间

电子商务法律实务

出版发行	立信会计出版社			
地　　址	上海市中山西路 2230 号	邮政编码	200235	
电　　话	(021)64411389	传　真	(021)64411325	
网　　址	www.lixinaph.com	电子邮箱	lxaph@sh163.net	
网上书店	www.shlx.net	电　话	(021)64411071	
经　　销	各地新华书店			
印　　刷	浙江省临安市曙光印务有限公司			
开　　本	787 毫米×1092 毫米　　1/16			
印　　张	20.5			
字　　数	274 千字			
版　　次	2019 年 1 月第 1 版			
印　　次	2019 年 1 月第 1 次			
印　　数	1—3100			
书　　号	ISBN 978 - 7 - 5429 - 6067 - 2/D			
定　　价	45.00 元			

如有印订差错,请与本社联系调换

总　　序

当下,我们正处于一个互联网、大数据、人工智能快速发展与变革的时代,各种新业态和新商业模式层出不穷,给高等学校的专业建设带来了机遇与挑战。高等学校的人才培养必须适应我国新技术、新产业、新业态和新模式的新需求,由此必须对现有的专业领域及课程设置做出相应的调整或更新。教育部长陈宝生在新时代全国高等学校本科教育工作会议上的讲话中指出:"当前,我国高等教育改革发展已经进入深水区,某些领域也开始进入无人区,没有现成的经验可以模仿复制,需要有旱路不通走水路、水路不通走山路、山路不通开新路的敢为天下先的勇气,不断推动高等教育的思想创新、理念创新、方法技术创新和模式创新。"

新商科是基于新技术、新业态和新模式的背景提出的,其涉及《普通高等学校本科专业类教学质量国家标准》中设置的国际商务、电子商务、物流管理、市场营销和商务英语等专业,涉及外贸企业和跨境电子商务企业的外贸单证专员、外贸采购专员、跨境营销专员、外贸业务专员、跨境电商运营专员、跨境电商物流专员、跨境电商报检专员、跨境电商报关专员等岗位所必须具备的知识、技能等职业能力课程,需要根据岗位要求调整课程结构,完善课程内容,形成一个跨专业领域的课程体系。2017年以来,上海立达学院成立了"新商科·跨境电商系列"教材编写课题组,对外贸企业、跨境电子商务企业和国际物流企业的岗位设置、岗位要求和职业素养等方面进行了调研,开展了专家访谈,经过分析与归类,制定了岗位职业能力表,并在此基础上拟定了新商科课程体系,其中专业课程模块系列教材包括《国际贸易实务》《跨境电商实务》《外贸英语制单》《跨境市场营销》《跨境贸易跟单》《跨境电商物流》《报检报关理论与实务》《电子商务数据应用基础》《电子商务法律实务》《国际商法》《跨境电商运营》《国际贸易模拟操作》等。该系列教材具有以下五大特色。

1. 新理念

基于协同学的方法理论,立足工作过程的视角,跨越学科的界限,创立新商科的体系,为外贸企业和跨境电子商务企业培养复合型的专门人才。

2. 新视角

基于"互联网+"的战略,贯通线上线下的脉络,打造国际贸易与跨境电子商务复合型新商科平台。

3. 新结构

基于新商科的视角,构建"国际商务、市场营销、物流管理+电子商务"多元化模块,对接新商科的业态化。

4. 新知识

基于新商科的学科领域,介绍新商科的生态圈,重述产业链,传授新模式、新流程、新手段等方面的理论知识、信息化技术和专业技能。

5. 新思想

基于"三全"育人的视角,专业课程中融入思政教育,培育和践行社会主义核心价值观,坚持立德树人。

"新商科·跨境电商系列"教材在策划与建设过程中,得到了上海立达学院董事会、校领导的指导和关心,得到了立信会计出版社的大力支持和编辑余榕老师的具体帮助,在此表示衷心地感谢。

"新商科·跨境电商"是一个全新的专业学科领域,在探索新商科课程体系及课程建设过程中难免会有不足之处,希望同仁不吝赐教,批评指正。

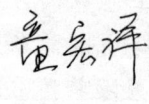

2019 年 1 月

前　言

上海立达学院党委为深入贯彻落实习近平总书记在全国高校思想政治工作会议上的重要讲话精神，制订了《关于加强和改进思想政治教育工作三年计划》，并根据上海市教育卫生工作党委关于开展课程思政教育教学改革的精神，探索构建"三全"育人大思政教育体系。上海立达学院经管学院在校党委的直接领导下，根据《关于加强和改进思想政治教育工作三年计划》的要求，结合新商科的专业建设，对电子商务、国际商务、报关与国际货运、物流管理等专业的核心课程进行课程思政教材建设，与学校课程思政工作室一起研究制订了《电子商务法律实务》教材的编写计划。

本教材具有以下三个方面的特点。

1. 教材内容与社会主义的核心价值观、荣辱观相融合

本教材依据我国相关的法律、法规，将"富强、民主、文明、和谐、自由、平等、公正、法治、爱国、敬业、诚信、友善"社会主义核心价值观的内容和社会主义"八荣八耻"的荣辱观作为导引模块，分别融入各章，在每章设置"阅读思考"，并设置"课程思政议题"，将法律知识与思政教育进行结合，达到课程思政的教学目的。本教材的具体内容如下：第一章为大众创业——电子商务主体法律制度（培育和践行社会主义核心价值观——"富强"）；第二章为契约精神——电子商务合同法律制度（培育和践行社会主义核心价值观——"自由、平等"）；第三章为诚信之本——电子商务合同标的法律制度（培育和践行社会

主义核心价值观——"诚信");第四章为全民守法——电子商务市场监管法律制度(培育和践行社会主义核心价值观——"法治");第五章为营商环境——电子商务物流法律制度(培育和践行社会主义核心价值观——"敬业");第六章为利国之爱——电子商务结算法律制度(培育和践行社会主义核心价值观——"公正");第七章为忠于职守——电子商务仲裁诉讼法律制度(倡导社会主义荣辱观——"八荣八耻")。

2. 法律制度与电子商务交易过程相衔接

本教材根据电子商务交易的过程,从公司设立、合同成立、合同标的、货款支付、市场监管、争议解决入手,分别介绍相关的法律制度。本教材的具体结构如下:第一章介绍了电子商务主体法律制度;第二章介绍了电子商务合同法律制度;第三章介绍了电子商务合同标的法律制度;第四章介绍了电子商务市场监管法律制度;第五章介绍了电子商务物流法律制度;第六章介绍了电子商务结算法律制度;第七章介绍了电子商务仲裁诉讼法律制度。

3. 教学案例与道德法律教育相融通

本教材针对不同章节的教学内容,结合电子商务行业中不同的违法行为,相应设置多个小案例,引入思想道德教育,力图将电子商务法律教学与思想政治教育进行有机结合。

本教材由上海立达学院经管学院院长童宏祥策划与总纂,并与工商管理专业主任王卓亚和电子商务专业主任崔慧华共同编著。本教材的具体编写分工如下:童宏祥(第一章、第二章、第三章),崔慧华(第四章、第五章),王卓亚(第六章、第七章)。

感谢上海立达学院校领导和课程思政工作室的同仁在策划与编写过程中给予的指导和关心,感谢经管学院的王平、陈琳和侯莉莉三位老师在编写过程中给予的各种帮助。由于笔者水平有限,书中难免有疏漏,恳请同行和专家不吝赐教。

编　者
2019 年 1 月

目　录

第一章 大众创业——电子商务主体法律制度 ………………… 1
　　第一节　商事组织法律制度 ………………………………… 2
　　第二节　有限责任公司 ……………………………………… 17
　　第三节　股份有限公司 ……………………………………… 26
　　第四节　电子商务企业 ……………………………………… 32
　　阅读思考 …………………………………………………… 42
　　复习与思考 ………………………………………………… 42
　　课程思政议题 ……………………………………………… 47

第二章 契约精神——电子商务合同法律制度 ………………… 49
　　第一节　《合同法》 ………………………………………… 50
　　第二节　《电子商务法》与《电子签名法》 ……………… 73
　　阅读思考 …………………………………………………… 87
　　复习与思考 ………………………………………………… 88
　　课程思政议题 ……………………………………………… 92

第三章 诚信之本——电子商务合同标的法律制度 …………… 94
　　第一节　《产品质量法》 …………………………………… 95
　　第二节　《著作权法》 ……………………………………… 113

第三节 《专利法》……………………………………… 125
第四节 《商标法》……………………………………… 135
阅读思考 ………………………………………………… 148
复习与思考 ……………………………………………… 150
课程思政议题 …………………………………………… 154

第四章 全民守法——电子商务市场监管法律制度 ……… 155
第一节 《消费者权益保护法》………………………… 156
第二节 《侵权责任法》………………………………… 168
第三节 《反垄断法》…………………………………… 174
第四节 《反不正当竞争法》…………………………… 185
阅读思考 ………………………………………………… 192
复习与思考 ……………………………………………… 193
课程思政议题 …………………………………………… 197

第五章 营商环境——电子商务物流法律制度 …………… 199
第一节 《民用航空法》………………………………… 200
第二节 《海商法》……………………………………… 207
第三节 《铁路法》……………………………………… 214
第四节 《邮政法》……………………………………… 218
第五节 《快递暂行条例》……………………………… 224
阅读思考 ………………………………………………… 232
复习与思考 ……………………………………………… 233
课程思政议题 …………………………………………… 237

第六章 利国之爱——电子商务结算法律制度 …………… 238
第一节 《票据法》……………………………………… 239
第二节 金融机构《支付结算办法》…………………… 249
第三节 《非金融机构支付服务管理办法》…………… 268

阅读思考 …………………………………………… 280
复习与思考 …………………………………………… 281
课程思政议题 ………………………………………… 286

第七章 忠于职守——电子商务仲裁诉讼法律制度 ……… 287
第一节 《仲裁法》 …………………………………… 288
第二节 《民事诉讼法》 ……………………………… 298
阅读思考 ……………………………………………… 311
复习与思考 …………………………………………… 311
课程思政议题 ………………………………………… 315

第一章　大众创业——电子商务主体法律制度

 学习目标

◆ 了解我国电商企业设立的法律及其适用范围。

◆ 熟悉《中华人民共和国公司法》(以下简称《公司法》)《中华人民共和国个人独资企业法》(以下简称《个人独资企业法》)和《中华人民共和国合伙企业法》(以下简称《合伙企业法》)的内容,树立法律意识。

◆ 明确在互联网与大众创业时代背景下学习电子商务主体法律制度的意义。

◆ 具备依法设立电子商务企业的能力,为在校学生的创业打下基础。

培育和践行社会主义核心价值观——"富强"

富强即国富民强,是社会主义现代化国家经济建设的目标,也是培育和践行社会主义核心价值观的基本内容。2015年,李克强总理在政府工作报告中发出"大众创业"的号召,让有创业意愿的大众借助政府的政策优势来创立自己的家业,积累自己的有形财富,让自主发展精神蔚然成

（续上）

> 风，以此来推动我国社会经济的发展。当下，国家提出了"互联网+"的战略思想，在商务领域中诞生了电子商务这种新的商业模式，其交易规模以年均30%的增速持续快速增长，成为我国社会经济发展的加速器，也为大众创业提供了广阔的平台。
>
> 上海立达学院新商科专业的学生积极响应政府"大众创业"的号召，结合本专业的学习和实践，拟创立上海立达电子商务有限公司。作为一个准创业团队，上海立达电子商务有限公司的成员们需要学习掌握我国《公司法》《个人企业法》和《合伙企业法》对公司设立登记的相关规定，具备创立公司的基本知识和能力。

第一节　商事组织法律制度

一、商事组织法律制度概况

根据《公司法》《个人独资企业法》和《合伙企业法》等相关法律法规的规定，公司设立应依法向公司登记机关申请设立登记，从事经营活动涉及相关行政许可的，还应当依法取得行政许可。

（一）《公司法》

公司是现代法人制度的核心，是现代市场经济条件下的商事组织形式。公司是指依法而组织、登记设立的，以营利为目的的企业法人。《公司法》调整的对象是公司制企业法律关系。

1.《公司法》的制定与修订

《公司法》是指规定公司设立、组织、运营、变更、解散以及股东权利、义务和公司内部、外部关系的法律规范的总称。我国《公司法》于1993年12月由第八届全国人民代表大会常务委员会第五次会议通过,并随着市场经济的发展分别于1999年12月、2005年10月、2013年12月予以修订,进行不断的完善。修订后的《公司法》自2014年3月1日起施行,其主要特点是放宽了注册资本登记条件,简化了登记事项和文件,要求行政机关简政放权,鼓励大众创业。

2.《公司法》的适用范围

《公司法》适用于我国境内设立的有限责任公司和股份有限公司。

(二)《合伙企业法》

合伙企业是指自然人、法人和其他组织依法在我国境内设立的普通合伙企业和有限合伙企业。《合伙企业法》调整的对象是合伙制企业法律关系。

1.《合伙企业法》的制定

《合伙企业法》于1997年2月第八届全国人民代表大会常务委员会第二十四次会议通过,2006年8月第十届全国人民代表大会常务委员会第二十三次会议修订,自2007年6月1日起施行。

2.《合伙企业法》的适用范围

《合伙企业法》适用于我国境内的,由合伙人订立合伙协议,共同出资、合伙经营、共享收益、共担风险,并对合伙企业债务承担无限连带责任的营利性组织。

(三)《个人独资企业法》

个人独资企业是指依法在我国境内设立的,由一个自然人投资,财产为投资人个人所有,并以其个人财产对企业债务承担无限责任的经营实体。《个人独资企业法》调整的对象是个人独资企业法律关系。

1.《个人独资企业法》的制定

《个人独资企业法》于1999年8月第九届全国人民代表大会常务委员会第十一次会议通过的,自2000年1月1日起施行。

2.《个人独资企业法》的适用范围

《个人独资企业法》适用于中国境内的个人独资企业,其不包括国有和集体所有的独资企业,也不包括外商投资的独资企业。

二、公司的基本特征

（一）公司是以营利为目的的经济组织

公司设立的目的及其运作均是为了获得投资收益和回报。营利是一切企业组织存在和活动的动机,是经营活动的出发点和归宿点,是公司的本质属性。

公司的营利性是公司区别于国家机关、事业单位和其他社会团体等法人组织的重要标志。营利性法人的宗旨是获取利润并将利润分配于出资者或股东;而非营利性法人的宗旨是发展公益、慈善、宗教和学术事业,即使从事商业活动,赚取利润,也只是以营利为手段,旨在实现与营利无关的目的。

（二）公司具有法人资格

法人是在法律上赋予与自然人相同的具有民事权利能力和民事行为能力的民事主体,是依法独立享有民事权利,承担民事义务的组织。公司作为法人组织,其拥有独立的财产,设有独立的组织机构和承担独立的法律责任。

三、公司的分类

（一）依据公司责任的分类

根据公司股东对公司的责任不同,公司可划分为以下三种形式。

1. 无限责任公司

无限责任公司简称无限公司,是指由两个以上的股东组成的,由全体股东对公司债务承担无限连带责任的公司。无限公司的股东要承担无限连带责任,由此引发出不同的作用。其优点是股东之间信任度高、责任心强,同舟共济;缺点是不能对外发行股票,股本转让困难,股东承担的风险大,甚至会导致其倾家荡产。

2. 有限责任公司

有限责任公司简称有限公司,是指根据《公司法》规定登记注册,由 50 个以下的股东出资设立,每个股东以其所认缴的出资额为限对公司承担有限责任,公司法人以其全部资产对公司债务承担全部责任的经济组织。

有限责任公司是我国企业中最重要的一种组织形式,同样也存在着优点和缺点。其优点是设立程序简易,公司内部机构设置灵活,不必公布账目,尤其是公司的资产负债表;缺点是不能公开发行股票,筹集资金范围和规模有限,难以适应大规模生产经营。对于初创者来说,有限责任公司是比较适合创业的企业类型,大部分的投融资方案都是基于有限责任公司进行设计的。

3. 股份有限公司

股份有限公司简称股份公司,是指公司资本划分为等额股份所组成的公司,股东以其认购的股份为限对公司承担责任的企业法人。股份公司的资本总额是平分为金额相等的股份,可以向社会公开发行股票筹资,股东以其所认购持有的股份享受权利,承担义务,股票可以依法转让。

(二) 依据公司股份发行与转让的形式分类

根据公司股份发行与转让的形式不同,公司可划分为以下两种形式。

1. 封闭式公司

封闭式公司又称不上市公司,是指根据公司章程规定,全部股份由设立公司的股东持有,股份不能在证券市场上自由转让的公司。其特点是公司的股份只能向特定范围的股东发行和有条件转让,而不是在证券交易所公开向社会发行并进行买卖。

2. 开放式公司

开放式公司又称上市公司,是指根据公司章程规定有权以公开认购方式发行股票的公司。其特点是公司的股份既可在证券市场上向社会公开发行,也可在证券交易所交易。

(三) 依据公司之间的隶属关系分类

根据公司之间的隶属关系的不同,公司可划分为以下两种形式。

1. 总公司与分公司

总公司又称本公司,是指依法设立并管辖公司全部组织的具有企业法人资格的总机构。

分公司是指在业务、资金、人事方面受本公司管辖而不具有法人资格的分支机构,其民事责任由总公司承担。公司设立分公司,应向公司的登记机关申请登记,领取营业执照。

2. 母公司与子公司

母公司又称控股公司,是指其拥有其他公司一定数额的股份或根据协议,能够控制、支配其他公司的人事、财务、业务等事项的公司。

子公司是指一定数额的股份被另一公司控制或依照协议被另一公司实际控制、支配的公司。子公司具有独立的法人资格,自由拥有自己的财产,拥有自己的公司名称、章程和董事会,对外独立开展业务和承担责任。

 案例分析

2013年9月与10月,国家主席习近平分别提出建设"新丝绸之路经济带"和"21世纪海上丝绸之路"的合作倡议,其简称为"一带一路"。来自商务部的消息称,2018年上半年我国在"一带一路"沿线国家投资出现了绿地投资、收购并购、联合投资、实物投资、股权置换等多种形式。上海立达电子商务有限公司根据印度电子商务市场的发展态势,经过董事会的决议在印度设立A立达电子商务有限公司。

请分析,上海立达电子商务有限公司与A立达电子商务有限公司之间的隶属关系分别属于哪种公司的类型?为什么?

(四)依据公司之间特殊联系分类

根据公司之间特殊联系的不同,公司可划分为以下两种形式。

1. 关联公司

关联公司又称关联企业,是指两个以上独立存在而相互之间又具有稳定、密切的业务联系或投资关系的公司。关联公司认定的范围：一是相互间直接或者间接持有其中一方的股份总和达到25%或以上的；二是直接或间接同为第三者所拥有或控制股份达到25%或以上的；三是与另一公司之间借贷资金占公司实收资本50%或以上，或借贷资金总额的10%是由另一公司独立金融机构进行担保的；四是董事或经理等高级管理人员一半以上或有一名常务董事是由另一公司所委派的；五是生产经营活动必须由另一公司提供的工业产权、专有技术等才能正常进行的；六是生产经营购进原材料、零配件等是由另一公司所控制或供应的；七是生产的产品或商品的销售是由另一公司所控制；八是对公司生产经营、交易具有实际控制的其他利益上相关联的关系，包括家庭、亲属关系。

2. 公司集团

公司集团又称企业集团，是指在同一管理之下，由法律上独立的若干公司联合组成的团体。一般来说，公司集团本身并非一个独立的法人组织，而作为公司集团成员的公司都是独立的法人，以自己的名义进行经营活动。在我国的实践中，通常把公司集团的母公司称为集团公司，公司集团的成员都属于关联公司或从属公司（见图1-1）。

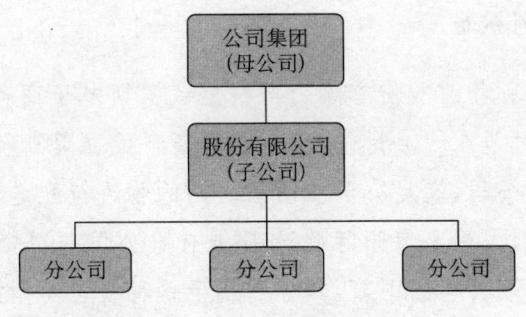

图1-1 集团公司组织架构图

（五）依据公司国籍分类

根据公司国籍的不同，公司可划分为以下三种形式。

1. 本国公司

本国公司是指依据我国法律在境内设立的公司。其受我国法律保护,受我国法律管辖。

2. 外国公司

外国公司是指依照外国法律经中国政府许可在境内进行业务活动的机构。通常,外国总公司在我国境内设立分公司,对其总公司来说,将其称为国外分公司;对分公司来说,则称为外国公司。

3. 跨国公司

跨国公司是指以本国为基地或中心,在不同国家或地区设立分支机构、子公司或其他企业形式,从事跨国性生产经营活动的经济组织。跨国公司并非法律意义上的"公司",实际上是指国家性的公司集团,表明的是公司之间的一种特殊关系。

 知识链接

公司国籍认定的标准

公司国籍认定在国际上主要有以下三种方法:

(1) 依注册登记地确定公司的国籍。

(2) 依公司主要营业地确定公司的国籍。

(3) 依股东国籍确定公司的国籍。

 案例分析

上海国际物流股份有限公司根据俄罗斯电子商务市场的发展态势,经过股东大会讨论,决定在莫斯科设立莫斯科(上海)存储股份有限公司,满足公司在两国之间的物流与配送业务。

请分析,根据上海国际物流股份有限公司与莫斯科(上海)存储股份有限公司的国籍,其分别属于哪种公司类型?为什么?

(六) 依据信用分类

根据公司信用基础的不同,公司可划分为以下三种形式。

1. 人合公司

人合公司是指以股东个人条件作为公司信用基础而组成的公

司。人合公司对外进行经济活动时,依据的主要不是公司本身的资本或资产状况如何,而是股东个人的信用状况。因为人合公司股东对公司债务承担无限连带责任,公司股东间应有相当的了解。无限责任公司是典型的人合公司。

2. 资合公司

资合公司是指以公司资本规模作为公司信用基础而组成的公司。资合公司的对外信用主要取决于公司的资本规模,而非股东个人的信用情况,公司股东之间以出资相结合,无须相互了解。有限责任公司具有一定资合公司特点,而股份有限公司是典型的资合公司。

3. 人合兼资合公司

人合兼资合公司是指以股东个人条件和公司资本规模作为公司信用基础而组成的公司。人合兼资合公司既有人合性质,又有资合性质,如两合公司、股份两合公司和有限责任公司。

(七) 依据电商业务分类

根据电商公司经营业务的不同,公司可划分为以下四种形式。

1. 电子商务平台经营者

电子商务平台经营者是指在电子商务中为交易双方或者多方提供网络经营场所、交易撮合、信息发布等服务,供交易双方或者多方独立开展交易活动的法人或者非法人组织。

2. 平台内经营者

平台内经营者是指通过电子商务平台销售商品或者提供服务的电子商务经营者。通过第三方交易平台从事商品交易及有关服务行为的自然人、法人和其他组织,需要向平台经营者提出注册申请,提交身份证明文件或营业执照、经营地址及联系方式等必要信息。

3. 自建平台经营者

自建平台经营者是指通过自建电子商务平台销售商品或者提供服务的电子商务经营者。

4. 第三方平台经营者

第三方平台经营者是指从事第三方交易平台运营并为交易双方提供服务的自然人、法人和其他组织。第三方平台是指在电子商务活动中为交易双方或多方提供交易撮合及相关服务的信息网络系统总和。

四、公司的设立

公司设立是指公司设立人依照法定的条件和程序,为组建公司并取得法人资格而付之的法律行为。

(一) 公司设立的原则

《公司法》规定,设立公司应当依法向公司登记机关申请设立登记。符合《公司法》规定的设立条件的,由公司登记机关分别登记为有限责任公司或者股份有限公司。法律与行政法规规定设立公司必须报经批准的,应当在公司登记前依法办理批准手续。因此,《公司法》规定公司设立的原则,是实行严格准则主义,对于特殊行业必须经审批的,实行核准主义。

(二) 公司设立的方式

公司设立的方式分为以下两种。

1. 发起设立

发起设立是指由发起人认购公司应发行的全部股本或股份而设立公司的方式。有限责任公司的设立全部采取发起设立的方式。

2. 募集设立

募集设立是指由发起人认购公司应发行股份的一部分,其余股份向社会公开募集或者向特定对象募集而设立公司的方式。股份有限公司主要采用募集设立的方式,由于其资本规模较大,涉及众多投资者的利益,设立程序有严格的法律限制。《公司法》规定,以募集设立方式设立的股份有限公司,发起人认购的股份不得少于公司股份总数的35%,且注册资本为在公司登记机关登记的实收股本总额。

> **案例分析**
>
> 李克强总理在2015年政府工作报告中提出"大众创业,万众创新"的号召,上海立达学院电子商务专业的学生们在政府的感召下,拟创立上海立达电子商务有限公司,在家长的支持下分别有4个学生投资,共计150万元。
>
> 请分析,该公司设立的方式属于哪一类?依据如何?

(三)公司章程

公司章程是指公司依法制定的,规定公司名称、住所、经营范围和经营管理制度等重大事项的基本文件。公司章程是公司成立的必备要件之一,是指导公司设立及未来运作的基本准则,对于公司本身、公司股东、公司董事、监事和高管人员都具有约束力。

1. 公司章程的制定

公司章程原则上应由全体股东共同制定,但公司章程的制定主体与程序因公司类型不同而有所不同。《公司法》规定:有限责任公司的公司章程制定者是公司设立时的所有股东;股份有限公司采取发起设立的,其章程制定者为发起人,如采取募集设立的,其章程制定者由发起人制定并经过创立大会通过。

2. 公司章程的内容

公司章程的内容依公司类型的不同而有差别。《公司法》规定,有限责任公司的公司章程内容主要包括公司名称和住所、公司经营范围、公司注册资本、股东的姓名或者名称、股东出资方式、股东出资额与出资时间,以及公司机构及其产生办法、职权、议事规则、公司法定代表人等事项。股东应当在公司章程上签名、盖章;股份有限公司的公司章程内容主要包括公司名称和住所、公司经营范围、公司设立方式、公司股份总数与每股金额、注册资本、发起人的姓名或者名称、认购的股份数、出资方式与出资时间、董事会的组成、董事会的职权与任期、董事会的议事规则、公司法定代表人、监事会的组成、监事会职权与任期、监事会议事规则、公司利润分配办法、公司的解散事由与清算办法、公司的通知和公告办法等事项。

五、公司资本

公司资本是指公司章程确定并载明的股东出资总额。其对公司而言,是公司设立的基本条件之一,也是公司得以营运和发展的物质基础;对股东而言,既是股东出资和享有相应权益的体现,又是股东对公司承担有限责任的物质基础;对债权人而言,是公司债务的总担保,是债权人实现其债权的重要保障。

（一）公司资本的法律特征

公司资本具有三个法律特征：一是公司资本为自有的独立财产,来源于股东的出资;二是公司资本表现为一定的数额货币,如为实物、知识产权和土地使用权等形式出资,须评估后转化为数额货币计入;三是公司资本由公司章程载明的,由发起人或认股人协商确定。

（二）股东出资的形式

股东出资有四种形式：一是货币,设立公司需要一定数量的流动资金用来支付公司创建和运营的支出;二是实物,主要包括房屋、设备、车辆等,对其估价并办理登记和过户手续向公司转移;三是知识产权,包括著作权、专利权、商标权及对其他科技成果的权利;四是土地使用权,可以提供经营生产场所。

（三）公司资本的变动

由于公司经营的开展、业务范围和市场状况的变化,公司资本会做相应的增加或减少。

1. 公司增资的方式

公司增资是指公司依法增加注册资本的行为。上市公司一般通过公开发行新股的方式增资;有限责任公司和不上市的股份有限公司则是以原股东追加投资或者接纳新出资人的方式来完成增资。

2. 公司减资的方式

公司减资是指公司依法减少注册资本的行为。公司减资方式：

一是减少股份总额;二是减少每股金额。《公司法》对于减资做了较为严格的限制,必须依照法定的条件和程序进行。

六、公司董事、监事、高管人员的资格和义务

(一) 公司董事、监事、高管人员的资格

《公司法》对不得担任公司的董事、监事、高级管理人员的情形给予了具体规定:一是无民事行为能力或者限制民事行为能力;二是因贪污、贿赂、侵占财产、挪用财产或者破坏社会主义市场经济秩序,被判处刑罚,执行期满未逾5年,或者因犯罪被剥夺政治权利,执行期满未逾5年;三是担任破产清算的公司、企业的董事或者厂长、经理,对该公司、企业的破产负有个人责任的,自该公司、企业破产清算完结之日起未逾3年;四是担任因违法被吊销营业执照、责令关闭的公司及企业的法定代表人,并负有个人责任的,自该公司、企业被吊销营业执照之日起未逾3年;五是个人所负数额较大的债务到期未清偿。在选举、委派董事、监事或者聘任高级管理人员时,有上述情形之一的,该选举、委派或者聘任无效;如董事、监事、高级管理人员在任职期间出现上述情形之一的,公司应当解除其职务。

案例分析

习近平总书记把新一届党中央的反腐思路,概括为"苍蝇、老虎一起打",比喻大小贪腐一起打击,建设廉洁政治,着力构建不敢腐、不能腐、不想腐的体制机制。2012年5月,李某在某省担任县委书记期间因犯受贿罪,被当地法院判处有期徒刑4年。李某在入狱服刑3年后办理了假释,在假释期间受聘担任了某电子商务公司总经理,利用原有关系开展经营。

请根据《公司法》的相关内容分析李某违反了哪些规定?结合该案例阐述我党提出"反腐永远在路上"的意义。

(二) 公司董事、监事、高管人员的义务

《公司法》规定,董事、监事、高级管理人员应当遵守法律、行政法规

和公司章程,对公司负有忠实和勤勉义务,不得利用职权收受贿赂或者其他非法收入,不得侵占公司的财产。公司董事、高管不得有下列行为:一是挪用公司资金;二是将公司资金以其个人名义或者以其他个人名义开立账户存储;三是违反公司章程的规定,未经股东会、股东大会或者董事会同意,将公司资金借贷给他人或者以公司财产为他人提供担保;四是违反公司章程的规定或者未经股东会、股东大会同意,与本公司订立合同或者进行交易;五是未经股东会或者股东大会同意,利用职务便利为自己或者他人谋取属于公司的商业机会,自营或者为他人经营与所任职公司同类的业务;六是接受他人与公司交易的佣金归为己有;七是擅自披露公司秘密;八是违反对公司忠实义务的其他行为。

七、公司的合并与分立

(一) 公司的合并

公司合并是指两个或两个以上的公司订立合并协议,无须通过解散、清算程序,直接结合为一个公司的法律行为。

1. 公司合并的形式

公司合并有两种形式:一是兼并,是指一个或一个以上的公司并入另一家公司,并入方解散,接纳方存续的合并;二是新设合并,是指两个或两个以上的公司合并为一个新公司的同时,各原有公司全部解散的合并。

2. 公司合并的法定程序

《公司法》规定的公司合并程序:首先,由股东会或者股东大会做出合并决议;其次,参加合并的各方在平等协商的基础上签订合并协议,并编制资产负债表及财产清单明确各方的资产;再次,自合并决议之日起10日内通知债权人,并于30日内在报纸上公告;接着,债权人自接到通知书之日起30日内,未接到通知书的自公告之日起45日内,要求公司清偿债务或者提供相应的担保;最后,依法向公司登记机关办理合并登记手续,合并各方的债权债务,由合并后存续的公司或者新设的公司承继。

案例分析

2018年7月30日,A电子商务股份有限公司通过股东大会决议,将通过现金支付的方式购买B电子商务股份有限公司的全部股份,收购完成后将成为A电子商务股份有限公司全资子公司,并在次日对外发布通告。8月30日,A电子商务股份有限公司又发布通告,宣称两家公司签订了合并协议。

请根据《公司法》相关规定进行分析,A电子商务股份有限公司与B电子商务股份有限公司的合并是否完成?为什么?

(二) 公司的分立

公司的分立是指一个公司通过依法签订分立协议,不经过清算程序,分为两个或两个以上公司的法律行为。

1. 公司分立的形式

公司分立有两种形式:一是派生分立,是指公司以其部分资产另设一个或数个新的公司,原公司存续;二是新设分立,是指公司全部资产分别划归两个或两个以上的新公司,原公司解散。

2. 公司分立的法定程序

《公司法》规定的公司分立程序:首先,由股东会或者股东大会做出分立决议;其次,由各方在平等协商的基础上签订分立协议,进行财产分割,并编制资产负债表及财产清单;再次,在分立决议之日起10日内通知债权人,并于30日内在报纸上公告;最后,依法向公司登记机关办理分立登记手续。公司分立前的债务由分立后的公司承担连带责任,但在分立前与债权人就债务清偿达成的书面协议另有约定的除外。

八、公司的解散和清算

(一) 公司解散

公司解散是指已成立的公司因发生法律或章程规定的解散事由

而停止业务活动。公司解散的原因主要有五个方面：一是公司章程规定的营业期限届满或者公司章程规定的其他解散事由出现；二是股东会或者股东大会决议解散；三是因公司合并或者分立需要解散；四是依法被吊销营业执照、责令关闭或者被撤销；五是公司经营管理发生严重困难，继续存续会使股东利益受到重大损失，通过其他途径不能解决的，持有公司全部股东表决权10%以上的股东，可以请求法院解散公司。

（二）公司清算

公司清算是指终结已解散公司的一切法律关系，处理公司剩余财产，使公司法人资格最终归于消灭的法律行为。

1. 清算机构的组成

代表被解散公司依法执行清算事务的清算机构的组成有三种情形：一是有限责任公司的清算机构由股东组成；二是股份有限公司的清算机构由董事或者股东大会确定的人员组成；三是逾期不成立清算机构进行清算的，债权人可向法院申请指定有关人员组成清算机构进行清算。

2. 清算机构的职权

清算机构在清算期间行使的职权主要有七个方面：一是清理公司财产，分别编制资产负债表和财产清单；二是通知、公告债权人；三是处理与清算有关的公司未了结的业务；四是清缴所欠税款和清算过程中产生的税款；五是清理债权、债务；六是处理公司清偿债务后的剩余财产；七是代表公司参与民事诉讼活动。

3. 清算的基本程序

清算的基本程序有以下五个环节。

1) 成立清算组

除因公司合并或者分立需要解散外，应当在解散事由出现之日起15日内成立清算组，开始清算。

2) 通知、公告债权人并进行债权登记

《公司法》规定，清算机构应当自成立之日起10日内通知债权人，并于60日内在报纸上公告。债权人应当自接到通知书之日起30

日内,未接到通知书的自公告之日起45日内,向清算机构申报其债权。债权人申报债权,应当说明债权的有关事项,并提供证明材料。清算机构对债权进行登记,在申报债权期间不得对债权人进行清偿。

3) 清理公司财产,制订清算方案

《公司法》规定,清算机构在清理公司财产、编制资产负债表和财产清单后,应当制订清算方案,并报股东会、股东大会或者法院确认。如果清算机构在清理公司财产、编制资产负债表和财产清单后,发现公司财产不足以清偿债务的,应依法向法院申请宣告破产,经法院裁定破产后,将清算事务移交给法院。

4) 分配公司财产

《公司法》规定公司财产分配顺序:首先是支付清算费用;其次是支付职工的工资、社会保险费用和法定补偿金;再次是缴纳所欠税款;接着是清偿公司债务;最后向股东分配剩余财产,有限责任公司按照股东的出资比例分配,股份有限公司按照股东持有的股份比例分配。

5) 清算程序终结

《公司法》规定,清算机构在公司清算结束后,应当制作清算报告,报股东会或股东大会或人民法院进行确认,还要报送公司登记机关申请注销公司登记,并公告公司终止。

第二节 有限责任公司

一、有限责任公司的特征

有限责任公司是指根据《公司法》规定登记注册,由50个以下的股东出资设立,每个股东以其所认缴的出资额为限对公司承担有限责任,公司法人以其全部资产对公司债务承担全部责任的经济组织。有限责任公司具有以下五个方面的特征。

(一) 限制最高股东人数

《公司法》规定有限责任公司由50个以下股东出资设立,对有限责任公司股东的最高人数进行了限制。

（二）限制股东责任

有限责任公司的股东仅以其认缴的出资额为限对公司承担责任，其区别于无限责任。

（三）具有非股份性

有限责任公司为自身运营的需要和保护公司债权者的权益，要有相当规模的注册资本作为基础，并以非股份的形式存在，但不能自由转让和交易。

（四）具有封闭性

有限责任公司不得向社会公开募集股份、发行股票，严格限制股东对外转让出资，不向社会公开公司的经营状况等。

（五）灵活的公司机构

《公司法》规定股东人数较少或者规模较小的有限责任公司，可以设1名执行董事，不设立董事会，执行董事可以兼任公司经理。可以设1~2名监事，不设监事会。

二、有限责任公司的设立

（一）有限责任公司设立的条件

《公司法》规定的有限责任公司设立的条件如下。

1. 规范的公司名称

公司名称的组成具体包括四个部分：公司登记地的行政区划名称；商号；公司营业所属的行业；公司的组织形式（即有限责任公司）。

2. 固定的公司住所

公司以其主要办事机构所在地为住所。

3. 股东人数符合法定要求

有限责任公司应由50人以下的股东出资设立。

4. 有符合公司章程规定的全体股东认缴的出资额

有限责任公司的注册资本为在公司登记机关登记的全体股东认

缴的出资额。法律、行政法规以及国务院决定对有限责任公司注册资本实缴、注册资本最低限额另有规定的,从其规定。《公司法》取消了公司注册资本最低限额的限制,同时也取消了股东首次出资的数额限制和时间限制,更多体现了公司自治的思想,只要股东出资符合公司章程的规定就可以向工商部门提出设立的申请。

5. 股东共同制定公司章程

有限责任公司的章程是公司自治性契约,理应由全体股东共同制定,在工商行政机关登记后产生法律效力。

《公司法》关于公司注册资本的修订

《公司法》对公司注册资本的规定经历了几个阶段:1993年,《公司法》规定了四种行业有限责任公司注册资本的最低限额;最低的是科技开发、咨询、服务性公司,要求注册资本人民币10万元;最高的是生产经营和商品批发为主的两类公司,要求注册资本是50万元,并且不管是哪一类公司,均要求出资必须由股东一次全部缴清。2005年,《公司法》修订将有限责任公司的注册资本最低限额降低到3万元,并且允许股东分期缴纳认缴的出资额。2013年,《公司法》修订则全部取消了公司成立对注册资本最低限额的要求,股东出资额只要符合公司章程的规定即可。

(二) 有限责任公司设立的程序

《公司法》规定有限责任公司设立程序有以下六个环节。

1. 签订发起人协议

有限责任公司发起人通常签订一份发起人协议,以明确各自的权利、义务和责任。

2. 制定公司章程

公司章程主要是规范公司内外的各种关系,应严格按照法律规定制定,并由股东在公司章程上签名、盖章。

3. 依法办理审批

公司的行业或经营范围涉及法律、行政法规要求报经政府有关部门批准的,应在公司登记前依法办理批准手续。《电子商务法》规定:"电子商务经营者从事经营活动,依法需要取得相关行政许可的,应当依法取得行政许可。"

4. 按章程缴纳出资

股东应当按照公司章程中规定的各自所认缴的出资额按期足额缴纳出资,股东以货币出资的,应当将货币出资足额存入有限责任公司在银行开设的账户,以非货币财产出资的,应依法办理其财产权的转移手续。

5. 申请设立登记

由全体股东指定的代表或者共同委托的代理人向公司登记机关报送公司登记申请书、公司章程等文件,申请公司设立登记。

6. 核准登记发照

公司登记机关对公司设立登记的申请进行审查,对符合法定设立条件的申请予以登记并发给"五证合一"营业执照。公司营业执照签发日期为公司成立日期。

三、有限责任公司的组织机构

有限责任公司组织机构包括股东会、董事会、监事会、总经理等(见图1-2)。

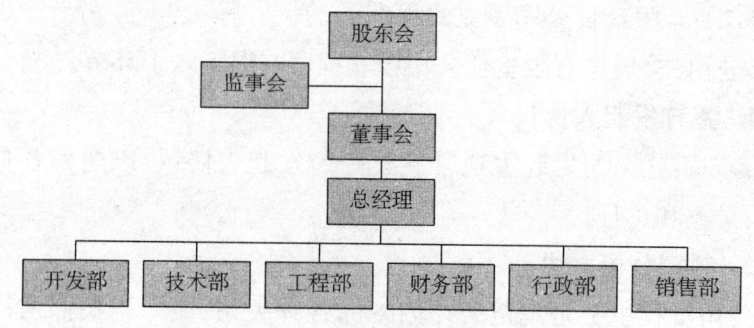

图1-2 有限责任公司组织机构图

(一) 股东会

股东会是有限责任公司的权力机构,其由全体股东组成。除一人有限责任公司与国有独资公司外,有限责任公司必须设立股东会。股东会是股东直接参与公司经营管理的重要形式,以会议形式在召开股东会议时存在。

1. 股东会的形式

根据股东会会议召开的原因和时间不同,股东会具有以下三种形式。

1) 首次会议

首次会议是指有限责任公司成立后召集的第一次会议,由出资最多的股东召集和主持,讨论并通过公司章程,选举公司董事会和监事会成员。

2) 定期会议

定期会议是指按照公司章程规定的期限定期召开的股东会议,通常为1年。

3) 临时会议

临时会议是指在两次定期会议之间因法定事由而临时召开的股东会议。根据《公司法》规定,代表1/10以上表决权的股东、1/3以上的董事,监事会或者不设监事会时公司的监事提议召开临时会议的,应当召开临时会议。

2. 股东会的召开

《公司法》规定,股东会的召开应当于会议召开15日以前通知全体股东。股东会的主持有四种情形:一是董事会召集股东会,由董事长主持,董事长不能履行职务或者不履行职务的,由副董事长主持,副董事长不能履行职务或者不履行职务的,由半数以上董事共同推举一名董事主持;二是不设董事会的,由执行董事召集并主持股东会;三是董事会或执行董事不能履行或者不履行召集股东会会议职责的,由监事会或者不设监事会公司的监事召集和主持;四是监事会或监事不召集和主持的,代表1/10以上表决权的股东可以自行召集和主持。

3. 股东会的职权

《公司法》规定，有限责任公司的股东会行使的职权有十二个方面：一是决定公司的经营方针和投资计划；二是选举和更换非由职工代表担任的董事与监事，决定有关董事与监事的报酬事项；三是审议批准董事会的报告；五是审议批准监事会或者监事的报告；六是审议批准公司的年度财务预算方案和决算方案；七是审议批准公司的利润分配方案和弥补亏损方案；八是对公司增加或者减少注册资本做出决议；九是对发行公司债券做出决议；十是对公司合并、分立、变更公司形式、解散和清算等事项做出决议；十一是修改公司章程；十二是公司章程规定的其他职权。

4. 股东会决议

股东会决议是指股东会就公司事项通过的议案。其根据议决事项不同可分为两种形式：一是普通决议，是指股东会就公司一般事项所做的决议，需经代表1/2以上表决权的股东通过；特别决议，是指股东会就公司重要事项所做的决议，如修改公司章程、增加或者减少注册资本、公司合并或分立或解散等，必须经代表2/3以上表决权的股东通过。

（二）董事会

董事会是有限责任公司的执行机构和决策机构。但股东人数较少或者规模较小的有限责任公司，可以设1名执行董事，不设立董事会，两者性质与职权相同。

1. 董事会的组成

《公司法》规定，有限责任公司设董事会，成员为3人至13人，包括董事长、副董事长和经职工代表大会选举的职工代表。董事任期由公司章程规定，每届任期不得超过3年。董事任期届满未及时改选，或者董事在任期内辞职导致董事会成员低于法定人数的，在改选出的董事就任前，原董事仍应当依照法律与行政法规和公司章程的规定，履行董事职务。

2. 董事会的职权

《公司法》规定，董事会对股东会负责，其职权有十一个方面：一是召集股东会会议,并向股东会报告工作;二是执行股东会的决议;三是决定公司的经营计划和投资方案;四是制订公司的年度财务预算方案与决算方案;五是制订公司的利润分配方案和弥补亏损方案;六是制订公司增加或者减少注册资本以及发行公司债券的方案;七是制订公司合并、分立、变更公司形式、解散的方案;八是决定公司内部管理机构的设置;九是决定聘任或者解聘公司经理及其报酬事项,并根据经理的提名决定聘任或者解聘公司副经理、财务负责人及其报酬事项;十是制定公司的基本管理制度;十一是公司章程规定的其他职权。

3. 董事会的召开

董事会会议由董事长召集和主持,董事长不能履行职务或者不履行职务的,由副董事长召集和主持,副董事长不能履行职务或者不履行职务的,由半数以上董事共同推举1名董事召集和主持。对董事会决议的表决,实行一人一票制。

案例分析

根据《公司法》的规定,董事会中的职工代表必须从职工代表大会选举产生。职工代表是代表广大职工行使权利和表决意愿,是职工与企业联系的桥梁和纽带,体现了企业民主管理,是贯彻落实党的十九大精神的举措,是社会主义的一大特色。某些民营电子商务公司在董事会的组成上虽有从职工代表大会选举产生的职工代表董事,但是不通知职工代表董事参加董事会,或不听取职工代表董事的意见。

请分析,针对这种现象,公司应如何加强其社会主义价值取向的教育?请列举具体的措施。

(三) 监事会

监事会是有限责任公司依法设立的,对董事、高级管理人员的经营管理行为及公司财务进行专门监督的常设机构。

1. 监事会的组成

《公司法》规定,监事会的人数不得少于3人,设主席1人,由全体监事过半数选举产生,要有职工代表大会或其他形式民主选举产生的职工代表,具体比例由公司章程规定。股东人数较少或者规模较小的有限责任公司,可以设1名监事,不设监事会,其性质和职权与监事会相同。董事、高级管理人员不得兼任监事。监事的任期每届为3年,任期届满未及时改选,或者监事在任期内辞职导致监事会成员低于法定人数的,在改选出的监事就任前,原监事仍应当依照法律与行政法规和公司章程的规定,履行监事职务。

2. 监事会的职权

《公司法》规定,监事会或不设监事会公司的监事行使职权有七个方面:一是检查公司财务;二是对董事、高级管理人员执行公司职务的行为进行监督,对违反法律与行政法规、公司章程或者股东会决议的董事、高级管理人员提出罢免的建议;三是当董事、高级管理人员的行为损害公司的利益时,要求董事、高级管理人员予以纠正;四是提议召开临时股东会会议,在董事会不履行法律规定的召集和主持股东会会议职责时召集和主持股东会会议;五是向股东会会议提出提案;六是依法对董事、高级管理人员提起诉讼;七是公司章程规定的其他职权。

3. 监事会的召开

《公司法》规定,监事会每年度至少召开一次会议,监事可提议召开临时监事会会议,其决议应当经半数以上监事通过。

(四) 总经理

有限责任公司可设总经理,由董事会决定聘任或者解聘,总经理对董事会负责,可列席董事会会议。《公司法》规定,总经理行使的职权有十个方面:一是主持公司的生产经营管理工作,组织实施董事会决议;二是组织实施公司年度经营计划和投资方案;三是拟订公司内部管理机构设置方案;四是拟定公司的基本管理制度;五是制定公司的具体规章;六是提请聘任或者解聘公司副经理、财务负责人;八是决定聘任或者解聘除应由董事会决定聘任或者解聘以外的负责管理人员;九是董事会授予的其他职权;十是公司章程对经理职权另有规定的,从其规定。

四、有限责任公司的股权转让

股权是指股东依法享有的对公司的财产进行管理、经营和受益等方面的权利。股权是股东的基本权利,主要包括资产受益、参与重大决策和选择管理者三大权利,其因出资或受让而取得。

(一) 股权转让的一般规定

1. 股东之间的股权转让

《公司法》规定,有限责任公司的股东之间可以相互转让其全部或者部分股权。

2. 股东向股东以外的人转让股权

《公司法》规定,股东向股东以外的人转让股权,应当经其他股东过半数同意。股东应就其股权转让事项书面通知其他股东征求同意,其他股东自接到书面通知之日起满30日未答复的,视为同意转让。其他股东半数以上不同意转让的,不同意的股东应当购买该转让的股权;不购买的,视为同意转让。经股东同意转让的股权,在同等条件下,其他股东有优先购买权。两个以上股东主张行使优先购买权的,协商确定各自的购买比例;协商不成的,按照转让时各自的出资比例行使优先购买权。

(二) 股权转让的特殊规定

1. 人民法院通过强制执行程序转让股权

股东在负有个人债务时,如自身财产不足以清偿,法院为保障债权人的利益,可以对其享有的公司股权进行强制转让。《公司法》规定,人民法院依照法律规定的强制执行程序转让股东的股权时,应当通知公司及全体股东,其他股东在同等条件下有优先购买权。其他股东自人民法院通知之日起满20日不行使优先购买权的,视为放弃优先购买权。

2. 异议股东的股份回购请求权

异议股东是指对于股东会做出的影响股东利益的决议持反对

意见的股东。异议股东享有请求公司以公平价格收购其持有的股份,从而退出公司的权利,这是《公司法》赋予异议股东的一项权利。

第三节　股份有限公司

股份有限公司是指由最低法定人数以上的股东依法设立,其全部资本等分为股份,股东就其所认购的股份为限对公司承担责任,公司以其全部财产对公司债务承担责任的企业法人。由于所有股份有限公司均须是负担有限责任的有限责任公司,但并非所有有限责任公司都是股份有限公司,所以两者一般合称为"股份有限公司"。

一、股份有限公司的特征

股份有限公司具有以下五个方面的特征。

（一）限利最低股东人数

《公司法》规定,设立股份有限公司应当有2人以上为发起人,对其设立的最低股东人数进行了限制。

（二）股东责任具有一定限制

股份有限公司的股东仅以其认购的股份为限对公司承担责任,其限度是股东交付的认股金额。

（三）出资具有股份性

股份有限公司的全部资本划分为金额相等的股份,股份是构成公司资本的最小单位。这一特征使股份有限公司有别于有限责任公司。

（四）股份具有开放性

股份是股份有限公司资本的基本单位,其形式为股票。股份有限公司通过公开发行股票向社会募集资金,也可自由转让和交易,并向社会公开公司经营状况。

(五)股份公司组织齐全

《公司法》规定,股东大会是股份有限公司的最高权力机构,可以每年召开一次年会,也可根据提议召开临时会议。董事会是股份有限公司的常设机构,每年度至少召开两次会议。监事会是股份有限公司是公司专门监督的常设机构。

知识链接

股票的分类和发行

1. 股票的分类

股份有限公司的股份采取股票的形式,股票是公司签发的证明股东所持股份的凭证。股票其分类如下。

(1) 股票以股东承担的风险和享有的权益的大小划分为两类:一是普通股,构成股份公司股东的基础,持有者具有经营管理公司的权利,其股息随股份公司的利润变动而变动;二是优先股,是指股份有限公司在筹集资本时给予认购者某些优先条件的股票,其股息率固定,持有者优先分配股利和剩余财产,但无经营管理权。

(2) 股票以是否在股票票面和股东名册上记载股东姓名或名称划分为两类:一是记名股,是指在股票票面和股东名册上记载股东姓名或名称的一种股票;二是不记名股,是指在股票票面和股东名册上不记载股东姓名或名称的一种股票,可自由转让。

(3) 股票以是否载有一定金额划分为两类:一是额面股,是指股票票面表明一定金额的股份;二是无额面股,是指股票票面不表明一定金额,只表示其占公司资本总额一定比例的股份(我国不允许发行)。

(4) 股票以投资主体的不同划分为四类:一是国家股,是指有权代表国家投资的部门或机构以国有资产向股份有限公司投资而形成的股份;二是法人股,是指具有法人资格的组织以其可支配

（续上）

的财产向股份有限公司投资而形成的股份；三是社会公众股，是指社会公众以其财产向股份有限公司投资而形成的股份；四是外资股，是指外国的投资者以购买人民币特种股票的形式，向公司投资而形成的股份。

2. 股票的发行

股票的发行是指股份有限公司以募集资本为目的，而向投资者出售或分配自己股份的行为。根据发行目的的不同，股份发行可以分为设立发行与新股发行。设立发行是指为设立股份有限公司而发行股份；新股发行也称增资发行，是指股份有限公司成立后，为增加公司股本总额而发行股份。

二、股份有限公司的设立

（一）股份有限公司设立的条件

《公司法》规定股份有限公司设立的条件如下。

1. 规范的公司名称与组织机构

公司的名称应由行政区划、商号、行业、组织形式依次组成，公司应设股东大会、董事会和监事会等组织机构。

2. 固定的公司住所

公司主要办事机构场所的面积应与经营的规模、性质相适应。

3. 股东人数符合法定要求

设立股份有限公司应有 2 人以上 200 人以下的发起人，其中须有半数以上的发起人要在中国境内有住所。

4. 有符合公司章程规定的全体发起人认购的股本总额或者募集的实收股本总额

股份有限公司采取发起设立方式设立的，注册资本为在公司登记机关登记的全体发起人认购的股本总额。在发起人认购的股份缴足前，不得向他人募集股份。股份有限公司采取募集方式设立的，注册资本为在公司登记机关登记的实收股本总额。

5. 制定公司章程

采用募集方式设立的,由发起人制定公司章程,但必须经创立大会通过。采用发起设立的,由全体股东共同制定。

(二)股份有限公司设立的程序

1. 采取发起设立的程序

《公司法》规定股份有限公司采取发起设立的程序有以下五个环节:一是发起人发起并签订发起人协议;二是发起人共同制定公司章程;三是发起人认购股份并缴纳股款;四是选举公司董事、监事;五是申请设立登记,经登记机关核准登记后领取营业执照,并发布公告。

2. 采取募集设立的程序

《公司法》规定股份有限公司采取募集设立的程序有以下八个环节:一是发起人发起并签订发起人协议;二是发起人制定公司章程;三是发起人认购不少于35%的股份,并缴纳股款;四是发布招股说明书;五是与证券经营机构和银行分别签订股票承销协议和代收股款协议;六是社会公众认股缴款;七是召开创立大会;八是申请设立登记,经登记机关核准登记后领取营业执照,并发布公告。

三、股份有限公司的组织机构

(一)股东大会

股东大会是股份有限公司的最高权力机构,是依法设立的公司组织机构,由全体股东出席。

1. 股东大会的形式

股东大会根据召开的原因和时间不同分为以下两种形式。

1)定期会议

定期会议又称股东年会,是指依照法律和公司章程的规定,每年召开一次的会议。《公司法》规定,召开定期会议,应将会议的时间、地点和审议事项于会议召开20日前通知各股东。

2)临时会议

临时会议是指在定期会议之外,由于发生法定事由或者根据法定人员、机构的提议而召开的会议。《公司法》规定,公司有下列情形之一的,应在2个月内召开临时股东大会:一是董事人数不足本法规定人数或者公司章程所定人数的2/3时;二是公司未弥补的亏损达实收股本总额1/3时;三是单独或者合计持有公司10%以上股份的股东请求时;四是董事会认为必要时;五是监事会提议召开时;七是公司章程规定的其他情形。临时股东大会应当于会议召开15日前通知各股东。

2. 股东大会的召开

《公司法》规定,股东大会由董事会召集,董事长主持;董事长不能履行职务或者不履行职务的,由副董事长主持;副董事长不能履行职务或者不履行职务的,由半数以上董事共同推举1名董事主持。董事会不能履行或者不履行召集股东大会职责的,监事会应当及时召集和主持;监事会不召集和主持的,连续90日以上单独或者合计持有公司10%以上股份的股东可以自行召集和主持。股东大会做出的决议,必须经出席会议的股东所持表决权过半数通过。但是,股东大会做出修改公司章程、增加或者减少注册资本的决议,以及公司合并、分立、解散或者变更公司形式的决议,必须经出席会议的股东所持表决权的2/3以上通过。

(二)董事会

1. 董事会的性质

董事会是代表股东对公司活动进行管理和指挥的机构,是股份有限公司的常设机构。董事会既是负责实施股东大会决议等决策的执行机构,又是制定公司一些方针政策的决策机构;董事会既对内负责公司管理,又对外代表公司进行业务活动。

2. 董事会的召开

《公司法》规定,股份有限公司设董事会,成员为5~19人,包括董事长、副董事长和经职工代表大会选举的职工代表。董事任期由公司章程规定,每届任期不得超过3年,但可连任。董事会应每年度至少召开两次会议,在会议召开10日前通知全体董事和监事,由董事长召集和主持。董事会的会议应有过半数的董事出席方可举行,所作决议必须经半数董事通过。

股份有限公司发行股票经过金融证券管理主管部门批准后在证券交易所上市交易,其被称为上市公司。根据《公司法》的规定,上市公司设立独立董事制度。

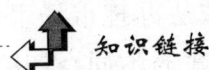

独立董事制度

独立董事制度是董事会这一内部机构的外部化,对内部人形成一定的监督制约力量。独立董事由股东大会选举产生,不是由大股东委派或推荐,代表公司全体股东和公司整体利益监督高级管理人员,检讨董事会和执行董事的表现,就公司的发展战略、业绩、资源、主要人员任命和操守标准、薪酬等问题做出独立判断。

独立董事的监督主要表现为:独立董事主要通过参与董事会下设的各种专门委员会如审计委员会、提名委员会、薪酬委员会来实现其监督。审计委员会负责定期与公司的内部审计员或首席财务官协同工作,并充分利用公司外部合法的审计员,有效地监督公司的财务报告过程,督察公司内部的审计程序,详细讨论审计业务中的问题,收集审计师们关于审计管理方面的建议,评估公司的内部控制制度;薪酬委员会和提名委员会通过制定内部董事和经理人员的薪酬政策、方案和提名董事会经理人选,对其起到监督与督促的作用。

(三) 监事会

监事会是股份有限公司依法设立的,对董事、高级管理人员的经营管理行为及公司财务进行专门监督的常设机构。其组成方式、职权范围、会议召开和监事任期与有限责任公司的规定相同。

第四节　电子商务企业

一、电子商务企业设立的法律依据

《电子商务法》规定，电子商务经营者应当依法办理市场主体登记。根据电子商务企业经营的主体和经营模式的不同，将其分成了电子商务平台经营者、平台内经营者、自建平台经营者和第三方平台经营者四种类型公司。电子商务公司应依法办理市场主体登记，涉及行政许可的，应当取得主管部门的行政许可。这里所说的依法就是《公司法》《个人独资企业法》和《合伙企业法》等法律、法规。

二、电子商务有限责任公司的设立

在电子商务企业的四种类型中，平台内经营者是电子商务活动中最主要的市场主体。该电子商务有限公司设立的环节、内容和方法如下。

（一）申请公司名称的预先核准

设立有限责任公司，应当由全体股东指定的代表或者共同委托的代理人向公司登记机关申请名称预先核准。企业名称实行网上计算机自动检索或人工查询，无异议后可办理企业名称登记。

1. 公司申请名称预先核准文件的提交

公司申请名称预先核准应提交的文件主要包括：有限责任公司的全体股东或者股份有限公司的全体发起人签署的公司名称预先核准申请书；国家工商行政管理总局规定要求提交的其他文件。

2. 公司申请名称的核准

公司登记机关受理后做出决定。予以核准的，出具《企业名称预先核准通知书》；不予核准的，应出具《企业名称驳回通知书》，说明不予核准的理由，并告知申请人享有依法申请行政复议或者提起行政诉讼的权利。

(二)申请"五证合一"营业执照

"五证合一"是指将原先分别到工商行政管理部门、质量监督检验检疫部门、税务部门、人力资源与社会保障部门、统计部门办理的企业法人营业执照、组织机构代码证、税务登记证、社会保险登记证和统计登记证统一合并到由工商行政管理部门核发加载法人和其他组织统一社会信用代码的营业执照,组织机构代码证、税务登记证、社会保险登记证、统计登记证不再发放。"五证合一"营业执照采用一表申请、一窗受理、并联审批、一份证照的登记模式。

1. 提交申请材料

"五证合一"营业执照申请材料主要包括《新设企业五证合一登记申请表》(见实例1-1)《公司设立登记申请书》《指定代表或者委托代理人的证明》及指定代表或委托代理人的身份证复印件(本人签字)、公司章程(见实例1-2)、公司法定代表人任职文件和身份证明、企业名称预先核准通知书(见实例1-3)和公司住所使用证明。

☑ 实例1-1　　"五证合一"登记申请表

(营业执照/组织机构代码证/税务登记证/社会保险登记证/统计登记证)

☑新设　□变更　□增发　□补发证照　□其他

营业执照基本信息			
企业名称	上海立达电子商务有限责任公司		
住所/经营场所	上海市黄浦区人民路1号		
法定代表人/负责人姓名	王祥	身份证号码 310106199208112837	手机号码 13917935888
经营范围	进出口服装业务、跨境贸易电子商务		
组织机构代码证基本信息			
组织机构号(变更时填写)		□是　□否　增发组织机构	
机构类型	☑企业法人　□企业非法人　□其他机构		

(续上)

主管部门		职工人数	10人
开户银行 （变更时填写）		开户账号 （变更时填写）	
税务登记证基本信息			
纳税人识别号 （变更时填写）		☐是 ☐否 增发税务登记证	
财务负责人	方欣 身份证号码 3101061993110428371		手机号码 13678987652
办税人	李丽 身份证号码 3101061991080128371		手机号码 136712345677
从业人数	10人	其中外籍人员数量	无
核算方式	☐非独立核算 ☑独立核算		

✅ 实例1-2 上海立达电子商务有限责任公司章程

第一章 总则

第一条 依据《中华人民共和国公司法》（以下简称《公司法》）及有关法律、法规的规定，由王祥、方欣、李丽、张熙共同出资，设立上海立达电子商务有限责任公司（以下简称公司），特制定本章程。

第二条 本章程中的各项条款如与法律、法规的规定相抵触，以法律、法规的规定为准。

第二章 公司名称和住所

第三条 公司名称：上海立达电子商务有限责任公司

第四条 住所：上海市黄浦区人民路1号

第三章 公司经营范围

第五条 公司经营范围：电子商务

第六条 公司改变经营范围，应当修改公司章程，并向登记机关办理变更登记。

公司的经营范围中属于法律、行政法规和国务院决定规定须经批准的项目，应当依法经过批准。

(续上)

第四章 公司注册资本

第七条 公司注册资本：150万元人民币，为在公司登记机关登记的全体股东认缴的出资额，股东以其认缴的出资额为限对公司承担责任。

第八条 公司变更注册资本的，向登记机关申请变更登记。公司增加注册资本，股东认缴新增资本的出资，依照《公司法》设立有限公司缴纳出资的有关规定执行。公司减少注册资本，自公告之日起45日后申请变更登记，并提交公司在报纸上登载公司减少注册资本公告的有关证明和公司债务清偿或者债务担保情况的说明。公司减资后的注册资本不得低于法定的最低限额。

第九条 公司实收资本为150万元人民币，是全体股东实际交付并经公司登记机关依法登记的股本总额。公司变更实收资本的，按照公司章程载明的出资时间、出资方式缴纳出资。公司自足额缴纳出资之日起30日内向登记机关申请变更登记。

第十条 股东按照实缴的出资比例分取红利；公司新增资本时，股东有权优先按照实缴的出资比例认缴出资。

第十一条 公司变更注册资本、实收资本及其他登记事项，应当向原公司登记机关申请变更登记。未经变更登记，不得擅自改变登记事项。

第五章 股东的姓名或者名称、出资额、出资方式和出资时间

第十二条 股东的姓名或者名称如下：

序号	股东姓名	住所	身份证号码
1	王祥	上海市松江区车亭公路1788号	310106199208112837
2	方欣	上海市松江区车亭公路1788号	310106199311042837
3	李丽	上海市松江区车亭公路1788号	310106199108012837
4	张熙	上海市松江区车亭公路1788号	310106199001252837

(续上)

第十三条 股东的出资数额、出资方式和出资时间如下：

股东姓名	认缴情况			实缴情况		
	出资数额	出资方式	持股比例	出资数额	出资方式	出资时间
王祥	60万元	货币	40%	60万元	货币	2018年8月
方欣	30万元	货币	20%	30万元	货币	2018年8月
李丽	30万元	货币	20%	30万元	货币	2018年8月
张熙	30万元	货币	20%	30万元	货币	2018年8月

第十四条 股东以货币出资的，将货币出资足额存入公司在银行开设的账户；以实物、知识产权、土地使用权等可以用货币估价并可以依法转让的非货币财产作价出资的，依法办理其财产权的转移手续，并经具有评估资格的资产评估机构评估作价后，由验资机构进行验资。

第十五条 公司成立后，向股东签发出资证明书；公司置备股东名册，记载于股东名册的股东，可以依股东名册主张行使股东权利。

公司成立后，股东不得抽逃出资。

第十六条 股东的首次出资经依法设立的验资机构验资后，由全体股东指定的代表向公司登记机关申请设立登记。

第六章 公司的机构及其产生办法、职权、议事规则

第十七条 股东会由全体股东组成，是公司的权力机构，行使下列职权：

（一）决定公司的经营方针和投资计划。

（二）选举和更换非由职工代表担任的执行董事，决定有关执行董事的报酬事项。

（三）审议批准执行董事的报告。

（四）审议批准监事的报告。

（五）审议批准公司的年度财务预算方案、决算方案。

(续上)

> （六）审议批准公司的利润分配方案和弥补亏损的方案。
> （七）对公司增加或者减少注册资本做出决议。
> （八）对发行公司债券做出决议。
> （九）对公司合并、分立、解散、清算或者变更公司形式做出决议。
> （十）修改公司章程。
> （十一）聘任或者解聘公司经理。
> （十二）其他职权。
>
> 对前款所列事项股东以书面形式一致表示同意的，可以不召开股东会会议，直接做出决定，并由全体股东在决定文件上签名、盖章。
>
> 第十八条　股东会的首次会议由出资最多的股东召集和主持。
>
> 第十九条　股东会会议由股东按照出资比例行使表决权。
>
> 第二十条　股东会会议分为定期会议和临时会议。定期会议依照规定的时间按时召开。代表 1/10 以上表决权的股东，执行董事提议召开临时会议的，应当召开临时会议。
>
> 召开股东会会议，应当于会议召开 20 日以前通知全体股东。股东会应当对所议事项的决定做出会议记录，出席会议的股东应当在会议记录上签名（或盖章）。
>
> 第二十一条　股东会会议由执行董事召集和主持，执行董事不能履行或者不履行召集股东会会议职责的，代表 1/10 以上表决权的股东可以自行召集和主持。
>
> 第二十二条　股东会会议做出修改公司章程、增加或者减少注册资本的决议，以及公司合并、分立、解散或者变更公司形式的决议，必须经代表 2/3 以上表决权的股东通过。
>
> 第二十三条　公司不设董事会，设执行董事 1 名，执行董事由股东会选举产生。执行董事任期 3 年，任期届满，可连选连任。

(续上)

第二十四条　执行董事对股东会负责,行使下列职权:

(一)负责召集股东会,并向股东会议报告工作。

(二)执行股东会的决议。

(三)审定公司的经营计划和投资方案。

(四)制订公司的年度财务预算方案、决算方案。

(五)制订公司的利润分配方案和弥补亏损方案。

(六)制订公司增加或者减少注册资本以及发行公司债券的方案。

(七)制订公司合并、分立、解散或者变更公司形式的方案。

(八)决定公司内部管理机构的设置。

(九)制定公司的基本管理制度。

(十)其他职权。

第二十五条　公司设经理1名,由股东聘任或者解聘。

第二十六条　经理对股东会负责,行使下列职权:

(一)主持公司的经营管理工作。

(二)组织实施公司年度经营计划和投资方案。

(三)拟订公司内部管理机构设置方案。

(四)拟订公司的基本管理制度。

(五)制定公司的具体规章。

(六)提请聘任或者解聘公司副经理、财务负责人。

(七)决定聘任或者解聘除应由执行董事聘任或者解聘以外的负责管理人员。

(八)其他职权。

第二十七条　公司的法定代表人由执行董事(或总经理)担任,并依法登记。公司法定代表人代表公司签署有关文件,任期3年,任期届满,可连选连任。

第二十八条　法定代表人变更,应当自变更决议或者决定做出之日起30日内申请变更登记。

(续上)

第七章　股东会会议认为需要规定的其他事项

第二十九条　股东之间可以相互转让其全部或者部分股权。

第三十条　股东依法转让股权后,公司应当相应修改公司章程和股东名册中有关股东及其出资额的记载。对公司章程的该项修改不需再由股东会表决。

第三十一条　公司的营业期限1年,自公司营业执照签发之日起计算。公司营业期限届满,可以通过修改公司章程而存续。公司延长营业期限须办理变更登记。

第三十二条　公司因下列原因解散:

（一）公司章程规定的营业期限届满。

（二）股东决定解散。

（三）因公司合并或者分立需要解散。

（四）依法被吊销营业执照、责令关闭或者被撤销。

（五）人民法院依照《公司法》的规定予以解散。

（六）其他解散事由。

公司因前款第（一）、第（二）、第（四）、第（五）项规定而解散的,应当在解散事由出现之日起15日内成立清算组,开始清算。公司清算组由股东组成。

第三十三条　公司解散,依法应当清算的,清算组应当自成立之日起10日内将清算组成员、清算组负责人名单向公司登记机关备案。

第三十四条　清算组应当自成立之日起10日内通知债权人,并于60日内在报纸上等媒体公告。在申报债权期间,清算组不得对债权人进行清偿。

第三十五条　清算期间,公司存续,但不得开展与清算无关的经营活动。公司财产在未依照《公司法》规定清偿前,不得分配给股东。

公司清算结束后,清算组应当制作报经股东会（或人民法院）

(续上)

确认的清算报告,并自清算结束之日起 30 日内向原公司登记机关申请注销登记,公告公司终止。

第八章 附则

第三十六条 公司登记事项以公司登记机关核定的为准。

第三十七条 本章程未规定的其他事项,适用《公司法》的有关规定。

第三十八条 本章程经全体股东共同订立,自公司成立之日起生效。

第三十九条 本章程一式六份,股东各留存一份,公司留存一份,并报公司登记机关一份,涂改或复印的无效。

全体股东签字、盖章:王祥 方欣 李丽 张熙

2018 年 8 月 10 日

 实例1-3　　企业名称预先核准通知书

(黄)预核字[180912]第210号

根据《企业名称登记管理规定》《企业名称登记管理实施办法》等规定,同意预先核准下列投资人出资,注册资本(金)150万元(人民币壹佰伍拾万元整),住所设在上海市黄浦区人民路1号,企业名称为:上海立达电子商务有限责任公司。

行业及行业代码:

投资人、投资额和投资比例:王祥,60 万元,40%
　　　　　　　　　　　　方欣,30 万元,20%
　　　　　　　　　　　　李丽,30 万元,20%
　　　　　　　　　　　　张熙,30 万元,20%

第一章 大众创业——电子商务主体法律制度

(续上)

> 　　以上预先核准的企业名称保留期至<u>2018年9月1日</u>。在保留期内，企业名称不得用于经营活动，不得转让。经企业登记机关设立登记，颁发营业执照后企业名称正式生效。
>
> 上海市市场监督管理局黄浦区分局
核准日期：2018年8月15日

2. 受理申请材料

市场监督管理部门"五证合一"综合受理窗口对申请材料进行审核，申请材料齐全并符合法定形式的，或者按照要求提交全部补全申请材料的予以受理。对不予受理的，现场说明其理由，并告知申请人享有依法申请行政复议或者提起行政诉讼的权利。

3. 核准申请材料

市场监督管理部门将申请材料发送到质监部门、税务部门、人力资源与社会保障部门、统计部门分别进行审核，核准后分别将统一社会信用代码、税务登记证号码、社保证号码、统计证号码发送至市场监督管理部门。

4. 颁发营业执照

市场监督管理部门将相关信息导入准入系统，生成工商注册号，打印"五证合一"营业执照，并向申请公司颁发。"五证合一"营业执照的签发时间就是公司成立的时间。

三、依法公示营业执照与行政许可等信息

根据《电子商务法》的规定，电子商务经营者应当在其首页显著位置，持续公示营业执照信息、与其经营业务有关的行政许可等信息或上述信息的链接标识。如果信息发生变更的，应及时更新公示信息。如果自行终止从事电子商务的，应提前30日在首页显著位置持续公示有关信息。

阅读思考

2017年全国新设市场主体创新高

2017年,全国新设市场主体1 924.9万户,同比增长16.6%,比2016年提高5个百分点,平均每天新设5.27万户,高于2016年的4.51万户。全年新设企业607.4万户,同比增长9.9%,平均每天新设1.66万户,高于2016年的1.51万户。

2018年上半年,全国新设市场主体998.3万户,同比增长12.5%,平均每天新设5.52万户。特别是二季度以来,大众创业意愿持续高涨,4月至6月各月新设企业均超过60万户,创历史新高。新设企业结构不断优化,服务业增速回升,新设企业261.4万户,同比增长14.3%;第二产业继续较快增长,同比增长11.7%;战略性新兴产业新设企业56.9万户,增长19.9%。新设市场主体的大量涌现,成为创业创新活力的重要标志,对促进就业、促进社会经济和谐发展起到了积极作用。

请思考,在互联网与大众创业的时代,学习电子商务主体法律制度对在校大学生创业具有哪些指导作用?

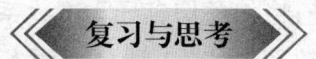
复习与思考

一、单项选择题

1. 股份有限公司的发起人人数为(　　)。

　　A. 2人以上200人以下　　　　B. 2人以上

　　C. 5人以上　　　　　　　　　D. 100人以下

2. 甲、乙、丙、丁、戊五人共同投资1 000万元人民币,设立金王股份有限公司。该公司的注册资本分为1 000万股,每股1元人民币。甲、乙、丙三人分别持有300万股,丁、戊两人分别持有50万股。

该公司运营中的债务应由（　　）。

　　A. 公司与股东共同承担

　　B. 公司以其全部资产承担

　　C. 甲、乙、丙、丁、戊五位股东共同承担

　　D. 甲、乙、丙共同承担

3. 募集设立是（　　）。

　　A. 有限公司设立的一种方式

　　B. 两合公司设立的一项原则

　　C. 股份有限公司设立的一种方式

　　D. 一人有限公司设立的一项原则

4. 公司的成立日期为（　　）。

　　A. 申请注册登记之日

　　B. 营业执照签发日期

　　C. 注册资本缴纳完毕之日

　　D. 验资完成日期

5. 某国有企业准备改建为股份有限公司，公司以募集方式设立，注册资本为 8 000 万元，其股份金额为每股 1 元，股份总数为 8 000 万股。该公司发起人认购股份的最低限额为（　　）万股。

　　A. 2 800　　　　　　　　　B. 3 200

　　C. 4 000　　　　　　　　　D. 5 000

6. 某有限责任公司于 2018 年 3 月 10 日召开股东会，选举公司的监事。下列人员中，可以担任公司监事的是（　　）。

　　A. 因挪用公款罪被判处有期徒刑的张某，于 2014 年 2 月 21 日刑满释放

　　B. 曾担任某公司的法定代表人，该公司于 2016 年 9 月被宣告破产，对公司破产负有个人责任的赵某

　　C. 该公司工会主席席某

　　D. 该公司董事李某

7. 股份有限公司不能成立时，因设立行为产生的费用和债务应

当由（　　）。

A. 发起人承担连带责任

B. 全体认股人承担责任

C. 发起人在认购的股份金额范围内承担责任

D. 公司法定代表人承担责任

8. 根据《公司法》规定，有限责任公司因规模较小，不设董事会的，可以由（　　）作为公司的法定代表人。

A. 执行董事　　　　　　　B. 监事会负责人

C. 总经理　　　　　　　　D. 副总经理

二、多项选择题

1. 有限责任公司与股份有限公司的区别有（　　）。

A. 后者的全部资本分为等额股份并采取股票的形式，前者则不然

B. 后者以股东大会为权力机构，前者则不然

C. 前者以其全部资产对公司债务承担责任，后者则不然

D. 前者的股东有最高人数限制，后者则不然

2. 下列关于法人机关表述中，正确的有（　　）。

A. 法人机关无独立人格

B. 财团法人没有自己的议事机关

C. 法人分支机构为法人机关的一种

D. 监督机关不是法人的必设机关

3. 有限责任公司的公司章程对（　　）具有约束力。

A. 公司　　　　　　　　　B. 财务负责人

C. 董事　　　　　　　　　D. 副经理

4. 某公司2018年依法成立，注册资本为260万元，2018年度的股东会议中对修改公司章程的事项做出决议，下列说法中，正确的有（　　）。

A. 该公司是有限责任公司

B. 该决议必须经出席会议的股东所持表决权的2/3以上通过

C. 该公司是股份有限公司

D. 该决议必须经代表 2/3 以上表决权的股东通过

5. 甲、乙、丙共同出资设立了一有限责任公司，1 年后，甲拟将其在公司的全部出资转让给丁，乙、丙不同意，下列解决方案中，符合《公司法》规定的有（　　）。

A. 由乙或丙购买甲拟转让给丁的出资

B. 乙和丙共同购买甲拟转让给丁的出资

C. 乙和丙均不愿意购买，甲无权将出资转让给丁

D. 乙和丙均不愿意购买，甲有权将出资转让给丁

6. 下列事项中，不用经有限责任公司股东会决议并经代表 2/3 以上表决权的股东通过的有（　　）。

A. 向股东以外的人转让出资

B. 修改公司基本管理制度

C. 审议董事会亏损弥补方案

D. 公司与其他公司合并

7. 下列有关股份有限公司股份转让的行为中，符合《公司法》规定的有（　　）。

A. 公司在股市上收购本公司股票一批，作为奖励派发给贡献突出的员工

B. 国家授权投资的机构依法将其持有的某公司股份全部转让给另一公司

C. 与持有本公司股份的其他公司合并时，回购本公司的股份

D. 公司成立 3 年后，某发起人将其持有的本公司股份卖给另一发起人

8. 根据规定，股份有限公司不得收购本公司的股票，但有些特殊情形是允许的。这些特殊情形包括（　　）。

A. 在证券交易市场炒作盈利

B. 与持有本公司股票的其他公司合并

C. 为扩大对本公司的投资而增持股份

D. 为减少公司资本而注销股份

三、判断题

1. 公司是企业法人,有独立的法人财产,享有法人财产权。（   ）

2. 公司营业执照应当载明公司的名称、住所、注册资本、实收资本、经营范围、法定代表人姓名等事项。（   ）

3. 有限责任公司全体股东的首次出资额不得低于注册资本的20%,也不得低于法定的注册资本最低限额。（   ）

4. 股份有限公司注册资本的最低限额为人民币500万元。（   ）

5. 公司合并时,合并各方的债权、债务,应当由合并后存续的公司或者新设的公司承继。（   ）

6. 公司可以设立分公司,分公司具有法人资格,依法独立承担民事责任。（   ）

7. 董事、监事、高级管理人员执行公司职务时违反法律规定,给公司造成损失的,应当承担赔偿责任。（   ）

8. 高级管理人员,是指公司的经理、副经理、财务负责人,上市公司董事会秘书和公司章程规定的其他人员。（   ）

四、简答题

1. 股份有限公司和有限责任公司的区别有哪些?
2. 公司的清算程序是怎样的?

五、案例分析题

碧海实业有限公司等3家国有企业筹集股本2亿元,制定公司章程,向登记机关提出设立以高新技术产业为主的新奇股份有限公司。碧海实业有限公司以厂房、设备、专利技术和土地使用权等非货币形式出资认购新奇股份有限公司股份1亿元成为第一大股东,其他公司则以货币形式出资认购新奇股份有限公司的股份,并在创立大会上通过了公司章程。于是碧海实业有限公司等3家国有企业向登记机关设立股份有限公司的申请。

请分析,这种出资形式符合我国《公司法》的规定吗?为什么?

第一章 大众创业——电子商务主体法律制度

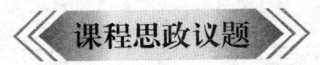

国富民强、大众创业、市场主体法律之析

2012年11月,党的十八大报告关于"倡导富强、民主、文明、和谐,倡导自由、平等、公正、法治,倡导爱国、敬业、诚信、友善,积极培育和践行社会主义核心价值观"的重要论述,是我党凝聚全党全社会价值共识作出的重要论断。"富强、民主、文明、和谐"是我国社会主义现代化国家的建设目标。富强即国富民强,是国家在经济建设方面追求的价值目标。

2014年9月10日,李克强总理在夏季达沃斯论坛上提出"借改革创新的东风,在960万平方公里土地上掀起一个大众创业、草根创业的新浪潮,中国人民勤劳智慧的自然禀赋就会充分发挥,中国经济持续发展的发动机就会更新换代升级。"2015年,李克强总理在政府工作报告中将其凝练成为"大众创业,万众创新"。为落实"大众创业,万众创新"的号召,国务院颁布了《关于大力推进大众创业,万众创新若干政策措施的意见》。当下,互联网、大数据和智能等现代科学技术快速发展,不断涌现出各种新产业、新模式、新业态,让大众有了更多的创新创业机会,在校学生也纷纷响应与投入。

2018年5月3日,习近平主席在考察北大时向大学生提出,"追梦需要激情和理想,圆梦需要奋斗和奉献"。作为有激情和理想的大学生,应该结合所学的专业知识、专业技能和社会实践经验,坚信"大众创业,万众创新"的理念,为社会主义经济建设奋发图强。

法律、法规制度是培育和践行社会主义核心价值观的重要保证。要把法律、法规制度的学习与培育和践行社会主义核心价值观进行有机的结合,在弘扬社会主义法治精神的同时,也创造有利于培育和践行社会主义核心价值观的良好环境。

(续上)

> 请以小组为单位,依据本章电子商务主体法律制度的学习,结合"国富民强、大众创业、市场主体法律之析"一文,谈谈"追梦需要激情和理想,圆梦需要奋斗和奉献"对本专业学习具有哪些作用?

第二章　契约精神——电子商务合同法律制度

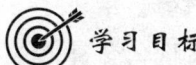 学习目标

◆ 了解《中华人民共和国合同法》(以下简称《合同法》)《中华人民共和国电子签名法》(以下简称《电子签名法》)《中华人民共和国电子商务法》(以下简称《电子商务法》)的适用范围。

◆ 熟悉《合同法》《电子签名法》《电子商务法》的基本内容,增强法律意识。

◆ 明确我国2018年3月通过的《中华人民共和国宪法修正案》(以下简称《宪法修正案》)中提出"健全社会主义法治"的现实意义。

◆ 具备订立与履行合同的法律知识,掌握买卖双方的权利和义务,为学生就业和创业打好基础。

培育和践行社会主义核心价值观——"自由、平等"

　　契约精神是商品经济社会中契约关系的准则,是基于平等基础上的磋商、合理的对价,诚信的订约和守信的履约,这也是社会主义核心价值观"自由、平等"在商务合同中的具体体现。当下,我国经济出现了持续增长的态势,尤其

（续上）

是电子商务交易规模以年均30%的增速快速发展，每年都会产生几十亿份的合同或订单，因此要以"自由、平等"作为业界的社会价值取向。

合同是平等主体的自然人、法人与其他组织之间设立、变更与终止民事权利和义务关系的协议。为了保护合同当事人的合法权益，保障电子商务各方主体的合法权益，规范电子商务行为，维护社会经济秩序，促进社会主义现代化建设，我国从1999年起先后颁布了《合同法》《电子商务法》和《电子签名法》，规范了合同及当事人的权利与义务。为此，作为一个准创业团队，上海立达电子商务有限公司的成员们需要学习掌握法律关于合同形式、合同内容、合同订立及履约的相关规定。

第一节 《合同法》

一、《合同法》的基本概况

（一）《合同法》的颁布

为了保护合同当事人的合法权益，维护社会经济秩序，促进社会主义现代化建设，1999年3月15日第九届全国人民代表大会第二次会议通过《合同法》，从1999年10月1日起施行。

1. 《合同法》的适用范围

《合同法》的适用范围有四种情形：一是《合同法》实施以后成立的合同发生纠纷起诉到人民法院的；二是《合同法》实施以前成立的

合同发生纠纷起诉到人民法院的;三是合同成立于《合同法》实施之前,但合同约定的履行期限跨越《合同法》实施之日或者履行期限在《合同法》实施之后,因履行合同发生的纠纷;四是人民法院确认合同效力时,对《合同法》实施以前成立的合同,适用当时的法律合同无效而适用《合同法》合同有效的。

2. 《合同法》的不适用范围

人民法院对《合同法》实施以前已经做出终审裁决的案件进行再审和婚姻、收养、监护等有关身份关系的协议不适用《合同法》。

(二)《合同法》的基本原则

1. 平等原则

《合同法》规定:"合同当事人的法律地位平等,一方不得将自己的意志强加给另一方。"平等原则是指当事人的民事法律地位平等,包括订立和履行合同两个方面,其是区别行政法律和刑事法律的重要特征,是《合同法》其他原则赖以存在的基础。

2. 自愿原则

《合同法》规定:"当事人依法享有自愿订立合同的权利,任何单位和个人不得非法干预。"合同是当事人协商一致及真实意思表示的结果,因一方欺诈、胁迫订立的合同无效或者可以撤销。

3. 公平原则

《合同法》规定:"当事人应当遵循公平原则确定各方的权利和义务。"公平原则的内涵有三个方面:一是在订立合同时的公平,显失公平的合同可以撤销;二是在发生合同纠纷时的公平处理,既要切实保护守约方的合法利益,也不能使违约方因较小的过失承担过重的责任;三是在极个别的情况下,因客观情势发生异常变化,履行合同使当事人之间的利益重大失衡,公平地调整当事人之间的利益。

4. 诚实信用原则

《合同法》规定:"当事人行使权利、履行义务应当遵循诚实信用原则。"诚实信用原则的内涵有三个方面:一是诚实,当事人要表里如一,不得欺诈;二是守信,当事人要言行一致,不能反复无常,也不能口惠而实不至;三是当事人应当恪守商业道德,履行相互协助、通知和保密等义务。

5. 遵守法律、法规,尊重社会公德原则

《合同法》规定:"当事人订立、履行合同,应当遵守法律、行政法规,尊重社会公德,不得扰乱社会经济秩序,损害社会公共利益。"如当事人在订立与履行合同应当遵守法律、行政法规的规定,不得订立法律、法规禁止的标的合同,不得违背善良风俗,不得进行不正当竞争,不得利用合同进行偷税漏税等。

(三) 合同的法律特征

1. 合同是民事法律行为

民事法律行为是指民事主体实施的可以引起民事权利和民事义务设立、变更或者终止的合法行为。合同是民事法律行为的一种,因此也就具备了这个法律特征。

2. 合同是合意的结果

合意是指合同当事人的意思表示一致。合同是两个以上的意思表示相一致的协议,只有在当事人所做出的意思达成一致后,合同才具有法律约束力并受到法律保护。其有三个要素:一是合同的成立必须要有两个或两个以上的当事人;二是各方当事人须互相做出意思表示;三是各个意思表示须是一致的。

3. 合同是以设立、变更或终止民事权利和义务关系为目的

所谓设立民事权利和义务关系是指当事人依法成立合同后,便在他们之间产生民事权利和义务关系;所谓变更民事权利和义务关系是指当事人在依法成立合同后,便使他们之间原有的民事权利和义务关系发生变化,形成新的民事权利和义务关系;所谓终止民事权利和义务关系是指当事人依法成立合同后,便使他们之间既有的民事权利和义务关系归于消灭。

二、合同的分类

合同的分类是指基于一定的标准,将合同划分为不同的类型。

(一) 依据当事人双方权利和义务的分担方式分类

此类可划分为以下两种形式。

1. 单务合同

单务合同是指只有一方当事人承担给付义务的合同。单务合同中的双方当事人不存在互相承担对待给付的关系,一方承担义务而不享有权利,另一方则相反。如赠与合同,赠与一方有交付的义务,无获取货款的权利。

2. 双务合同

双务合同是指双方当事人互相承担对待给付义务的合同。在双务合同中,当事人双方均承担合同义务,并且双方的义务具有对应关系,即一方当事人依据合同所享有的权利正是对方当事人依据合同所应承担的义务;反之亦然。如买卖合同中,卖方交货后获取货款,买方支付货款后取得货物。

(二) 依据当事人取得权利是否以偿付为代价分类

此类可划分为以下两种形式。

1. 有偿合同

有偿合同是指当事人一方享有合同约定的权益要向对方偿付相应对价给付的合同。如买卖合同、运输合同等都属于有偿合同的范畴。

2. 无偿合同

无偿合同是指只有一方当事人向对方给予某种权益,对方取得该权利却不支付任何代价的合同。如赠与合同、无偿借用合同、无偿保证合同、无偿保管合同等都属于无偿合同的范畴。

(三) 依据合同成立是否需要交付标的物分类

此类可划分为以下两种形式。

1. 诺成合同

诺成合同是指只要当事人的意思表示一致,就能成立或者生效的合同。

2. 实践合同

实践合同是指在当事人意思表示一致以外,尚须有实际交付标的物或者有其他现实给付行为才能成立的合同。如借款合同,张三向李四借款1万元,李四同意出借,此时双方的意思表示是一致的,但是借款合同还未生效,只有当李四将1万元交付给了张三时,这份借款合同才告生效。

(四)依据合同成立是否需要采取一定的形式分类

此类可划分为以下两种形式。

1. 要式合同

要式合同是指按照法律规定或者当事人约定必须采用特定形式订立方能生效的合同。例如,小李将自己某项专利权转让给小张,双方达成了合意,并签订合同,但是此时合同尚未成立,只有当这份专利权转让的合同自向国家专利局登记之日起才生效,而这里的登记即是法律所规定的必须采取的形式。

2. 不要式合同

不要式合同是指法律对合同成立的形式没有特定要求方能生效的合同。例如,李小姐在速卖通网站选购一件套裙,在线下单后支付货款,由快递公司送货到家,该订单就属于不要式合同。

(五)依据法律是否赋予特定名称及规范分类

此类可划分为以下两种形式。

1. 有名合同

有名合同又称典型合同,是指在法律上规定有确定名称与规则的合同。如买卖合同、赠与合同、借款合同和租赁合同等都属于有名合同的范畴。

2. 无名合同

无名合同又称非典型合同,是指在法律上尚未规定有确定名称与规则的合同。根据合同自由原则,在不违反强行法及社会公共利益和社会公德的前提下,允许当事人订立任何内容的合同。随着社会经济的不断发展,现代科学技术的不断进步,尤其是大数据与智能化技术的运用,交易的形式与内容日益复杂,当事人往往不得不在法定合同类型之外创新合同形式,以满足现实的需要。

三、合同的形式

合同形式是指当事人合意的外在表现形式,是合同内容的载体。《合同法》规定:"当事人订立合同,有书面形式、口头形式和其他形式。法律、行政法规规定采用书面形式的,应当采用书面形式。当事人约定采用书面形式的,应当采用书面形式。"

(一) 书面形式

书面形式是指合同当事人采用合同书、信件和数据电文(包括电报、电传、传真、电子数据交换和电子邮件)等可以有形地表现所载内容的形式。数据电文是指以电子手段、光学手段或类似手段生成、发送、接收或存储的信息,包括但不限于电子数据交换、电子邮件、电报、电传或传真。

(二) 口头形式

口头形式是指合同当事人采用语言方式订立的合同。如通过电话、手机、微信语音等方式订立的合同,其简便、快速,较常用于小额及现货交易。

(三) 其他形式

其他形式是指除了可以采取书面形式与口头形式之外的其他形式订立的合同。随着现代科学技术,尤其是大数据与智能化技术的不断发展,未来可能出现的合同形式。

四、合同的内容

合同的内容是指规定合同当事人权利和义务关系的具体条文,即合同条款。《合同法》规定,合同的内容由当事人约定,一般包括当事人的名称或者姓名和住所,标的,数量,质量,价款或者报酬,履行期限、地点和方式,违约责任,解决争议的方法八个方面。

订立合同一般应包括上述条款,但是并不是说当事人签订的合同中缺了其中任何一项就会导致合同的不成立或者无效,这八项条款只具有指示性作用,意在提醒当事人订立合同时应尽量将条款拟订周详,以免滋生纠纷。

五、合同当事人订立的条件

《合同法》规定,"当事人订立合同,应当具有相应的民事权利能力和民事行为能力。"其具有以下两层内涵。

(一)当事人应当具备相应的民事权利能力

民事权利能力是指法律赋予民事主体享有民事权利、承担民事义务的资格,公民与法人是民事行为的基本主体。公民的民事权利能力始于出生,终止于死亡,其民事权利能力在法律上一律平等;法人的民事权利能力因其立法宗旨与经营范围而各不相同。

(二)当事人应当具备相应的民事行为能力

民事行为能力是指民事主体独立实施某种民事行为的资格。其分为以下三种类型。

1. 完全民事行为能力人

具有完全民事行为能力人的范围:一是18周岁以上的公民,可以独立进行民事活动;二是16周岁以上不满18周岁的公民,以自己的劳动收入为主要生活来源的。

2. 限制民事行为能力人

属于限制民事行为能力人的范围:一是8周岁至18周岁的未成年人;二是不能完全辨认自己行为的精神病人。限制民事行为能力人可以进行与其年龄、智力相适应的民事活动,其他民事活动由其法定代理人代理,或者征得其法定代理人的同意。

3. 无民事行为能力人

属于无民事行为能力人的范围:一是不满8周岁的未成年人;二是不能辨认自己行为的精神病人。无民事行为能力人由其法定代理人代理民事活动。

六、合同订立的方式

《合同法》规定:"当事人订立合同,采取要约、承诺方式。"合同本质上是合意的结果,当事人合意就是对合同内容协商一致的过程,其经过要约与承诺等环节来实现。

(一) 要约

1. 要约的条件

要约也称发盘或发价,是指希望和他人订立合同的意思表示。发出要约的人被称之为要约人,接受要约的人被称之为受要约人。一项有效的要约应具备以下四个方面的要件。

1)要约是由特定人做出的

发出要约的目的在于订立合同,要约人必须使受约人知道是谁发出的。因此,发出要约的人必须能够确定,其为特定之人。

2)要约必须是向受要约人做出订立合同意思的表示

要约人向受要约人发出要约,必须表明愿意按照要约中所提出的条件与对方订立合同的肯定表示。

3)要约内容必须是确定的

要约不同于一般的订约通知或订约愿望,必须要有合同的主要条款或条件,如商品的名称、数量、质量、价格、履行期限、地点和运输方式等。

4)要约必须送达受要约人时才能生效

要约的生效时间采用到达主义原则。因为受约人只有知道要约的内容,才能决定是否接受。

2. 要约的撤回

要约规定对方承诺的期限,在该期限内要约人不得撤回或变更要约。如需要撤回要约,必须向受要约人发出通知,只有该通知与要约同时或先时到达受要约人,才能撤回要约。

3. 要约的撤销

要约的撤销是指当要约到达受要约人之后,受要约人尚未发出承诺通知之前,要约人通知取消其效力的行为。但是有两种情形不可撤销要约:一是如果要约写明接受要约的期限或以其他方式表示要约是不可撤销的;二是被要约人有理由信赖该项要约是不可撤销的,而且受要约人已本着对该项要约的信赖行事。

4. 要约的失效

要约的失效是指一项要约丧失了法律约束力。《合同法》规定的要约失效情形有四个方面:一是拒绝要约的通知到达要约人;二是要约人依法撤销要约;三是承诺期限届满,受要约人未做出承诺;四是受要约人对要约的内容做出实质性变更。

 案例分析

上海立达电子商务有限公司在公司网站发布牛仔女裙产品供货信息,得知英国 MANDARS IMPORTS CO. LTD 对该产品感兴趣,立即通过电子邮件发出要约。要约内容为:6条混码装1个小胶袋,3个小胶袋装1个大胶袋,1个大胶袋装入1只出口纸箱;单价为每件7美元CIF伦敦,采用即期信用证支付方式;5月30日前装运;要约7天有效。翌日,业务员发现报价有误,立即发出撤回要约的通知。

请分析,上海立达电子商务有限公司能撤回要约吗?为什么?

(二)承诺

1. 承诺的条件

承诺又称接受,是指受要约人完全同意要约的意思表示或以其他行为表示同意。一项有效的承诺应具备以下四个方面的要件。

1) 承诺必须由受要约人发出

如果是非受要约人做出的承诺,在法律上无效。

2) 承诺内容应当与要约内容相一致

如果受要约人对要约的内容做出实质性的变更,其包括价格、付款、质量、数量、交货地点和时间等内容,就不能构成有效的要约。

3) 承诺必须在要约有效期内做出

有效期内做出的两种情形:一是以邮件或者电报做出的,自邮件载明的日期或者电报交发之日开始计算;二是以电话或传真等快速通讯方式做出的,自要约到达受要约人时开始计算。如果承诺期间含假日或非营业日,承诺最后1天可顺延至下一个营业日。

4)承诺应以适当方式做出

承诺应符合要约规定的传递方式,要约没有约定承诺传递方式,则按商业习惯选择。

3. 承诺的生效

承诺通知送达要约人时生效。如果承诺是口头的,则做出承诺时生效;如为电子数据的,则接收数据电文的首次时间。承诺生效时合同成立。

4. 承诺的撤回

承诺撤回是指受要约人在其做出的承诺生效之前,即撤回承诺通知,在承诺到达要约人之前或者同时到达要约人时,将承诺撤回的行为。

案例分析

上海立达电子商务有限公司在公司网站发布牛仔女裙产品供货信息,进口商D对该产品进行询价。上海立达电子商务有限公司立即向该公司报价:女裙100%棉100条装一个大胶袋,1个大胶袋装入一只出口纸箱;单价为每件7美元CIF东京,电汇;12月31日前装运;要约7天有效。进口商D收到要约后,决定接受要约的全部条件,但是10日后才通过电子邮件发出承诺。

请分析,该承诺有效吗?为什么?

七、合同的订立

(一)合同成立的条件

《合同法》规定构成一项有法律效力的合同必须具备以下五个条件。

1. 当事人必须具有订立合同行为能力

具有法律行为能力的当事人包括企业法人和法定自然人。前者是指要具有企业法人资格;后者是指具有民事行为,如是无民事行为能力或限制无民事行为能力的人,其所订立的合同视不同情况予以撤销或宣布无效。

案例分析

某中职学校国际商务专业学生小李只有16岁,将自己在日本购买的10件服装加价10%卖给了同班A同学并签订了简单的书面协议。于是,A同学又加价5%卖给了其他10个同学各1件,由于其中一位学生穿着回家后,该家长不同意购买并要求退货,于是将此事告到校方。

请分析,小李与A同学之间的买卖协议有效吗?为什么?

2. 当事人必须在自愿和真实基础上达成协议

《合同法》明确规定:"当事人依法享有自愿订立合同的权利,任何单位和个人不得非法干预。"当事人在商务活动中,应当遵守公平交易、等价有偿、诚实守信的原则。如果意思表示有错误,甚至欺诈等会严重侵害当事人的利益。

3. 合同必须有对价

对价是指当事人为了取得合同利益所付出的代价。在买卖合同中,买方支付货款与卖方交货对双方来说就是对价。无对价的合同不受法律保护。

4. 合同的标的必须合法

各国法律都要求当事人所订立的合同标的必须合法,合法是合同的基本性质。凡是违反法律、违反公共秩序或公共政策以及违反善良风俗或道德的合同,一律无效。

案例分析

某公司职工小王在回家的途中有人向她推销手机,价格比市场低50%,她由于心动就买了下来。数天后,警察带着推销手机

(续上)

> 的人找到单位,确认了该手机是其偷窃的赃物,并进行了收回。于是,小王要求其退还支付手机的费用。
> 请分析,小王购买手机的口头合同成立吗?手机费用能退还吗?为什么?

5. 合同必须符合法律规定的形式

《合同法》规定,"法律、行政法规规定采用书面形式的,应当采用书面形式。当事人约定采用书面形式的,应当采用书面形式。"

(二) 书面合同的主要内容

书面合同由约首、本文和约尾三部分组成。其主要内容如下。

1. 约首

约首是合同的首部,包括合同的名称、合同号数、订约的日期、行约地点、买卖双方的名称和地址及序言等内容,其中序言应表示双方订立合同的意愿和执行合同的保证,对双方具有约束力。

2. 正文

正文是合同的主体和核心,具体列明各项主要交易条件,包括品名条款、品质规格条款、数量条款、包装条款、价格条款、支付条款、运输条款、保险条款、检验条款、不可抗力条款、索赔条款和仲裁条款。

3. 约尾

约尾是合同的结尾部分,包括合同适用的法律和惯例、合同的有效期、合同的有效份数及效力、双方代表的签字等内容。

(三) 合同的效力

1. 合同生效情形

《合同法》规定合同生效的情形有以下八种现象。

(1) 依法成立的合同在成立时生效,法律、行政法规规定应当办理批准、登记等手续生效的,依照其规定。

(2) 当事人对合同的效力附生效条件的,符合生效条件时合同生效。

(3) 当事人对合同的效力约定期限的,自期限届至时生效。

(4) 限制民事行为能力人订立的与其年龄、智力、精神健康状况不相适应的合同,经法定代理人追认后有效。

(5) 没有代理权或超越代理权或代理权终止后以被代理人名义订立的合同,经被代理人追认后有效。

(6) 没有代理权或超越代理权或代理权终止后以被代理人名义订立的合同,相对人有理由相信行为人有代理权的,该代理行为有效。

(7) 法人或者其他组织的法定代表人、负责人超越权限订立的合同,除相对人知道或者应当知道其超越权限的以外,该合同有效。

(8) 无处分权的人处分他人财产,经权利人追认或者无处分权的人订立合同并取得处分权后,该合同有效。

2. 合同效力待定情形

效力待定合同是指合同成立后,因欠缺生效条件尚待追认或同意来确定其效力的合同。

《合同法》规定合同效力待定的情形有以下三种现象。

1) 限制民事行为能力人订立的与其年龄、智力、精神健康状况不相适应的合同

该类合同必须经限制民事行为能力人的法定代理人追认后,该合同有效。当事人可以催告法定代理人在1个月内予以追认,法定代理人未做表示的,视为拒绝追认。合同被追认之前,善意的当事人有撤销合同的权利,撤销应以通知的方式做出。

2) 无权代理人订立的合同

无权代理人是指没有代理权或超越代理权或代理权终止后以被代理人名义订立合同的行为人。该类合同未经被代理人追认,对被代理人不发生效力,由行为人承担责任。当事人可以催告被代理人在1个月内予以追认,被代理人未做表示的,视为拒绝追认。合同被追认之前,善意的当事人有撤销合同的权利,撤销应以通知的方式做出。

3) 无处分权的人处分他人财产订立的合同

无处分权人是指对于归属他人的财产没有权利进行处置的权利

的，不能进行自由处分的人。无处分权人处分他人的财产，经权利人追认或者无处分权的人订立合同后取得处分权的，该合同有效。

3. 合同无效情形

《合同法》规定合同无效的情形有五种：一是一方以欺诈、胁迫的手段订立合同，损害国家利益；二是恶意串通，损害国家、集体或者第三人利益；三是以合法形式掩盖非法目的；四是损害社会公共利益；五是违反法律、行政法规的强制性规定。

4. 合同变更或撤销情形

1) 合同的变更

合同变更是指合同成立之后，当事人在原合同的基础上对合同的内容进行修改或者补充的行为。变更合同的情形主要是订立的合同显失公平或发生重大误解，可提请人民法院或仲裁机构变更合同的内容，包括标的物数量的增减、价款或酬金的增减、履行期限或地点的变更、履行方式的变更等。

2) 合同的撤销

《合同法》规定撤销合同的情形有三种：一是因重大误解订立的；二是在订立合同时显失公平的；三是一方以欺诈、胁迫的手段或者乘人之危的。发生上述情形之一，当事人一方有权请求人民法院或者仲裁机构撤销合同。具有撤销权的当事人自知道或应当知道撤销事由之日起1年内没有行使撤销权的，撤销权消灭。具有撤销权的当事人知道撤销事由后明确表示或以自己的行为放弃撤销权的，撤销权也归于消灭。

八、合同的转让

合同转让是指合同当事人依法将合同的全部或者部分的权利和义务转让给第三人的行为。合同转让习惯上又称合同主体的变更，而合同的内容并不发生变化。合同转让有以下三种类型。

(一) 债权转让

债权转让是指债权人将合同的权利全部或者部分转让给第三人。合同权利全部转让给第三人的，则意味着原合同关系消灭，产生一个新的合同关系,第三人称为新的债权人。合同部分权利转让给第三人的,第三人加入原合同关系中,与原债权人共同享有债权。债权人转让权利的,应当通知债务人,如果未经通知的,该转让对债务人不发生效力。债权人转让权利的通知不得撤销,但经受让人同意的除外。

(二) 债务转移

债务转移是指债务人经债权人同意,将合同的义务全部或部分转让给第三人。合同义务全部转移给第三人的,则意味着原合同关系消灭,产生一个新的合同关系,第三人为新的债务人。合同部分义务转让给第三人的,第三人加入原合同关系中,与原债务人共同向债权人履行义务。债务人将合同的义务全部或部分转移给第三人的,应当经债权人同意。

(三) 概括转让

概括转让是指合同一方当事人经对方当事人的同意,将其权利和义务全部转让给第三人,由第三人全部承受这些权利和义务。概括转让不同于债权转让与债务转移,其转让的内容实际上包括债权的转让与债务的转移两部分内容。概括转让的后果,导致原合同关系的消灭,第三人取代了转让方的地位,产生了一个新的合同。在概括转让中,当事人一方将自己在合同中的权利和义务全部转让给第三人,必须取得对方当事人的同意。

九、合同的履行

合同履行是指双方当事人按照合同约定的内容各自履行自己的义务。

(一) 买卖双方的义务

1. 卖方的义务

卖方义务主要有以下三个方面。

1) 交付货物

卖方应依合同约定的时间、地点、品质、数量和包装方式完成交货义务。

2）交付单据

卖方必须按照合同约定的时间、地点和方式移交与货物有关的单据。

3）权利担保

权利担保分为两种形式：一是所有权担保，是指卖方保证对其出售的货物享有完全的所有权，必须是第三方不能提出任何权利或要求的货物；二是知识产权担保，是指卖方交付货物，必须是第三方不能依工业产权或其他知识产权主张任何权利和要求的货物。

2. 买方的义务

买方必须按照合同的约定支付货款和接收货物。

十、违约的责任

违约责任是指当事人一方不履行合同义务或不适当履行合同义务的，应当承担的民事责任。合同是当事人之间所产生的特定权利和义务关系，所以合同双方当事人应当依约履行自己的义务，如果违反了合同义务，就应当承担违约责任，这对于违约方来说是一种惩罚，对于受害方而言则是一种救济。

(一) 违约责任的特征

违约责任具有以下五个方面的特征。

1. 违约责任是一种民事责任

民事责任包括违约责任与侵权责任，违约责任是民事责任的一种类型。

2. 违约责任只能在当事人之间产生

违约责任是合同中违约的一方当事人对另一方承担的责任，合同是当事人双方关于特定权利和义务的协议，因而，违约责任也只能存在于合同当事人之间，合同以外的第三人对当事人之间的合同不承担违约责任。

3. 违约责任是合同当事人不履行或不适当履行债务的责任

违约责任是违反合同义务的责任，其中包括不履行合同债务或部分不履行合同债务。

4. 违约责任具有补偿性

违约责任是以补偿守约方因违约行为所受损失为主要目的,因而,损害赔偿是违约责任的主要责任形式。

5. 违约责任具有一定的任意性

合同是合意的结果,违约责任可以由当事人在法律规定的范围内约定,具有一定的任意性。

(二) 违约责任的构成要件

违约责任构成的要件有以下两个方面。

1. 违约行为

违约行为是指当事人一方不履行合同义务或者不适当履行合同义务的行为。根据《合同法》的规定,违约行为可划分为以下三大类。

1) 单方违约与双方违约

根据违约行为的主体可划分为单方违约与双方违约。单方违约是指由一方当事人行为所造成的违约。在单方违约的情况下,应由违约方承担违约责任。双方违约是指当事人双方都违反了自己的合同义务。由此双方当事人应当各自承担相应的责任,不能相互抵销。

2) 根本违约与非根本违约

根据违约行为导致后果的程度可划分为根本违约与非根本违约。根本违约是指一方的违约致使另一方订约目的不能实现或违约行为后果严重。非根本违约是指一方的违约并没有导致另一方订约的目的不能实现,或者使其遭受重大损害。

3) 预期违约与实际违约

根据违约行为发生的时间可划分为预期违约与实际违约。预期违约是指在履行期到来之前的违约,包括明示预期违约和默示预期违约。明示预期违约是指一方当事人明确地向对方表示将履行期届满时不履行合同的义务;默示预期违约是指一方当事人以自己的行为向对方表明将履行期届满时不履行合同的义务。实际违约是指当事人在履行合同义务期间,不履行或不适当履行合同的情形。不履行是指合同生效后,一方当事人在客观上已经没有履行合同义务的能力或故意不履行合同的义务;不适当履行是指一方当事人虽对合同义务作了履行,但是其履行义务的行为不符合合同约定的内容或法律的规定。其包括三种情形:一是迟延履行,是指合同债务已经到期,一方当事人能够履行而未履行;二是瑕疵履行,是指履行合同义务存在数量不足、质量不符、履行方法不当、履行地点有误等情形;三是加害给付,是指因当事人一方违约行为侵害对方人身财产权益时,受损害方依法有权要求其承担违约或侵权责任。

2. 免责事由

免责事由是指当事人对其违约行为免于承担责任的理由。免责事由有以下两类。

1) 法定免责事由

法定免责事由是指由法律直接规定的,并不需要当事人约定就可以直接适用的免责事由。例如,《合同法》规定,一方当事人"因不可抗力不能履行合同的,根据不可抗力的影响,部分或者全部免除责任"。

2) 约定免除事由

约定免除事由也称免责条款,是指合同当事人在合同中约定免除违约责任的现象及事由。《合同法》规定,合同中列明造成对方人身伤害的、因故意或者重大过失造成对方财产损失的免责条款无效。

 案例分析

上海某进出口公司从日本B公司进口一批电动玩具,由于该公司地处的北海道发生6.7级地震,厂房倒塌,电动玩具被毁,交通短期陷入了瘫痪,无法按合同规定的时间交货。上海某进出口公司因无法如期收到货物,也就不能向与其订货的客户交货,遭到客户的投诉。

请分析,上海某进出口公司可以向日本B公司要求索赔吗?为什么?

（三）违约责任的方式

1. 继续履行

继续履行是指一方当事人不履行或者不适当履行合同义务时，违约方应当根据债权人的要求，按照约定继续履行合同的义务。如果一方当事人未支付价款或者报酬的，对方可以要求其支付价款或者报酬；如果合同的义务是其非金钱债务，债务人在对方有履约可能的条件下要求其继续履行；反之，在法律上或事实上不能履行的，或履行费用过高的，或债权人在合理期限内未要求履行的，不适合继续履行的方式。

2. 采取补救措施

采取补救措施是指一方当事人虽然已经履行了合同的义务，但是履行合同义务的标的质量不符合合同约定，可要求违约方采取一定的补救措施以弥补或者减少其损失。补救措施包括修理、更换、重做、退货和减价等，可以根据标的性质及损失的大小进行合理的选择。

3. 赔偿损失

赔偿损失是指一方当事人不履行合同义务或者不适当履行合同义务给对方造成损失时，依法或按合同约定承担赔偿对方损失的一种违约责任。

1) 赔偿损失构成的要件

赔偿损失构成的要件主要有四个：一是有违约的行为；二有损失的事实；三是违约行为与损害结果之间存在因果关系；四是违约人存在过错

2) 赔偿损失的范围

损害赔偿的范围既可以由法律直接规定，亦可以由当事人约定。在法律与当事人都没有规定或约定的情形下，采取完全赔偿责任原则来确定损害赔偿的范围。赔偿全部损失包括直接损失与间接损失，不仅包括因违约所造成的财产上的直接减少，还包括预期取得的利益。

4. 违约金

违约金是指由合同当事人预定的,当一方当事人不履行合同义务或者不适当履行合同义务时,应向另一方支付一定数量的金钱或财物。

1) 违约金的性质

违约金具有补偿与惩罚的双重性质。补偿性是指违约造成对方损失,则违约金可以折抵损失赔偿金;惩罚性是指只要有违约行为,无论是否有损失的后果,都要按照约定向对方支付违约金。

2) 违约金的支付

当事人可以约定一方当事人违约时应当根据违约情况向对方支付一定数额的违约金,也可约定损失赔偿额的计算方法,如果约定的违约金低于造成的损失的,当事人可以请求人民法院或者仲裁机构予以增加;反之,可以请求人民法院或者仲裁机构予以适当减少。一方当事人就迟延履行约定违约金的,支付违约金后还应履行债务。

5. 定金

定金是指一方当事人为了担保合同的履行而预先向对方支付一定数额的金钱。如果一方当事人履行债务后,定金应当抵作价款或收回;如果不履行约定债务的,无权要求返还定金;如果收受定金的一方不履行约定债务的,应当双倍返还定金。定金与违约金不可并用,只能选择其中一个。一方当事人违约时,对方可以选择适用违约金或定金条款。

十一、违约的救济方法

救济方法是指在一方违反合同时,另一方当事人依法获得补偿的方法。

(一) 卖方违约的救济方法

《合同法》规定卖方违约给予买方的救济方法如下。

1. 实际履行

卖方违反合同时,买方可以规定一个合理时间的额外期限让卖方履行义务。

2. 交付替代物

卖方构成根本违反合同时,买方可以要求交付替代物。

3. 修理

卖方所交付的货物与合同规定不相符时,买方要求对其进行修补、调整或替换有瑕疵的部分。

4. 减价

卖方所交付的货物与合同不符,不论价款是否已付,买方都可以要求对方降低价格。

5. 宣告合同无效

卖方构成根本违反合同,或在买方规定的宽限期间内没有交货,或声明不交货时,买方有权宣告合同无效。合同一经被宣告无效,不仅解除了买卖双方在合同中的义务,还可要求卖方必须归还因接受履行所获得的利益部分。

(二)买方违约的救济方法

《合同法》规定买方违约给予卖方的救济方法如下。

1. 要求履行义务

如果买方不履行其在合同中约定的义务,卖方可以要求其履行义务,如支付货款和接收货物等。

2. 宣告合同无效

买方构成根本违反合同或在卖方规定的宽限期间内仍未履行或声明将不在规定的时间内履行时,卖方可以宣告合同无效。合同一经被宣告无效,不仅解除了买卖双方在合同中的义务,还可要求买方必须按实际收到货物的原状归还货物。

(三)双方违约的救济方法

《合同法》规定买卖共同违约给予双方的救济方法如下。

1. 中止履行义务

当一方出现预期违约情况时,另一方当事人可以采取中止履行义务的措施。

2. 损害赔偿

当一方不履行或不适当履行合同义务给对方造成损失时,应当承担赔偿对方的损失。

3. 支付利息

一方当事人因未支付或拖欠货款,另一方当事人有权对这些款额收取利息,并可取得损害赔偿。

4. 免责

如果一方当事人能证明不履行义务是由于某种非他所能控制的障碍造成,而且对于这种障碍是无法在订立合同时预期或能避免或克服的。

5. 保全货物

当一方出现违约情况时,另一方当事人仍持有货物的处置权。保全的目的是为了减少因对违约而给自己带来的损失。

十二、合同权利和义务的终止

(一)终止事由

合同权利和义务的终止是指由于一定的法律事实发生,使得合同设定的权利和义务归于消灭的法律现象。《合同法》规定终止合同权利和义务的事由有以下六种情形。

1. 清偿

清偿是指债务已经按照约定履行。债务按照合同约定得到履行,一方面使合同债权得到满足,另一方面也使得合同债务归于消灭,产生了合同权利和义务关系终止的后果。

2. 解除

解除是指合同解除,在合同有效成立之后,没有履行或没有依约履行之前,当事人双方通过协议或一方行使约定或法定解除权的方式,使当事人设定的权利和义务关系终止的行为。解除有以下两种类型。

1)依据解除的主体分类

根据解除的主体可划分为双方解除和单方解除。双方解除是当事人双方为了消灭原有的合同而订立新合同;单方解除是指一方当事人通过行使法定解除权或约定解除权而使合同的效力消灭。

2）依据解除的方式分类

根据解除的方式可划分为约定解除与法定解除。约定解除是指双方当事人在法律规定的范围内自愿解除合同的权利与义务。法定解除是指在法律规定的解除条件出现时，当事人一方有权通知另一方解除合同。法定解除有四种情形：一是因不可抗力致使不能实现合同目的；二是在履行期限届满之前，当事人一方明确表示或以自己的行为表明不履行主要债务；三是当事人一方迟延履行主要债务，经催告后在合理期限内仍未履行；四是当事人一方迟延履行债务或者有其他违约行为致使不能实现合同目的。

3. 抵销

抵销是指两人互负债务时，各以其债权充当债务之清偿，而使其债务与对方的债务在对等额内相互消灭。抵销有以下两种类型。

1）法定抵销

法定抵销是指法律规定的抵销条件出现时产生抵销的效力。法定抵销的条件有四个方面：一是双方当事人互负债务、互享债权；二是双方债务均已到期；三是双方债务的标的物种类、品质相同；四是双方债务是依债权性质可以抵销的。当具备法定抵销条件时，一方当事人可将抵销的意思通知对方，通知自到达对方时产生抵销的效力。

2）协议抵销

协议抵销是指双方当事人协商一致，使自己的债务与对方的债务在对等额内消灭。协议抵销与法定抵销都是将双方的债务在对等额内消灭。

4. 提存

提存是指由于债权人的原因而无法向其交付合同标的物时，债务人将该标的物交给提存部门保存以消灭合同权利和义务的一项制度。其中债务人是提存人，债权人是提存受领人，提存部门是公证机关。

1）提存的事由

《合同法》规定了三种情形：一是债权人无正当理由拒绝受领；二

是债权人下落不明;三是债权人死亡未确定继承人或者丧失民事行为能力未确定监护人。发生上述情形之一时,债权人可将标的物交由有关提存机关提存。标的物不适于提存或提存费用过高的,债务人依法可以拍卖或变卖标的物,提存所得的价款。标的物提存后,除债权人下落不明的以外,债务人应当及时通知债权人或债权人的继承人和监护人。

2) 提存的效力

提存效力体现在三个方面:一是自提存之日起,债务人与债权人之间的合同权利和义务关系终止;债务人凭借相关证明可以取回提存物,如果债权人以书面形式向公证机关表示放弃提存受领权的,债务人也可以取回提存物;三是债权人可以随时领取提存物,但债权人对债务人负有到期债务的,在债权人未履行债务或提供担保之前,提存机关根据债务人的要求应当拒绝其领取提存物。

5. 免除

免除是指债权人抛弃债权,从而终止合同权利和义务关系。如果债权人免除债务人部分或全部债务的,合同的权利和义务部分或者全部终止。

6. 混同

混同是指当债权人和债务人合为一人时,债权债务自然消灭的现象。其包括所有权与他物权同归于一人;债权与债务同归于一人;主债务与保证债务同归于一人。

第二节 《电子商务法》与《电子签名法》

一、线上交易准则法律的基本概况

(一)《电子商务法》

1.《电子商务法》的制定

电子商务是指通过互联网等信息网络销售商品或者提供服务的

经营活动。为了保障电子商务各方主体的合法权益,规范电子商务行为,维护市场秩序,促进电子商务持续健康发展,2018年8月31日,第十三届全国人民代表大会常务委员会第五次会议通过了《电子商务法》,自2019年1月1日起施行。

2. 《电子商务法》的适用范围

《电子商务法》适用于我国境内的电子商务活动,即通过互联网等信息网络销售商品或提供服务的经营活动。法律与行政法规对销售商品或者提供服务有规定的,适用其规定。

金融类产品和服务、利用信息网络提供新闻信息、音视频节目、出版及文化产品等内容方面的服务,不适用《电子商务法》。

(二)《电子签名法》

1. 《电子签名法》的制定

为了规范电子签名行为,确立电子签名的法律效力,维护有关各方的合法权益,2004年8月28日,第十届全国人民代表大会常务委员会第十一次会议通过了《电子签名法》,自2005年4月1日起施行。当前版本为2015年4月24日第十二届全国人民代表大会常务委员会第十四次会议修正。

2. 《电子签名法》的适用范围

《电子签名法》适用于民事活动中的合同或者其他文件、单证等文书,当事人可以约定使用或者不使用电子签名、数据电文。

《电子签名法》不适用电子文书的范围有四个方面:一是涉及婚姻、收养、继承等人身关系的;二是涉及土地、房屋等不动产权益转让的;三是涉及停止供水、供热、供气、供电等公用事业服务的;四是法律与行政法规规定的不适用电子文书的其他情形。

(三) 电子商务经营者

《电子商务法》规定,电子商务经营者是指通过互联网等信息网络从事销售商品或提供服务的经营活动的自然人、法人和非法人组织,包括电子商务平台经营者、平台内经营者以及通过自建网站、其他网络服务销售商品或者提供服务的电子商务经营者。

(四) 数据电文

数据电文是指以电子、光学、磁或类似手段生成、发送、接收或储存的信息，包括电子数据交换、电子邮件、电报、电传或传真等。《电子签名法》规定，构成有效数据电文需要具备两个条件：一是能够有效地表现所载内容并可供随时调取查用；二是能够可靠地保证自最终形成时起，内容保持完整、未被更改。此外，《电子签名法》还明确规定，数据电文可作为证据使用。

1. 发件人与收件人

发件人是指由其或代表其发送或生成该数据电文或许予以储存的人，可以是买家，也可以是卖家；收件人是指发件人指定接收数据电文的人，可以是买家，也可以是卖家。

2. 数据电文发送时间与地点

1）数据电文发送时间的含义

数据电文发送时间是指进入发件人或代表发件人发送数据电文的人控制范围之外的某一信息系统的时间。

2）数据电文发送地点的情形

数据电文发送地点的情形有三种：一是数据电文应以发件人设有营业地的地点为发送数据电文的地点；二是发件人有一个以上的营业地，以对基础交易具有最密切关系的营业地为发送数据电文的地点，如果无任何基础交易，则以其主要的营业地为准；三是发件人没有营业地，则以其经常居住地为发送数据电文的地点。

3）数据电文发送的情形

《电子签名法》规定，数据电文有下列情形之一的，视为发件人发送：

(1) 经发件人授权发送的。

(2) 发件人的信息系统自动发送的。

(3) 收件人按照发件人认可的方法对数据电文进行验证后结果相符的。

3. 数据电文收到时间与地点

1）数据电文收到时间的情形

确认数据电文收到时间的方法有三种：一是收件人为接收数据电文而指定了某一信息系统，则进入该信息系统的时间为收到时间；二是数据电文发给了收件人的一个信息系统但不是指定的信息系统，则以收件人检索到该数据电文的时间为收到时间；三是收件人并未指定某一信息系统，则以数据电文进入收件人的任一信息系统的时间为收到时间。

2）数据电文收到地点的情形

确定数据电文收到地点的方法有三种：一是收件人设有营业地的地点为收到数据电文的地点；二是收件人有一个以上的营业地，以对基础交易具有最密切关系的营业地为准，如果无任何基础交易，则以其主要的营业地为准；三是收件人没有营业地，则以其惯常居住地为准。

（五）电子签名认证

1. 电子签名认证的相关当事人

1）电子签名人

电子签名是指数据电文中以电子形式所含、所附用于识别签名人身份并表明签名人认可其中内容的数据。电子签名人是指持有电子生成数据并以本人身份或以其所代表的人的名义行事的人。

2）电子验证服务提供商

电子验证服务提供商是指签发证书或可以提供与电子签字相关的其他服务的人。

3）电子依赖方

电子依赖方是指可以根据证书或电子签字行事的人。

 案例分析

上海立达电子商务有限公司注册敦煌网跨境电子商务平台，并建立了自己店铺进行销售，发布公司经营范围、服务理念、

第二章 契约精神——电子商务合同法律制度

(续上)

产品品牌、商品供应等方面的信息,树立公司形象,获取商机。近日,该公司网站收到德国KKK进出口公司皮特经理发出的电子全棉帆布女式中裤报价邮件,王祥经理审阅后予以接受,并拟订全棉帆布女式中裤电子销售合同,经双方电子签名后生效。

请分别指出电子商务经营者与电子商务平台经营者、收件人与发件人、电子签名人与电子签名依赖方。

2. 电子签名认证证书

电子签名认证证书是指可证实电子签名人与电子签名制作数据有联系的数据电文或者其他电子记录。其包括电子认证服务提供者名称、证书持有人名称、证书序列号、证书有效期、证书持有人的电子签名验证数据、电子认证服务提供者的电子签名和国务院信息产业主管部门规定的其他内容。电子签名制作数据是指在电子签名过程中使用的,将电子签名与电子签名人可靠地联系起来的字符、编码等数据。电子签名验证数据是指用于验证电子签名的数据,包括代码、口令、算法或公钥等。

1)电子签名的要求

电子签名的要求有四个方面:一是签名生成数据在使用的范围内与签名人而不与其他任何人相关联;二是在签名时,签名生成数据处于签名人而不是处于其他任何人的控制之中;三是对签名的任何篡改均可被觉察;四是签名后对该信息的任何篡改均可被觉察。

2)电子签名人的注意事项

电子签名人注意事项主要有三个方面:一是采取合理的防范措施,避免他人擅自使用其签名生成数据;二是签名人知悉签名生成数据已经失密,或可能引起很大风险,应向依赖电子签名或提供电子签名辅助服务的任何人员发出通知;三是在使用证书支持电子签名时,确保签名人做出的关于证书整个周期的或需要列入证书内的所有重大表述,均精确无误和完整无缺。

3）验证服务提供商的注意事项

验证服务提供商应注意的事项有六个方面：一是按其所做出的承诺行事；二是采取合理的谨慎措施确保其需要列入证书的内容精准无误；三是提供合理有效手段，使依赖方得以从证书中证实验证服务提供商的身份、证书中所指明的签名人在签发证书时拥有对签名生成数据的控制、在证书签发之时或之前签名生成数据有效；四是提供合理有效手段，使得依赖方得以在适当情况下从证书或其他方面证实用于鉴别签名人的方法，对签名生成数据或证书的可能用途或使用金额上的任何限制，使得签名生成数据有效和未发生失密，对验证服务提供商规定的责任范围或程度的任何限制等；五是确保提供及时的撤销服务；六是使用可信赖系统、程序和人力资源提供服务。

二、电子商务经营者的义务

《电子商务法》规定："电子商务经营者从事经营活动，应当遵循自愿、平等、公平、诚信的原则，遵守法律和商业道德，公平参与市场竞争，履行消费者权益保护、环境保护、知识产权保护、网络安全与个人信息保护等方面的义务，承担产品和服务质量责任，接受政府和社会的监督。"

（一）电子商务经营者的义务

1. 依法销售商品或提供服务

电子商务经营者销售的商品或提供的服务应符合保障人身、财产安全和环境保护的要求，不得销售或提供法律与行政法规禁止交易的商品或服务，并要真实、及时地披露相关信息，保障消费者的知情权和选择权，不得以虚构交易、编造用户评价等方式进行虚假或引人误解的商业宣传，误导、欺骗消费者。

 案例分析

"双11"期间，为了制造低价，先涨价后降价已经成为电商行业的潜规则。据《2017年双11、黑五海淘消费投诉与体验报告》

(续上)

> 统计数据显示,多个品牌旗舰店均出现虚假促销情况。
> 请分析,该行为是否违反了电子商务经营者的义务?是否影响了社会的和谐发展?

电子商务经营者销售的商品或提供的服务还应注意以下两个现象。

(1) 如果搭售商品或服务的,应以显著方式提请消费者注意,不得将搭售商品或服务作为默认同意的选项。

(2) 如果根据消费者的兴趣爱好、消费习惯等特征向其提供商品或服务的搜索结果时,应当同时向该消费者提供不针对其个人特征的选项,尊重和平等保护消费者合法权益。

2. 依法履约并承担责任

电子商务经营者应按照承诺或者与消费者约定的方式、时限向消费者交付商品或服务,承担商品运输中的风险和责任,并依据销售商品或提供服务出具纸质发票或电子发票等购货凭证或服务单据。如果按约向消费者收取押金的,应当明示押金退还的方式及程序,不得对押金退还设置不合理的条件。

3. 依法履行纳税义务

电子商务经营者应依法履行纳税义务,依法享受税收优惠。不需要办理市场主体登记的电子商务经营者在首次纳税义务发生后,应依照税收征收管理法律与行政法规的规定申请办理税务登记,并如实申报纳税。

4. 依法依规开展市场竞争

电子商务经营者因其技术优势、用户数量、对相关行业的控制能力以及其他经营者对该电子商务经营者在交易上的依赖程度等因素而形成的市场支配地位,不得滥用其排除或限制竞争。

5. 依法依规收集管理用户信息

电子商务经营者收集或使用用户的个人信息,应遵守法律与行政法规有关个人信息保护的规定,明示用户信息的查询、更正、删除以及用户注销的方式与程序,不得对用户信息查询、更正、删除以及用户注销设置不合理条件,要按照用户的申请并在核实身份后及时提供查询或更正或删除或注销的服务。如果有关主管部门依照法律与行政法规的规定要求电子商务经营者提供有关电子商务数据信息的,应给予提供。

6. 依法依规开展跨境电子商务

电子商务经营者从事跨境电子商务,应当遵守进出口监督管理的法律、行政法规和国家有关规定。

(二)电子商务平台的义务

1. 审核管理经营者的注册信息

电子商务平台经营者审核管理经营者注册信息有以下三个方面。

(1)电子商务平台经营者对申请注册经营者提交的注册材料进行核验,并进行登记,建立其档案,每年定期予以验证。

(2)电子商务平台经营者应按照规定向市场监督管理部门报送平台内经营者的身份信息,提示未办理市场主体登记的经营者依法办理登记。

(3)电子商务平台经营者应配合市场监督管理部门,针对电子商务的特点,为应当办理市场主体登记的经营者办理登记提供便利。

2. 制定平台服务协议与交易规则

电子商务平台经营者应遵循公开、公平、公正的原则,制定平台服务协议和交易规则,并在首页显著位置持续公示上述信息的链接标识,明确进入和退出平台、商品和服务质量保障、消费者权益保护、个人信息保护等方面的权利和义务,不得利用服务协议、交易规则和技术等手段对平台内的交易、交易价格以及与其他经营者的交易等进行不合理限制或附加不合理条件,或向平台内经营者收取不合理费用。如果修改,其应当在首页显著位置公开征求意见,修改内容至少应在实施前7日予以公示。平台内经营者不接受修改内容,要求退出平台的,必须放行并按照修改前的服务协议和交易规则承担相关责任。

案例分析

某日,一位身穿黑色短裙和黑色丝袜的女士坐在一辆滴滴出租车的后排,边打电话边把脚搭在前排副驾驶的座椅上,司机劝阻时双方发生争执,女乘客向滴滴平台进行了投诉,司机将用手机记录了整个过程的视频上传至网络。

请分析,司机此行为是否有错?滴滴平台应给予何处罚?女乘客的行为是否文明?公民应如何提升自己的文明素质?

3. 监管平台内经营者的交易行为

电子商务平台经营监管平台内经营者的交易行为有以下五个方面:

(1)电子商务平台经营者记录并保存不少于3年平台上发布的商品信息、服务信息和交易信息,确保信息的完整性、保密性、可用性。发现平台内的商品或服务信息存在违反法律与法规情形的,应依法采取必要的处置措施,向有关主管部门报告,还要实施警示、暂停或终止服务等措施,并及时公示。

 案例分析

某电子商务平台在监管店铺的过程中发现小王经营的网站在销售抗战时期日本军国主义的军服,立刻责令其下架,并向公安部门报案。小刘之前在该网站购买一套军服,在某地景点着装后拍照留念,并在网络上传播。

请分析,小王和小刘是否触犯我国相关法律?对年轻一代应如何加强爱国主义教育,以避免类似事件的发生?

(2)电子商务平台经营者应建立知识产权保护规则,与知识产权权利人加强合作,依法保护知识产权,对侵害知识产权的,应采取删除、屏蔽、断开链接、终止交易和服务等必要措施。未采取必要措施的,与侵权人承担连带责任。

案例分析

2016年6月,淘宝网通过大数据打假系统发现张某经营的店铺所销售的施华洛世奇手表存在售假嫌疑,立即通知其下架处理。消费者小夏日前在该店铺下单,在收到施华洛世奇手表时发现有假。

请分析,淘宝网是否承担连带责任?该店铺的店主是否承担责任?

(3)电子商务平台经营者接到含有侵权初步证据的通知后,应及时采取必要措施,并将该通知转送平台内经营者;否则,对损害的扩大部分需要承担连带法律责任。

(4)平台内经营者接到转送的通知后,可以提交含有不存在侵权行为初步证据的声明,由电子商务平台经营者转送相关知识产权权利人。在该声明到达知识产权权利人后的15日内,电子商务平台经营者未收到权利人投诉或起诉通知的,应及时终止所采取的措施。

(5)电子商务平台经营者因通知错误造成平台内经营者损害的,依法承担民事责任。恶意发出错误通知,造成平台内经营者损失的,应加倍承担赔偿责任。

 案例分析

某日,小琪对某电商平台标价110元的银环蛇感兴趣,于是下了订单,并由该平台通过快递发货。小琪收到货物进行确认时被银环蛇咬到,由于其是毒蛇,家中没有常备的抗蛇毒血清,小琪最终因错过了最佳治疗时间不治身亡。银环蛇属国家保护动物,私自销售属于违法行为。卖家在该平台上销售也没有经过认证的资质信息。

请分析,该平台应承担什么法律责任?为什么?

4. 及时报送平台内经营者纳税相关信息

电子商务平台经营者依照税收征收管理法律与行政法规的规定,向税务部门报送平台内经营者的身份信息和纳税有关的信息,并提示不需要办理市场主体登记的电子商务经营者依法办理税务登记。

5. 规范平台的自营业务

电子商务平台经营者在其平台上开展自营业务的,应以显著方式区分标记自营业务和平台内经营者开展的业务,不得误导消费者。对其标记为自营的业务依法承担商品销售者或服务提供者的民事责任。

6. 保障电子商务交易安全

电子商务平台经营者应采取技术措施,确保平台的稳定运行,制定网络安全事件应急预案,确保网络安全,并防范网络违法犯罪活动,保障电子商务交易的安全。

7. 承担连带法律责任

电子商务平台经营者知道或应知道平台内经营者销售的商品或提供的服务,不符合保障人身与财产安全的要求,或有其他侵害消费者合法权益的行为,如果未采取必要措施的,依法承担连带法律责任。对销售生命健康商品或服务平台内经营者的资质未尽到审核义务,或对消费者未尽到安全保障义务,由此造成消费者损害的,依法承担相应的责任。

8. 提供其他服务

电子商务平台经营者提供以下两项其他服务:

(1)电子商务平台经营者应根据商品或服务的价格、销量、信用等以多种方式向消费者显示商品或者服务的搜索结果,对于竞价排名的商品或服务应标明"广告"。

(2)电子商务平台经营者可按照平台服务协议和交易规则为经营者之间的电子商务提供仓储、物流、支付结算和交收等服务,其应遵守法律、行政法规和国家有关规定,不得采取集中竞价、做市商等集中交易方式进行交易,不得进行标准化合约交易。

9. 建立健全信用评价制度

电子商务平台经营者应建立健全信用评价制度,公示信用评价规则,为消费者提供对平台内销售的商品或提供的服务进行评价的途径,不得删除其评价信息。

三、电子商务合同的订立与履行

(一)依法订立电子商务合同

1. 当事人是具有民事行为能力的人

电子商务当事人具有相应的民事行为能力,使用自动信息系统订立合同的行为对使用该系统的当事人具有法律效力。

2. 电子商务经营者告知合同订立事项

电子商务经营者应详尽、明确地告知用户订立合同的步骤、注意事项和下载方法等事项,保证用户能够便利、完整地阅览和下载,并保证用户在提交订单前可以更正输入错误的信息。

3. 依法成立电子商务合同

电子商务经营者发布的商品或服务信息符合要约条件的,如果用户选择该商品或服务,并成功提交订单时,合同即告成立。当事人另有约定的,从其约定。电子商务经营者不得以格式条款等方式约定消费者支付价款后合同不成立,如有此种约定,该合同内容无效。

(二)电子商务合同的履行

1. 按约定的时间交货

按约定的时间交货有以下四种情形:

(1)合同标的为交付商品并采用快递物流方式交付的,收货人签收时间为交付时间。

(2)合同标的为提供服务的,生成的电子凭证或实物凭证中载明的时间为交付时间。如果没有载明时间或载明时间与实际提供服务时间不一致的,实际提供服务的时间为交付时间。

(3) 合同标的为采用在线传输方式交付的,合同标的进入对方当事人指定的特定系统,并能检索识别的时间为交付时间。

(4) 合同当事人对交付时间另有约定的,从其约定。

2. 按约定的方式交付

按约定的方式交付有以下四个方面的要求:

(1) 快递物流服务提供者为电子商务提供快递物流服务,应当遵守法律与行政法规,并应当符合承诺的服务规范和时限。

(2) 快递物流服务提供者应当按照规定使用环保包装材料,实现包装材料的减量化和再利用。

(3) 快递物流服务提供者在交付商品时,应提示收货人当面查验。如果交由他人代收的,应经收货人同意。

(4) 快递物流服务提供者在提供快递物流服务的同时,可以接受电子商务经营者的委托提供代收货款服务。

3. 按规定的要求支付

电子支付服务提供者为电子商务提供电子支付服务的要求有以下五个方面:

(1) 电子支付服务提供者为电子商务提供电子支付服务,应遵守国家规定,告知用户电子支付服务的功能、使用方法、注意事项、相关风险和收费标准等事项,不得附加不合理交易条件,并确保电子支付指令的完整性、一致性、可跟踪稽核和不可篡改。

(2) 电子支付服务提供者提供电子支付服务不符合国家有关支付安全管理要求,造成用户损失的,应当承担赔偿责任。

(3) 电子支付服务提供者完成电子支付后,应及时准确地向用户提供符合约定方式的确认支付的信息,并向用户免费提供对账服务以及最近 3 年的交易记录。

(4) 用户在发出支付指令前,应核对支付指令所包含的金额、收款人等完整信息。如果支付指令发生错误的,电子支付服务提供者应及时查找原因,并采取相关措施予以纠正。造成用户损失的,电子支付服务提供者应承担赔偿责任,但能够证明支付错误并非自身原因造成的除外。

（5）用户应妥善保管交易密码、电子签名数据等安全工具，发现安全工具遗失、被盗用或未经授权支付的，应及时通知电子支付服务提供者。电子支付服务提供者发现支付指令未经授权，或收到用户支付指令未经授权的通知时，应立即采取措施防止损失扩大。如果未经授权的支付造成的损失，或未及时采取措施导致损失扩大的部分将由电子支付服务提供者承担，如果是用户的过错造成的，可不承担责任。

五、电子商务争议解决

（一）基本原则

1. 建立质量担保机制

国家鼓励电子商务平台经营者建立有利于电子商务发展、消费者权益保护的商品和服务的质量担保机制。

2. 设立消费者权益保证金

电子商务平台经营者与平台内经营者协议设立消费者权益保证金的，双方应就消费者权益保证金的提取数额、管理、使用和退还办法等做出明确约定。

3. 确定依法赔偿方法

消费者要求电子商务平台经营者承担先行赔偿责任以及电子商务平台经营者赔偿后向平台内经营者的追偿，适用我国《消费者权益保护法》的有关规定。

4. 建立投诉与举报机制

电子商务经营者应当建立有效的投诉与举报机制，公开投诉与举报方式等信息，及时受理并予以有效的处理。

（二）主要途径

当消费者在电子商务平台购买商品或接受服务时，若与平台内经营者产生争议，电子商务平台经营者应积极协助消费者维护合法权益，提供原始合同和交易记录，可建立争议在线解决机制，也可进

第二章 契约精神——电子商务合同法律制度

行协商、仲裁和诉讼。

1. 协商和解

电子商务争议可以通过协商和解，请求消费者组织、行业协会或其他依法成立的调解组织进行调解。

2. 商事仲裁

若双方当事人的争议无法通过协商解决，可以签订仲裁协议，向属地的仲裁机构提请仲裁，由仲裁庭进行裁决。

3. 法律诉讼

若双方当事人的争议无法通过协商解决，由一方当事人向属地法院提起诉讼，由法院进行判决。

在电子商务争议处理中，因电子商务经营者丢失、伪造、篡改、销毁、隐匿或拒绝提供相关资料，致使人民法院、仲裁机构或有关机关无法查明事实的，电子商务经营者应承担相应的法律责任。

 阅读思考

一座小孩的坟墓——契约精神

在美国纽约哈德逊河畔，离美国第18任总统格兰特的陵墓不到100米处，有一座小孩的坟墓。在墓旁的一块木牌上，记载着这样一个故事：1797年7月15日，年仅5岁的某某不幸坠崖身亡，他的父母悲痛欲绝，便在落崖处给孩子修建了一座坟墓。由于家庭破落，他的父母不得不转让这片土地，便对新主人提出了一个特殊要求，将孩子坟墓作为土地的一部分永远保留。新主人同意了这个条件，并把它写进了契约。

100年过去了，虽然这片土地辗转卖了许多家，但孩子的坟墓仍然留在那里。1897年，这块土地被选为格兰特总统的陵墓，而孩子的坟墓依然被完整地保留了下来，成了格兰特陵墓的邻居。又一个100年过去了，1997年7月，时任纽约市长来到这里缅怀格兰特总统的同时，重新修整了孩子的坟墓，并亲自撰写

(续上)

> 了孩子墓地的故事,让它世世代代流传下去。那份延续了200年的契约揭示了一个简单的道理:承诺了,就一定要做到。这就是契约精神。
>
> 请思考,在互联网和大众创业时代,契约精神与合同法律制度有何关系?

复习与思考

一、单项选择题

1. 因一方欺诈、胁迫订立的合同(　　)。

   A. 可以修改　　　　　　　B. 可以撤销
   C. 可以重新签订　　　　　D. 具有法律效力

2. 下列各项中,适用《合同法》情形的是(　　)。

   A. 买卖合同　　　　　　　B. 监护协议
   C. 收养协议　　　　　　　D. 婚姻协议

3. 承诺如为电子数据,其生效则是(　　)。

   A. 发送数据电文的首次时间
   B. 接收数据电文的首次时间
   C. 发送数据电文当日时间
   D. 接收数据电文当日时间

4. 销售者不能指明缺陷产品的生产者或供货者的,应当由(　　)承担赔偿责任。

   A. 销售者　　　　　　　　B. 生产者
   C. 供货者　　　　　　　　D. 管理者

5. 下列各项中,不属于《合同法》规定合同无效的情形是(　　)。

   A. 以胁迫手段订立的合同

B. 以恶意串通订立的合同

C. 符合法律规定订立的合同

D. 以损害社会公共利益订立的合同

6. 当事人一方不履行合同义务或不适当履行合同义务的,应当承担(　　)。

　　A. 民事责任　　　　　　　B. 刑事责任

　　C. 行政责任　　　　　　　D. 其他责任

7. (　　)是指一方的违约致使另一方订约目的不能实现或违约行为后果严重。

　　A. 根本违约　　　　　　　B. 非根本违约

　　C. 单方违约　　　　　　　D. 双方违约

8. 提交仲裁的依据是(　　)。

　　A. 仲裁协议　　　　　　　B. 调解协议

　　C. 贸易合同　　　　　　　D. 商务合同

9. 下列各项中,不属于电子商务经营者的范围是(　　)。

　　A. 电子商务平台经营者　　B. 平台内经营者

　　C. 其他网络服务销售者　　D. 产品制造商

10. 下列各项中,不属于数据电文的范围是(　　)。

　　A. 电子数据交换　　　　　B. 电子邮件

　　C. 报表　　　　　　　　　D. 传真

二、多项选择题

1.《合同法》诚实信用原则的内涵包括(　　)。

　　A. 诚实　　　　　　　　　B. 守信

　　C. 恪守商业道德　　　　　D. 勤劳

2.《合同法》公平原则的内涵包括(　　)。

　　A. 公平履行合同义务

　　B. 公平订立合同

　　C. 公平处理合同纠纷

　　D. 公平地调整当事人之间的利益

3. 具有完全民事行为能力人的范围包括（　　）。
   A. 18周岁以上可独立进行民事活动的公民
   B. 以自己劳动收入为主要生活来源的16周岁以上不满18周岁的公民
   C. 18周岁以上不能独立进行民事活动的公民
   D. 16周岁以上不满18周岁的公民

4. 《合同法》规定，当事人订立合同采取（　　）方式。
   A. 协议　　　　　　　　B. 要约
   C. 承诺　　　　　　　　D. 第三方代理

5. 一项有效的要约应具备（　　）等要件。
   A. 要约由特定人做出
   B. 要约必须做出订立合同意思的表示
   C. 要约内容必须是确定的
   D. 要约必须送达受要约人

6. 一项有效的承诺应具备（　　）等要件。
   A. 承诺必须由受要约人发出
   B. 承诺内容应当与要约内容相一致
   C. 承诺必须在要约有效期内做出
   D. 承诺应以适当方式做出

7. 《合同法》规定撤销合同的情形包括（　　）。
   A. 单方面要求撤销订立的合同
   B. 重大误解订立的合同
   C. 显失公平订立的合同
   D. 以欺诈手段订立的合同

8. 《合同法》规定卖方违约给予买方的救济方法包括（　　）。
   A. 实际履行　　　　　　B. 交付替代物
   C. 修理或减价　　　　　D. 宣告合同无效

9. 《合同法》规定买方违约给予卖方的救济包括（　　）。
   A. 履行支付义务　　　　B. 履行接受货物义务

C. 修理或减价 D. 宣告合同无效

10. 下列项目中,不属于《电子商务法》适用的范围有(　　)。

A. 文化产品 B. 音视频节目
C. 制造类产品 D. 金融类产品

三、判断题

1. 平等原则是指当事人的民事法律地位平等。（　　）
2. 合意是指合同当事人的意思表示一致。（　　）
3. 通过电话、微信语音等方式订立的合同无效。（　　）
4. 要约符合规定的条件是可以撤回或撤销,承诺也可同样撤回或撤销的。（　　）
5. 《合同法》规定,当事人约定采用书面形式订立合同的,应当采用书面形式。（　　）
6. 债权转让是指债权人将合同的权利全部转让给第三人。（　　）
7. 买方履行合同的义务是必须按照约定支付货款。（　　）
8. 债务人将合同的义务全部或部分转移给第三人的,应当经债权人同意。（　　）
9. 发生不可抗力事件,可以免除部分责任。（　　）
10. 一方当事人履行债务后,定金应当抵作价款或者收回。（　　）
11. 一方当事人违约时,对方可以并用使用违约金和定金。（　　）
12. 自提存之日起,债务人与债权人之间的合同权利和义务关系终止。（　　）
13. 电子签名法适用电子文书的范围是涉及婚姻、收养、继承等人身关系。（　　）
14. 发件人是指由其或代表其发送或生成该数据电文或许予以储存的人。（　　）
15. 收件人可以是买家,也可以是卖家。（　　）

四、简答题

1. 简述《合同法》的适用范围。
2. 简述《合同法》的基本原则。
3. 简述构成一项有法律效力的合同必须具备的条件。
4. 简述《合同法》规定合同生效的情形。
5. 简述确认数据电文收到时间的方法。
6. 简述数据电文发送地点的情形。
7. 简述电子签字的要求。

五、案例分析题

2017上半年,小红书出现用户信息大面积泄露事件,被泄露信息的用户接到诈骗电话,诈骗分子以退款为诱饵,通过蚂蚁借呗、来分期、马上金融等借贷平台进行诈骗,使用户遭受不同程度的经济损失。

请分析,此用户信息泄露事件是否属于违法行为?其责任人应该是谁?为什么?你认为电子商务平台企业应该树立什么样社会价值观?

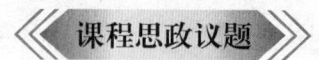

自由平等、契约精神、合同法律之析

"自由、平等"是社会主义核心价值观的基本内容。自由是指人的意志自由、存在和发展的自由。平等是对尊重和保障人权的要求,人人可以依法享有平等参与、平等发展的权利。在国际经济交往中,各国应在自由、平等的基础上开展国际贸易。2018年11月5日,习近平主席在中国国际进口商品博览会开幕仪式上,向全世界发出豪言壮语,中国以更开放的姿态开展平等互惠贸易,维护世界多边贸易,反对单边贸易。

契约是指依照法律订立的正式的证明、出卖、抵押、租赁等关系的文书。契约精神的内涵是平等守信,是商品经济社会中交易的准则,也是文明社会的主流精神。我国颁布《合同法》的目的是

第二章 契约精神——电子商务合同法律制度

(续上)

保护合同当事人的合法权益,在法律面前人人享有平等的权利,维护社会经济秩序。合同法律制度是培育和践行社会主义核心价值观的重要保证。

请以小组为单位,依据本章电子商务合同法律制度的学习,结合"自由平等、契约精神、合同法律之析"一文,谈谈培育和践行社会主义核心价值观"自由、平等"的现实意义?

第三章 诚信之本——电子商务合同标的法律制度

 学习目标

◆ 了解《中华人民共和国产品质量法》(以下简称《产品质量法》)的违法行为及其法律责任。

◆ 熟悉《中华人民共和国著作权法》(以下简称《著作权法》)《中华人民共和国专利法》(以下简称《专利法》)和《中华人民共和国商标法》(以下简称《商标法》)的违法行为及其法律责任。

◆ 明确习近平总书记强调的"一处失信、处处受限"的现实意义。

◆ 具备依法设立合同标的,依法履行合同,依法维护合法权益的能力。

培育和践行社会主义核心价值观——"诚信"

诚信即诚实守信,诚信之本是强调诚实劳动、信守承诺、诚恳待人。诚信是社会主义市场经济应遵循的基本原则,也是培育和践行社会主义核心价值观的基本内容。据"电子商务消费纠纷调解平台"大数据显示,2017年受理的投诉案件数同比增长48.02%,其中B2B网络贸易、网络传

第三章 诚信之本——电子商务合同标的法律制度

(续上)

销、网络诈骗等占 7.83%。针对社会缺乏诚信度的现状,习近平总书记指出,要构建"一处失信、处处受限"的信用惩戒大格局。李克强总理强调,要使"守信者一路绿灯,失信者处处受限"。通过法制和道德建设增强社会的诚实信用度,维护和保障公民的根本利益,是我国经济建设过程中最迫切的艰巨任务。

合同标的是指合同法律关系的客体,包括物、行为与智力成果,是合同当事人权利和义务共同指向的对象。电子商务合同的标的是产品或服务,其中,产品是指经过加工与制作并用于销售的商品。为了明确产品质量责任,保护著作权与商标权的有关权益,鼓励发明创造,推动科学技术和经济社会发展,我国从1993年起先后颁布了《产品质量法》《著作权法》《商标法》《专利法》。为此,作为一个准创业团队,上海立达商务有限公司的成员们需要学习掌握法律关于产品质量和知识产权保护、侵权违法行为及其法律责任等相关规定。

第一节 《产品质量法》

一、《产品质量法》的基本概况

(一)《产品质量法》的颁布

为了加强对产品质量的监督管理,提高产品质量水平,明确产品质量责任,保护消费者的合法权益,维护社会经济秩序,1993年2月22日,第七届全国人民代表大会常务委员会第三十次会议通过了

《产品质量法》,自1993年9月1日起施行。该法先后于2000年7月和2018年12月通过两次修订,当前版本为第十三届全国人民代表大会常务委员会第七次会议通过的修订版。

(二)《产品质量法》的适用范围

1. 适用的主体与客体

主体范围有两个方面:一是在境内从事产品生产的生产者;二是在境内从事产品销售活动的销售者。

客体是指经过加工、制作,用于销售的产品。其有两个要素:一是经过加工制作的,即将原材料、半成品经过加工制作,并改变形状、性质和状态成为产成品;二是用于出售的,也就是进入市场用于交换的商品。

2. 不适用的主体与客体

不适用的主体有两个方面:一是在境外从事产品生产的生产者;二是在境外从事产品销售活动的销售者。

不适用的客体有两个方面:一是未经过加工制作或未用于销售的产品,如未经加工的农产品、狩猎品等,或仅是满足自己加工制作所用的物品;二是另有法律进行调整的,如食品卫生质量由《中华人民共和国食品卫生法》调整,药品质量由《中华人民共和国药品管理法》进行调整,建筑质量由《中华人民共和国建筑法》进行调整等。

(三)《产品质量法》的基本原则

1. 有限范围的原则

《产品质量法》适用的主体是在境内从事生产与销售活动的生产者和销售者,适用的客体是经过加工、制作,并用于销售的产品。

2. 统一管理的原则

《产品质量法》规定,国务院产品质量监督部门主管全国产品质量监督工作,其他有关部门在各自的职责范围内负责产品质量监督工作。县级以上地方产品质量监督部门主管本行政区域内的产品质量监督工作,县级以上地方人民政府有关部门在各自的职责范围内负责产品质量监督工作。

3. 产品责任的原则

《产品质量法》规定,生产者、销售者应当建立健全内部产品质量管理制度,严格实施岗位质量规范、质量责任以及相应的考核办法,依法承担产品质量责任。

4. 奖优罚劣的原则

《产品质量法》规定,对产品质量管理先进和产品质量达到国际先进水平、成绩显著的单位和个人,给予奖励;对生产或销售危及人身与财产安全或伪劣产品等违法行为进行惩罚。

(四)《产品质量法》的相关概念

1. 产品

产品是泛指各种劳动生产物。《产品质量法》中的产品则是一个特定的概念,是指经过加工、制作,并用于销售的产品。

2. 质量

质量是指反映实体满足明确需要和隐含需要的能力特性总和。明确需要是指在标准、规范、图样、技术要求和其他文件中已经做出规定的需要;隐含需要是指消费者和社会对实体或产品的期望,人们公认的、不言而喻的、不必明确的需要。

3. 产品质量

产品质量是指产品满足需要的适用性、安全性、可靠性、耐用性、可维修性、经济性等特征与特性的总和。

4. 生产者

生产者是指成品生产者和原料或配件生产者,以及任何以姓名、商标或其他识别特征附于产品上表明自己是产品的生产之人。如果产品没有标明任何生产者身份的,则每个供应者应视为生产者。

5. 销售者

销售者是指以出售、租赁或其他任何方式向第三方提供产品和服务的利益相关的企业与自然人。销售者包括线上线下的批发商、零售商、贸易商和个体商家等。

二、产品质量监督管理

（一）监督管理的机构

监督管理机构是产品质量监督部门,包括国务院产品质量监督部门和地方产品质量监督部门。

（二）监督管理机构的职责

监督管理机构的职责是依据《产品质量法》规定进行监督管理,接受任何单位和个人对违反《产品质量法》规定的行为进行检举,并为检举人保密。

（三）产品监督管理的制度

《产品质量法》规定的产品监督管理制度有以下五个方面。

1. 实行强制监督管理制度

《产品质量法》规定,产品应经生产者质量检验部门检验,合格后方可销售。所谓的合格,是指产品的质量指标符合有关标准和要求。其应同时具备两个条件:一是必须符合保障人体健康和人身财产安全的国家标准或行业标准;二是符合产品买卖合同中约定的产品质量标准,或产品包装上注明的标准,或以产品说明、实物样品等方式表明的质量。禁止生产与销售不符合保障人体健康和人身、财产安全的标准和要求的工业产品。

2. 推行企业质量体系认证制度

《产品质量法》规定,根据国际通用的质量管理标准,推行企业质量体系认证制度。国际通用质量管理标准是指国际标准化组织制定的并已为许多国家普遍采用的ISO9000系列国际标准;企业质量体系认证是指由国家有关部门认可的认证机构依据认证标准,按照规定的程序对企业的质量保证体系的内容进行评审,对符合要求的颁发认证证明书,证明企业的质量保证能力符合相应标准要求的活动。企业根据自愿原则可以申请企业质量体系认证,经认证合格后获得企业质量体系认证证书,能增强企业在市场上的信誉度和竞争力。

3. 推行产品质量认证制度

《产品质量法》规定,参照国际先进的产品标准和技术要求,推行产品质量认证制度。

申请产品质量认证必须具备三个条件:一是企业产品符合有关国家标准或行业标准和有关的技术要求;二是有合理的理由证明其产品质量稳定,并能够正常批量生产;三是企业质量体系符合有关国家标准或国际标准的要求。企业根据自愿原则可以向国务院产品质量监督部门或国务院产品质量监督部门授权部门认可的认证机构申请产品质量认证,提出书面申请,通过企业质量体系检查和申请认证产品的现场抽样检验合格后获得产品质量认证证书,可在产品或其包装上使用,提高消费者识别度,增强产品信誉度,促进市场竞争力。

4. 实行监督抽查制度

《产品质量法》规定,对产品质量实行以抽查为主要方式的监督检查制度。抽查对象主要包括可能危及人体健康和人身财产安全的产品,影响国计民生的重要工业产品以及消费者及有关组织反映有质量问题的产品,并选择市场或企业成品仓库中的待销产品进行随机抽样,根据监督抽查的要求对产品进行检验。生产者与销售者对依法进行的产品质量监督检查,不得拒绝。国家监督抽查的产品,地方不得另行重复抽查;上级监督抽查的产品,下级不得另行重复抽查。

5. 实施强制措施制度

《产品质量法》规定,县级以上产品质量监督部门对涉嫌在产品生产和销售活动中存在违法行为,可依法实施强制检查和采取必要的行政强制措施。产品质量监督部门可以行使的职权如下。

1) 现场检查

对当事人涉嫌从事违法生产和销售活动的场所实施现场检查。

2) 向有关人员调查了解情况

向当事人的法定代表人和主要负责人及其他有关人员进行调查,了解与涉嫌从事违法生产与销售活动有关的情况,通常在检查现场进行。

3) 查阅与复制有关资料

可以查阅与复制当事人有关的合同、发票和账簿以及其他有关资料,涉及当事人商业秘密的,应当依法为当事人保密。

4) 查封或扣押严重质量问题产品

对不符合保障人体健康和人身与财产安全的国家标准、行业标准的或有其他严重质量问题的产品,包括该产品的原辅材料、包装物和生产工具可予以查封或扣押。

三、产品质量责任与义务

(一) 生产者的产品质量责任和义务

1. 生产者的责任

根据《产品质量法》规定,生产者应承担以下五个方面的产品质量责任。

1) 产品质量不得存在危及人身、财产安全的不合理的危险

产品质量"不存在危及人身、财产安全的不合理的危险,有保障人体健康和人身、财产安全的国家标准、行业标准的,应当符合该标准。"这是《产品质量法》对产品质量的基本要求,生产者不得违反该项质量保证义务,也不得以合同约定或其他方式免除或减轻此项法定责任。为了避免不合理的危险,生产者要根据国家标准和行业标准进行设计制作,尚未制定有关的国家标准和行业标准的产品,可以通过制定企业标准等措施来确保产品的安全性能。

 案例分析

> 吴先生在 A 制造商自建网站上购买了一部 X 型号的 4A 手机。买了手机后的第三天,吴先生的儿子用这部手机打游戏时发生意外,手机冒烟、起火,并烧成黑炭。据"电子商务消费纠纷调解平台"接到的用户投诉案例显示,该型号手机已多次发生自燃、爆炸事故,产品存在质量隐患。
>
> 请分析,A 制造商是否尽到了产品质量的义务?该损失可以向谁提出赔偿?

2) 产品质量不得存在弄虚作假、以次充好的现象

《产品质量法》规定:"生产者生产产品不得掺杂、掺假,不得以假充真、以次充好,不得以不合格产品冒充合格产品。"掺杂或掺假是指生产者在产品中掺入杂质或造假,致使产品中有关物质的成分或含量不符合国家有关法律、法规和标准要求的行为。以假充真是指生产者用一种产品冒充另一种与其特征或特性不同产品的行为;以次充好是指生产者以低等级产品冒充高等产品,也包括用废弃和旧产品冒充新产品的行为。弄虚作假、以次充好的欺骗行为,有损消费者的合法权益,为法律所禁止。

案例分析

"双11"期间,李先生在某电商平台购买了一块进口名牌手表,订单号为17102022939459。付款后的第五天,李先生收到手表时发现没有产品说明书、产品吊牌和发票,产品外包装显示产地为中国,包装做工十分粗糙,一看就是假货。当天晚上,李先生联系客服,客服一直说是正品。

请分析,该电商平台销售商是否尽到了产品质量的义务?其应承担何种法律责任?

3) 产品质量应具有的使用性能

《产品质量法》规定,产品质量应"具备产品应当具备的使用性能"。其可以从两个方面去评判:一是以产品标准、合同、图样和其他文件中明确规定的使用性能;二是以消费者对产品使用性能的合理期望。如果达到这两个方面的要求,就是具有了应当具备的使用性能。

4) 产品质量应符合明示的质量状况

"符合在产品或者其包装上注明采用的产品标准,符合以产品说明、实物样品等方式表明的质量状况",这是《产品质量法》要求生产者对产品质量明示担保义务。产品质量明示担保是生产者对产品质

量性能的一种明示的自我声明或陈述。如果在产品或包装上注明采用的产品标准,则以该项明示的产品标准作为依据;如果产品说明中告知产品性能指标、产品的功能等内容,其作为产品性能的依据;如果以实物样品表明产品质量状况的,则交付的产品与其样品的质量状况相符。

5) 产品及其包装标识符合法定要求

《产品质量法》对产品及其包装标识的规定有五个方面:一是要有产品质量检验合格证明;二是要有中文标明的产品名称、生产厂厂名和厂址;三是根据产品的特点和使用要求,需要标明产品规格、等级、所含主要成分的名称及含量的,要用中文相应予以标明,如果需要事先让消费者了解的,应在外包装上标明或预先向消费者提供有关资料;四是限期使用的产品应在显著位置清晰地标明生产和失效的日期;五是使用不当容易造成产品损坏或可能危及人身、财产安全的,应有警示标志或中文警示说明。警示性标志是指在运输包装内装有爆炸品、易燃品、有毒物品、腐蚀性物品、氧化剂和放射性物品等危险货物时,必须在运输包装上标明用于各种危险品的标志以示警告。

2. 生产者的义务

《产品质量法》规定生产者的义务有以下三个方面。

1) 生产者不得生产国家明令淘汰的产品

《产品质量法》规定:"生产者不得生产国家明令淘汰的产品。"国家明令淘汰产品是指国家行政机关按照一定的程序,采用行政措施,对涉及耗能高、技术落后、污染环境、危及人体健康等方面的因素,宣布不得继续生产、销售、使用的产品。

2) 生产者不得伪造产地、厂名与厂址

《产品质量法》规定:"生产者不得伪造产地,不得伪造或者冒用他人的厂名、厂址。"产地是指产品生产的所在地,一些产品因产地不同其性能和质量指标会有较大的差异,在一定程度上也表示产品的质量与信誉,对消费者有着较大的诱购作用。厂名是指企业的名称,是区别于其他企业的重要标志,企业对其厂名享有名称权。伪造或冒用厂址将造成消费者遇到产品质量问题时无法找到生产者。

3) 生产者不得伪造或冒用质量标志

《产品质量法》规定:"生产者不得伪造或者冒用认证标志等质量标志。"质量标志是由有关主管部门颁发给生产者,用于表明该企业生产的产品的质量达到相应水平的证明标志。如国务院产品质量监督部门认可的专门机构颁发的3C认证标志,由国际羊毛局颁发的纯羊毛认证标志等。伪造或冒用质量标志的行为是对产品质量事实真相的隐瞒,是对消费者的欺骗。

(二) 销售者的产品质量责任和义务

1. 销售者的责任

根据《产品质量法》规定,销售者应承担以下五个方面的产品质量责任。

1) 应建立并执行进货检查验收制度

《产品质量法》规定:"销售者应建立并执行进货检查验收制度,验明产品合格证明和其他标识。"进货检查验收制度是指销售者根据产品品质相关法律、法规,结合与生产者或其他供货者之间订立的合同,对进货产品质量进行检查,符合合同约定的予以验收的规定。进货检查验收主要有验明产品合格证明和其他标识两项工作内容。产品合格证明是产品合格证、合格印章等的统称,是生产者出具的用于证明出厂产品的质量经过检验并符合相应要求的标志;验明其他标识是指检查进货产品的标识,包括产品名称、厂名与厂址、产品规格与等级、所含主要成分的名称和含量、生产日期与失效日期和警示标志或中文警示说明等。销售者在执行进货检查验收时,首先应当检验产品的合格证明,其次验明产品合格证明和其他标识的内容,如果没有合格证明或标识不符合法律规定要求的产品,可以拒收,或要求供货者退货或更换。

2) 应采取措施确保销售产品的质量

《产品质量法》规定:"销售者应当采取措施,保持销售产品的质量。"销售者要增强对产品质量负责的责任感,加强企业内部质量管理,根据产品的不同特点增大对保证产品质量的技术投入等措施,确保消费者购买产品的质量。

3) 不得销售产品质量不合格的产品

《产品质量法》规定:"销售者销售产品,不得掺杂、掺假,不得以假充真、以次充好,不得以不合格产品冒充合格产品。"销售不合格产品在客观上是对消费者的欺骗,造成了消费者的财产损失,甚至会危及消费者的人身安全。

4) 不得销售法律禁止的产品

《产品质量法》规定:"销售者不得销售国家明令淘汰并停止销售的产品和失效、变质的产品。"国家明令淘汰产品是指国务院及其有关部门通过颁发公告等形式,公开淘汰某项产品或者产品的某个型号;失效产品是指产品失去了本来应当具有的效力与作用;变质产品是指产品内在质量发生了本质性的物理、化学变化,失去了产品应当具备的使用价值。销售法律禁止的产品,会危及消费者的人身安全,并造成消费者的财产损失。

5) 销售产品的标识应符合法律的规定

销售产品的标识应符合《产品质量法》规定。其有六项要求:一是有产品质量检验合格证明;二是有中文标明的产品名称、生产厂厂名和厂址;三是根据产品的特点和使用要求,需要标明产品规格、等级、所含主要成分的名称和含量的,用中文相应予以标明;四是需要事先让消费者知晓的,应当在外包装上标明,或预先向消费者提供有关资料;五是有使用期限的产品,应在显著位置清晰地标明生产和失效的日期;六是使用不当,容易造成产品本身损坏或者可能危及人身、财产安全的产品,应有警示标志或者中文警示说明。

2. 销售者的义务

《产品质量法》规定,销售者不得伪造产地,不得伪造或者冒用他人的厂名、厂址,不得伪造或冒用认证标志等质量标志。法律规定销售者这项义务的目的是维护市场的诚实信用的原则,确保消费者的合法权益。

四、违法责任的类型

(一) 民事责任

民事责任是指对侵犯他人民事权利引起的法律后果所应承担的金钱补救的民事责任。承担民事责任的主要方式有停止侵害、排除妨碍、消除危险、返还财产、恢复原状、修理、重做、更换、继续履行等。

《产品质量法》对违法行为的处罚有以下四种形式。

1. 修理

修理是指销售者对已经出售的"不具备产品应当具备的使用性能而事先未做说明的"产品、"不符合在产品或者其包装上注明采用的产品标准的"产品、"不符合以产品说明、实物样品等方式表明的质量状况的"产品进行必要的修复，使该产品符合应当具备的性能、明示的标准或者明示的质量状况。

2. 更换

更换是指销售者对已经出售的"不具备产品应当具备的使用性能而事先未做说明的"产品、"不符合在产品或者其包装上注明采用的产品标准的"产品、"不符合以产品说明、实物样品等方式表明的质量状况的"产品，用质量符合要求的同样产品进行替换。

3. 退货

退货是指销售者对已经出售的"不具备产品应当具备的使用性能而事先未做说明的"产品、"不符合在产品或者其包装上注明采用的产品标准的"产品、"不符合以产品说明、实物样品等方式表明的质量状况的"产品收回，并向产品购买者退还货款。

4. 赔偿损失

《产品质量法》规定："因产品存在缺陷造成人身、缺陷产品以外的其他财产损害的，生产者应当承担赔偿责任。"这种赔偿责任是指除产品之外的损失，如医药费等。

(二) 行政责任

行政责任是指个人或单位违反行政管理方面的法律规定所应当

承担的法律责任。行政责任包括行政处分和行政处罚,其中行政处罚主要有罚款、没收违法所得、没收非法财物、责令停产停业、吊销营业执照等种类。

《产品责任法》对违法行为的行政处罚有以下五种形式。

1. 责令停止生产和销售

《产品责任法》中规定的"责令停止生产和销售",由产品质量监督部门以行政决定的方式,要求违法者停止违法的生产和销售行为,避免违法生产和销售不符合质量要求的产品进一步危害社会。

2. 没收财物

《产品责任法》中规定的"没收违法生产和销售的产品",包括生产、销售和尚未售出的所有不符合保障人体健康和人身、财产安全标准以及要求的产品。没收的产品依照国家有关规定进行销毁或采取其他方式处理,防止给使用者造成损害。

3. 罚款

罚款是指行政主体强制违法者承担一定金钱给付义务,要求违法者在一定期限内缴纳一定数量货币的处罚。《产品责任法》中规定的"并处违法生产、销售产品货值金额等值的罚款",其罚款幅度是违法生产、销售的产品货值金额等值以下的罚款,具体数额由行政执法机关根据情节具体确定。

4. 没收违法所得

违法所得是指生产者、销售者违法生产、销售的产品所获取的非法收入。《产品责任法》中规定的"有违法所得的,并处没收违法所得",将违法收入上缴国库。

5. 吊销营业执照

《产品责任法》中规定的"情节严重的,吊销营业执照"。对生产者和销售者违法生产、销售不符合保障人体健康、人身、财产安全标准的产品数额较大,屡教不改、违法获利较多以及后果严重等现象,由市场监督管理部门吊销其营业执照,取消其从事经营活动的资格。

(三)刑事责任

刑事责任是指违反《中华人民共和国刑法》的规定而应当承担的

刑法制裁。《产品责任法》规定："生产与销售不符合保障人体健康、人身、财产安全国家标准和行业标准的产品，构成犯罪的，依法追究其刑事责任。"构成此罪应同时具备三个条件：一是行为人主观上为故意；二是行为人在客观上具有实施的行为；三是客观上造成或足以造成危害后果。

五、生产者与销售者的法律责任

（一）承担民事责任

1. 违法情形

《产品质量法》规定承担民事责任的违法情形有以下五个方面。

1）不具备产品应当具备的使用性能而事先未做说明的

其是指销售者出售产品的使用性能与约定的不相一致，且事先又未做任何说明。

2）不符合在产品或其包装上注明采用的产品标准的

其是指销售者出售产品的状况与产品或包装上注明采用的产品标准不相一致。

3）不符合以产品说明、实物样品等方式表明的质量状况

其是指销售者出售的产品以产品广告、产品说明书，或以实物样品等形式对产品质量状况做出说明的，出售的产品质量状况与其不符。

4）产品存在缺陷造成人身、缺陷产品以外的其他财产损害的

其是指因产品缺陷造成当事人间接的财产损失。

5）隐匿、转移、变卖、损毁被查封和扣押物品的

查封和扣押是属于行政强制措施，由行政执法机关根据相关法律规定实施。

2. 违法行为的处罚

《产品质量法》根据民事责任违法情形的处罚及相关规定如下：

（1）销售者对已出售的不具备产品应当具备的使用性能而事先未做说明的产品、不符合在产品或其包装上注明所采用产品标准的

产品、不符合以产品说明和实物样品等方式表明质量状况的产品时，可以采取修复，使该产品符合应当具备的性能、明示的标准或明示的质量状况。如果不能修复，可以用质量符合要求的同样产品进行更换，也可以退货，并向购买者退还货款。

（2）承担民事赔偿责任和缴纳罚款或罚金的，其财产不足以同时支付时，先承担民事赔偿责任。民事赔偿是对受害人损失的弥补，罚款和罚金是对侵害人的惩罚。因此，在产品质量违法行为发生后，其财产不足以同时支付的情形下，应先赔偿受害人的损失，其财产还有剩余的情况下，再用剩余的财产缴纳罚款或罚金。

（3）因产品存在缺陷造成人身、缺陷产品以外的其他财产损害的，生产者应承担赔偿责任。赔偿范围包括两个部分：一是因产品缺陷造成人身伤害的，侵害人应赔偿治疗期间的护理费、因误工减少的收入等费用。如果造成残疾的，还应当支付残疾者由其扶养的人所必需的生活费等。二是因产品缺陷造成间接财产损失的，侵害人应当恢复原状或折价赔偿。

（4）隐匿、转移、变卖、损毁被产品质量监督部门查封、扣押的物品的，被处以隐匿、转移、变卖、损毁物品货值金额等值以上3倍以下的罚款。有违法所得的，并处没收违法所得。

3. 责任的确定

在确定违法责任时应依据以下法律规定：

（1）如果不具备特定用途和使用价值的产品事先向消费者做出说明的，可不承担法律责任。

（2）由于销售者的过错使产品存在缺陷，造成人身财产损害的，销售者应承担赔偿责任，受害人可以向产品的生产者要求赔偿，也可以向产品的销售者要求赔偿。销售者不能指明缺陷产品的生产者也不能指明缺陷产品的供货者的，销售者应当承担赔偿责任。如果生产者能够证明未将产品投入流通，或产品投入流通时不存在引起损害的缺陷，或产品投入流通时的科学技术水平尚不能发现缺陷的存在其中之一情形的，不承担缺陷产品的赔偿责任。

(3) 销售者按照规定负责修理、更换和退货后,如果违约责任是属于生产者或供货者,销售者有权向其追偿;如果销售者未按照规定给予修理、更换、退货或赔偿损失,由产品质量监督部门责令改正;如果生产者之间、销售者之间、生产者与销售者之间订立的买卖合同,合同当事人按照合同约定执行。

(二) 承担民事责任、行政责任与刑事责任

1. 违法情形

《产品质量法》规定承担民事责任、行政责任与刑事责任并行的情形如下:

(1) 生产或销售不符合保障人体健康和人身、财产安全标准产品的。

(2) 掺杂、掺假、以假充真、以次充好、以不合格产品冒充合格产品的。

(3) 生产和销售国家明令淘汰产品的。

(4) 销售失效、变质产品的。

(5) 伪造产品产地、伪造或冒用他人厂名、厂址及认证标志的。

(6) 产品标识不符合规定要求的。

(7) 生产者和销售者拒绝接受依法进行产品质量监督检查的。

2. 违法行为的处罚

《产品质量法》根据上述违法情形的处罚有以下七个方面:

(1) 生产或销售不符合保障人体健康和人身、财产安全的国家标准、行业标准的产品的,责令停止生产、销售,没收违法生产、销售的产品,并处违法生产、销售产品货值金额等值以上3倍以下的罚款;有违法所得的,并处没收违法所得;情节严重的,吊销营业执照。构成犯罪的,依法追究刑事责任。

(2) 在产品中掺杂、掺假,以假充真,以次充好,或以不合格产品冒充合格产品的,责令其停止生产或销售,没收违法生产或销售的产品,并处违法生产或销售产品货值金额50%以上3倍以下的罚款;有违法所得的,并处没收违法所得;情节严重的,吊销营业执照。构成

犯罪的,依法追究刑事责任。

(3) 生产国家明令淘汰产品的,销售国家明令淘汰并停止销售产品的,责令其停止生产或销售,没收违法生产或销售的产品及原辅材料、包装物和生产工具,并处违法生产或销售产品货值金额等值以下的罚款;有违法所得的,并处没收违法所得;情节严重的,吊销营业执照。

(4) 销售失效或变质的产品的,责令其停止销售,没收违法销售的产品,并处违法销售产品货值金额2倍以下的罚款;有违法所得的,并处没收违法所得;情节严重的,吊销营业执照。构成犯罪的,依法追究刑事责任。

(5) 伪造产品产地的,伪造或冒用他人厂名和厂址的,伪造或冒用认证标志等质量标志的,责令其改正,没收违法生产或销售的产品,并处违法生产或销售产品货值金额等值以下的罚款;有违法所得的,并处没收违法所得;情节严重的,吊销营业执照。

(6) 产品标识不符合法律规定的,责令其改正;有包装的产品标识不符合法律规定且情节严重的,责令其停止生产或销售,并处违法生产或销售产品货值金额30%以下的罚款;有违法所得的,并处没收违法所得。

(7) 拒绝接受依法进行的产品质量监督检查的,给予警告,责令其改正;拒不改正的,责令其停业整顿;情节特别严重的,吊销营业执照。

案例分析

张小姐在某公司网站上购买了某品牌的玻璃杯。一天早上,张小姐往杯子里倒入常温水并拿到嘴边准备饮用时,玻璃杯突然爆裂,将其炸晕,张小姐失去了知觉。她醒来后立即赶往医院,经医生诊断为面部裂伤,缝了4针,由此产生了失眠和焦虑等症状,数次寻求心理辅导。

请分析,该品牌玻璃杯的销售者应承担哪些法律责任?

3. 从轻或减轻处罚

销售者销售《产品质量法》禁止销售的产品,有充分证据证明其不知道该产品为禁止销售的产品,并如实说明其进货来源的,可以从轻或者减轻处罚。

六、国家与社会机构法律责任

(一) 违法情形

《产品质量法》规定国家与社会机构承担民事责任的情形如下:

(1) 产品质量检验机构、认证机构伪造检验结果或出具虚假证明的。

(2) 产品质量检验机构与认证机构出具的检验结果或证明不实并造成损失的。

(3) 不符合认证标准而使用认证标志的产品未依法处罚的。

(4) 社会团体、社会中介机构对产品质量做出的承诺和保证不实的。

(5) 在广告中对产品质量作虚假宣传,欺骗和误导消费者的。

(6) 禁止生产或销售的产品而为其提供帮助的。

(7) 禁止销售产品用于经营性服务的。

(8) 包庇、放纵产品生产或销售中违反《产品质量法》规定行为的。

(9) 向从事违法生产或销售活动当事人通风报信,并帮助其逃避查处的。

(10) 阻挠、干预依法在产品生产或销售中违法行为进行查处并造成严重后果的。

(11) 在产品质量抽查中超过规定数量索取样品或向被检查人收取检验费用的。

(12) 向社会推荐生产者的产品或以监制、监销等方式参与产品经营活动的。

(二) 违法行为处罚

《产品质量法》根据违法情形的处罚如下:

（1）产品质量检验机构和认证机构伪造检验结果或出具虚假证明的,责令改正,对单位处 5 万元以上 10 万元以下的罚款,对直接负责的主管人员和其他直接责任人员处 1 万元以上 5 万元以下的罚款。有违法所得的,并处没收违法所得。情节严重的,取消其检验资格、认证资格。构成犯罪的,依法追究刑事责任。

（2）产品质量检验机构与认证机构出具的检验结果或证明不实并造成损失的,应承担相应的赔偿责任。造成重大损失的,撤销其检验资格或认证资格。

（3）产品质量认证机构对不符合认证标准而使用认证标志的产品,未依法要求其改正或取消其使用认证标志资格,并给消费者造成损失的,与产品的生产者或销售者承担连带责任。情节严重的,撤销其认证资格。

（4）社会团体、社会中介机构对产品质量做出承诺和保证,而该产品又不符合其承诺和保证的质量要求,并给消费者造成损失的,与产品的生产者或销售者承担连带责任。

（5）在广告中对产品质量做虚假宣传,欺骗和误导消费者的,依照我国《广告法》的规定追究法律责任。

（6）知道或应当知道属于《产品质量法》规定禁止生产或销售的产品而为其提供运输、保管、仓储等便利条件的,或为以假充真的产品提供制假生产技术的,没收全部运输、保管、仓储或提供制假生产技术的收入,并处违法收入 50% 以上 3 倍以下的罚款。构成犯罪的,依法追究刑事责任。

（7）服务业的经营者将禁止销售的产品用于经营性服务,责令其停止使用。对知道或应当知道的,按照违法使用的产品的货值金额进行处罚。

（8）各级人民政府工作人员和其他国家机关工作人员包庇和放纵产品生产或销售中违法行为的,或向从事违法生产或销售活动当事人通风报信并帮助其逃避查处的,或阻挠和干预产品质量监督部门依法对产品生产或销售中违法行为进行查处,并造成严重后果的,依法给予其行政处分。构成犯罪的,依法追究刑事责任。

(9) 产品质量监督部门在产品质量监督抽查中超过规定数量索取样品或向被检查人收取检验费用的,由上级产品质量监督部门或监察机关责令退还。情节严重的,对直接负责的主管人员和其他直接责任人员依法给予行政处分。

(10) 产品质量监督部门或其他国家机关向社会推荐生产者的产品或以监制、监销等方式参与产品经营活动的,由其上级机关或监察机关责令改正,有违法收入的予以没收。情节严重的,对直接负责的主管人员和其他直接责任人员依法给予行政处分。

第二节 《著作权法》

一、《著作权法》的基本概况

(一)《著作权法》的颁布

为保护文学、艺术和科学作品作者的著作权,以及与著作权有关的权益,鼓励有益于社会主义精神文明、物质文明建设的作品的创作和传播,促进社会主义文化和科学事业的发展与繁荣,1990年9月7日,第七届全国人民代表大会常务委员会第十五次会议通过了《著作权法》,并先后于2001年10月和2010年2月通过两次修订,当前版本为第十一届全国人民代表大会常务委员会第十三次会议通过的修订版,自2010年4月1日起施行。2012年3月31日,国家版权局在官方网站公布了《著作权法》(修改草案),并征求公众意见。侵犯著作权的赔偿标准从原来的50万元上限提高到100万元,并明确了著作权集体管理组织的功能。

(二)《著作权法》的适用

1. 适用范围

《著作权法》适用的范围有四个方面:一是中国公民、法人或其他组织的作品,不论其是否发表;二是外国人或无国籍人的作品根据作者所属国或经常居住地国同中国签订的协议或共同参加国际条约享有的著作权;三是外国人或无国籍人的作品首先在中国境内出版的;四是未与中国签订协议或共同参加国际条约国家的作者以及无国籍人的作品首次在中国参加国际条约成员国出版的,或在成员国和非成员国同时出版的。

《著作权法》规定,法律、法规;国家机关的决议、决定、命令;其他具有立法、行政、司法性质的文件;官方正式译文;时事新闻;历法;通用数表;通用表格和公式,不适用该法。

2. 享有著作权作品的条件

作品是指文学、艺术和科学领域内具有独创性,并能以某种有形形式复制的智力成果。其应具备以下三方面的条件。

1) 作品是作者思想或感情的表达

作品来自作者的智力创作,作者创作作品的过程是对其思想或情感选择一定形式表达的过程,也是思想或情感的表达形式。

2) 作品具有独创性

作品必须是作者独立创作完成,并具有个性的表达形式,而不是对既有作品的复制。

3) 作品具有客观的表现形式

作品本身就是以文字、语言、符号、声音、色彩、造型、数字等信息符号体系承载和表达作者思想或情感的形式,通过作品得以存在,并为人所感知。

3. 作品的种类

《著作权法》根据作品不同的表现形式将其分类如下。

1) 文字作品

文字作品是指小说、诗词、散文和论文等以文字形式表现的作品。文字既可以是汉语文字、少数民族文字、盲文,也可以是用计算机程序呈现的特殊语言,还包括外国文字。

2) 口述作品

口述作品是指即兴的演说、授课和法庭辩论等以口头语言形式表现的作品。

3）音乐作品

音乐作品是指歌曲、交响乐等能够演唱或演奏的带词或不带词的作品。

4）戏剧作品

戏剧作品是指话剧、歌剧和地方戏等供舞台演出的作品。

5）曲艺作品

曲艺作品是指相声、快书、大鼓和评书等以说唱为主要形式表演的作品。

6）舞蹈作品

舞蹈作品是指通过连续的动作、姿势和表情等表现思想情感的作品。

7）杂技艺术作品

杂技艺术作品是指杂技、魔术和马戏等通过形体动作和技巧表现的作品。

8）美术作品

美术作品是指绘画、书法和雕塑等以线条、色彩或其他方式构成的有审美意义的平面或立体的造型艺术作品。

9）建筑作品

建筑作品是指以建筑物或构筑物形式表现的有审美意义的作品。

10）摄影作品

摄影作品是指借助器械在感光材料或其他介质上记录客观物体形象的艺术作品。

11）电影作品及以类似摄制电影方法创作的作品

此类作品是指摄制在一定介质上，由一系列有伴音或无伴音的画面组成，并且借助适当装置放映或以其他方式传播的作品。

12）图形作品

图形是指为施工和生产绘制的工程设计图与产品设计图，以及反映地理现象、说明事物原理或结构的地图、示意图等作品。

13) 模型作品

模型作品是指为展示和试验或观测等用途，根据物体的形状和结构，按照一定比例制成的立体作品。

14) 计算机软件

计算机软件是指计算机程序及其有关的文档。

15) 法律、行政法规规定的其他作品。

其是指除上述作品形式以外的，由法律、行政法规规定的其他作品。

二、著作权人的权利

《著作权法》对著作权人的权利分为著作人身权和著作财产权。

（一）著作人身权

著作人身权是指作者享有与其作品有关的以人格利益为内容的权利。著作人身权体现在以下四个方面。

1. 发表权

发表权是指著作权人具有决定作品是否公之于众的权利。

2. 署名权

署名权是指著作权人享有在作品上署名的权利。

3. 修改权

修改权是指著作权人具有修改或授权他人修改作品的权利。

4. 保护作品完整权

保护作品完整权是指著作权人享有保护作品不受歪曲和篡改的权利。

（二）著作财产权

著作财产权是指著作权人对其作品有全面支配的权利，包括对作品的利用和处分。著作财产权的具体内容如下。

1. 复制权

复制权是指著作权人享有以印刷、复印、拓印、录音、录像、翻录和翻拍等方式将作品制作一份或多份的权利。

2. 发行权

发行权是指著作权人以出售或赠与方式向公众提供作品的原件或复制件的权利。

3. 出租权

出租权是指著作权人具有有偿许可他人临时使用电影作品和以类似摄制电影方法创作的作品、计算机软件的权利。

4. 展览权

展览权是指著作权人享有公开陈列美术作品与摄影作品的原件或复制件的权利。

5. 表演权

表演权是指著作权人享有公开表演作品,以及利用各种手段公开播送作品表演的权利。

6. 放映权

放映权是指著作权人具有通过放映机和幻灯机等技术设备公开再现美术、摄影、电影和以类似摄制电影的方法创作的作品等的权利。

7. 广播权

广播权是指著作权人可以通过无线方式公开广播或者传播作品,还可以通过有线传播或转播的方式向公众传播广播的作品,还可以通过扩音器或其他传送符号、声音、图像等类似工具向公众传播广播作品的权利。

8. 信息网络传播权

信息网络传播权是指著作权人可以通过有线或无线方式向公众提供作品,使公众可以在其个人选定的时间和地点获得作品的权利。

9. 摄制权

摄制权是指著作权人可以通过摄制电影及类似摄制电影的方法将作品固定在载体上的权利。

10. 改编权

改编权是指著作权人具有改变作品,创作出具有独创性的新作品的权利。

11. 翻译权

翻译权是指著作权人具有将作品从一种语言文字转换成另一种语言文字的权利。

12. 汇编权

汇编权是指著作权人具有将作品或作品的片段通过选择或编排,汇集成新作品的权利。

13. 应当由著作权人享有的其他权利

著作权人可以许可他人行使全部或部分转让上述规定的权利,并依照约定或者《著作权法》有关规定获得报酬。

(三) 著作权的归属

1. 作者

作者分为两类:一类是创作作品的公民;另一类是法人或其他组织。

2. 作者以外的著作权人

作者以外的著作权人是指除作者以外的其他自然人、法人或社会组织通过继承、遗赠、转让、权利主体变更和其他法律规定或合同约定的方式依法也可成为著作权人。

3. 特殊情形下的著作权人

1) 演绎作品

演绎作品是指对已有作品进行再创作而产生的新的作品。演绎作品是通过改编、翻译、注释和整理等方式进行创作,所派生出来的新作品的著作权归演绎者,但演绎者在行使著作权时,不得侵犯原作品的著作权。

2) 合作作品

合作作品是指两人以上合作创作的作品。其著作权由合作者共同享有,合作者对各自创作的部分可以单独享有著作权,但行使著作权时不得侵犯合作作品整体的著作权。

3) 汇编作品

汇编作品是指对若干作品、作品的片段或不构成作品的数据或其他材料,对其内容的选择或编排体现独创性的作品,如辞书、选集、期刊、杂志、数据库等。其作为一个整体由汇编者享有著作权,但是汇编有著作权的作品应当经过原作品著作权人的授权,并支付报酬。汇编作品中具体作品的著作权仍归其作者享有,作者有权单独行使著作权。

4) 电影类作品

电影作品及类似摄制电影的方法创作的作品的著作权由制片者享有,但编剧、导演、摄影、作词和作曲等作者享有署名权,并有权按照与制片者签订的合同获得报酬。

5) 职务作品

职务作品是指公民为完成法人或其他组织工作任务所创作的作品。

职务作品的著作权有两类:一是一般职务作品的著作权由作者享有,但法人或其他组织有权在其业务范围内优先使用;二是特殊职务作品,是指利用法人或其他组织的物质技术条件创作,并由法人或其他组织承担责任的工程设计图、产品设计图、地图和计算机软件等,除署名权以外,著作权的其他权利由单位享有。

6) 委托作品

委托作品是指作者基于他人委托而创作的作品。其归属由委托人和受托人通过合同约定,合同未做明确约定或没有订立合同的,著作权属于受托人。

7) 原件所有权转移的作品

绘画、书法和雕塑等美术作品原件的转移并不意味着作品的著作权的转移,作品原件所有人只取得原件物的所有权和作品原件的展览权。

我国《著作权法》规定,著作权属于公民的,公民死亡后依照继《中华人民共和国承法》的规定转移。著作权属于法人或其他组织的,法人或其他组织变更、终止后,由承受其权利和义务的法人或其他组织享有;没有承受其权利和义务的法人或其他组织的,由国家享有。

(四) 著作权的保护期

著作权的保护期是指著作权受法律保护的有效期限。《著作权法》对著作权保护期的规定如下。

1. 作者的署名权、修改权和保护作品完整权的保护期

作者的署名权、修改权和保护作品完整权的保护期不受限制。

2. 公民作品的发表权和著作财产权的保护期

公民作品的发表权和著作财产权的保护期为作者终生及其死亡后第 50 年的 12 月 31 日,如果是合作作品,为最后作者死亡后第 50 年的 12 月 31 日。

3. 法人或其他组织作品、著作权的保护期

法人或其他组织的作品、著作权由法人或其他组织享有的职务作品,其发表权和著作财产权的保护期为首次发表后第 50 年的 12 月 31 日。

4. 电影作品及以类似摄制电影的方法创作的作品和摄影作品的保护期

电影作品及以类似摄制电影方法创作的作品和摄影作品,其发表权与著作财产权的保护期为首次发表后第 50 年的 12 月 31 日。

(五)著作权利的限制

《著作权法》在保护作者利益的同时,还必须兼顾社会公共利益,防止权利被滥用,从而阻碍科学技术的进步和文化的繁荣。著作权利的限制主要有以下两种形式。

1. 合理使用

合理使用是指在法律规定范围内使用作品,可不经著作权人许可,也不必向其支付报酬。合理使用的作品应当是已经发表的且使用目的为非商业性的。合理使用的具体内容如下。

(1) 为个人学习、研究或欣赏而使用他人已经发表的作品。

(2) 为介绍和评论某一作品或说明某一问题,在作品中适当引用他人已经发表的作品。

(3) 为报道时事新闻,在报纸、期刊、广播电台和电视台等媒体中不可避免地再现或引用已经发表的作品。

(4) 报纸、期刊、广播电台和电视台等媒体刊登或播放其他报纸、期刊、广播电台和电视台等媒体已经发表的关于政治、经济、宗教问题的时事性文章,但作者声明不许刊登与播放的除外。

(5) 报纸、期刊、广播电台和电视台等媒体刊登或播放在公众集会上发表的讲话,但作者声明不许刊登与播放的除外。

(6) 为学校课堂教学或科学研究,翻译或少量复制已经发表的作品,供教学或科研人员使用,但不得出版发行。

(7) 国家机关为执行公务在合理范围内使用已经发表的作品。

(8) 图书馆、档案馆、纪念馆、博物馆和美术馆等为陈列或保存版本的需要,复制本馆收藏的作品。

(9) 免费表演已经发表的作品,该表演未向公众收取费用,也未向表演者支付报酬。

(10) 对设置或陈列在室外公共场所的艺术作品进行临摹、绘画、摄影和录像。

(11) 将中国公民和法人或其他组织已经发表的以汉语言文字创作的作品翻译成少数民族语言文字作品在国内出版发行。

(12) 将已经发表的作品改成盲文出版。

2. 法定许可

法定许可是指依照著作权法的规定,使用者在使用他人已经发表的作品时,可以不经著作权人的许可,但应向其支付报酬,并尊重著作权人其他权利的制度。《著作权法》规定法定许可情形如下:

(1) 为实施九年制义务教育和国家教育规划而编写出版教科书,除作者事先声明不许使用的外,可以不经著作权人许可,在教科书中汇编已经发表的作品片段短小的文字作品、音乐作品或者单幅的美术作品和摄影作品,但应当按照规定支付报酬,指明作者姓名和作品名称,并且不得侵犯著作权人依照《著作权法》享有的其他权利。

(2) 作品刊登后,除著作权人声明不得转载和摘编的外,其他报刊可以转载或作为文摘与资料刊登,但应当按照规定向著作权人支付报酬。

(3) 录音制作者使用他人已经合法录制为录音制品的音乐作品

制作录音制品,可以不经著作权人许可,但应当按照规定支付报酬。著作权人声明不许使用的不得使用。

(4) 广播电台和电视台播放他人已发表的作品,可以不经著作权人许可,但应当支付报酬。

(5) 广播电台和电视台播放已经出版的录音制品,可以不经著作权人许可,但应当支付报酬。当事人另有约定的除外。

三、法律责任

(一) 承担民事责任

1. 违法情形

《著作权法》规定承担民事责任的违法情形如下:

(1) 未经著作权人许可,发表其作品的。

(2) 未经合作作者许可,将与他人合作创作的作品当作自己单独创作的作品发表的。

(3) 没有参加创作,为谋取个人名利,在他人作品上署名的。

(4) 歪曲和篡改他人作品的。

(5) 剽窃他人作品的。

(6) 未经著作权人许可,以展览和摄制电影及类似摄制电影的方法使用作品,或以改编、翻译和注释等方式使用作品的。

(7) 使用他人作品,应当支付报酬而未支付的。

(8) 未经电影作品及类似摄制电影方法创作的作品、计算机软件和录音录像制品的著作权人或与著作权有关的权利人许可,出租其作品或录音录像制品的。

(9) 未经出版者许可,使用其出版的图书和期刊的版式设计的。

(10) 未经表演者许可,从现场直播或公开传送其现场表演,或录制其表演的。

(11) 其他侵犯著作权以及与著作权有关的权益的行为。

2. 违法行为的处罚

著作权侵权行为人应当承担的民事责任包括停止侵害、消除影响、赔礼道歉、赔偿损失等。侵权人应当按照权利人的实际损失给予赔偿;实际损失难以计算的,可以按照侵权人的违法所得给予赔偿。赔偿数额还应当包括权利人为制止侵权行为所支付的合理开支。权利人的实际损失或者侵权人的违法所得不能确定的,由人民法院根据侵权行为的情节,判决给予50万元以下的赔偿。

(二) 承担民事责任、行政责任与刑事责任

1. 违法情形

《著作权法》规定承担民事责任、行政责任与刑事责任并行的情形如下:

(1) 未经著作权人许可,复制、发行、表演、放映、广播、汇编、通过信息网络向公众传播其作品的。

(2) 出版他人享有专有出版权的图书的。

(3) 未经表演者许可,复制、发行录有其表演的录音录像制品,或通过信息网络向公众传播其表演的。

(4) 未经录音录像制作者许可,复制、发行、通过信息网络向公众传播其制作的录音录像制品的。

(5) 未经许可,播放或复制广播和电视的。

(6) 未经著作权人或与著作权有关的权利人许可,故意避开或破坏权利人为其作品、录音录像制品等采取的保护著作权或与著作权有关的权利的技术措施的。

(7) 未经著作权人或者与著作权有关的权利人许可,故意删除或改变作品、录音录像制品等的权利管理电子信息的。

(8) 制作和出售假冒他人署名的作品的。

2. 违法行为的处罚

《著作权法》规定,有上述侵权行为的,应当根据情况承担停止侵害、消除影响、赔礼道歉和赔偿损失等民事责任。同时损害公共利益的,可以由著作权行政管理部门责令停止侵权行为,没收违法所得,没收、销毁侵权复制品,并可处以罚款。情节严重的,著作权行政管理部门还可以没收主要用于制作侵权复制品的材料、工具和设备等。

构成犯罪的,依法追究刑事责任。

(三) 其他法律途径

《著作权法》规定的其他法律途径有以下四个方面。

1. 责令停止侵权行为和财产保全

著作权人或者与著作权有关的权利人有证据证明他人正在实施或者即将实施侵犯其权利的行为,如不及时制止将会使其合法权益受到难以弥补的损害的,可以在起诉前向人民法院申请采取责令停止有关行为和财产保全的措施。

2. 保全证据

为制止侵权行为,在证据可能灭失或者以后难以取得的情况下,著作权人或者与著作权有关的权利人可以在起诉前向人民法院申请保全证据。

3. 调解和仲裁

著作权纠纷可以通过调解,可以根据当事人达成的书面仲裁协议或著作权合同仲裁条款向仲裁机构申请仲裁,还可以向人民法院提起诉讼等途径进行解决。

 案例分析

某电子商务网站经营触屏版小说产品,将WEB小说网页转码成WAP网页供移动用户阅读。检查机构鉴定人员对其798本小说与享有著作权的同名小说进行了比对,确定相同字节数占总字节数70%以上的有588本。据此认定,该网站未经著作权人许可向网络用户提供了涉案文字作品。但是,该网站声称,其提供搜索及转码服务,而非内容服务,即在用户搜索并点击阅读时,对来源网页进行转码后临时复制到硬盘上形成缓存并提供给用户阅读,当用户离开阅读页面时自动删除该缓存。最终法院判处该网站构成侵犯著作权罪。

请分析,此判决在当下的电子商务时代有何现实意义?

第三节 《专利法》

一、《专利法》基本概况

(一)《专利法》的颁布

为了保护专利权人的合法权益,鼓励发明创造,推动发明创造的应用,提高创新能力,促进科学技术进步和经济社会发展,1984年3月12日,第六届全国人民代表大会常务委员会第二十四次会议通过了《专利法》,并先后于1992年9月、2000年8月和2008年12月通过三次修订,当前版本为第十一届全国人民代表大会常务委员会第六次会议通过的修订版,自2009年10月1日起施行。

(二)专利权的主体

专利权的主体有以下四种类型。

1. 发明人(设计人)

发明人或者设计人是指对发明创造的实质性特点做出创造性贡献的人。在发明创造活动中处于核心地位,其必须是直接参加发明创造活动、对发明创造的实质性特点做出创造性贡献的自然人,不能是法人或其他单位。

2. 发明人(设计人)的单位

单位作为专利权主体主要包括以下三种情况。

1) 执行本单位任务所完成的发明创造

即在本职工作中做出的发明创造,或履行本单位交付的本职工作之外任务所做出的发明创造,或退休、调离原单位或劳动、人事关系终止后1年内做出的,与其在原单位承担的本职工作或原单位分配的任务有关的发明创造。

2) 主要利用本单位物质技术条件完成的发明创造

该物质技术条件主要包括本单位资金、设备、零部件和原材料或不对外公开的技术资料等,并成为完成发明创造所不可缺少的条件。

3）按约规定

单位与发明人订有合同中对申请专利的权利和专利权的归属做出约定的,从其约定。

3. 受让人

专利申请权和专利权可以通过合同与继承等方式转让的,通过合法途径获得专利权的受让人也可以成为专利权的主体。

4. 外国人

在中国没有经常居所或营业所的外国人、外国企业或外国其他组织在中国申请专利时,依照其所属国同中国签订的协议或共同参加的国际条约或依照互惠原则,根据《专利法》的规定进行办理,成为专利权的主体。

（三）专利权的客体

专利权的客体有以下三种类型。

1. 发明

发明是指对产品、方法或其改进所提出的新的技术方案,包括产品发明和方法发明。产品发明是人们通过研究开发出来的关于各种新产品、新材料和新物质等的技术方案;方法发明是指人们为制造产品或解决某个技术课题而研究开发出来的操作方法、制造方法和工艺流程等技术方案。

2. 实用新型

实用新型也称"小发明",是指对产品的形状、构造或其结合所提出的适于实用的新的技术方案。其应具备三个基本特征:一是必须是一种产品,不能是气态、液态产品和粉末状、糊状、颗粒状的固态产品,并应经过工业方法制造并占据一定空间;二是必须是具有一定形状和构造的产品;三是必须具有实用性,能够在工业上应用。

3. 外观设计

外观设计是指对产品的形状、图案或其结合以及色彩与形状、图案的结合所做出的富有美感并适于工业应用的新设计。其应具备三个条件:一是与产品相结合,是关于产品形状、图案和色彩或其结合的新设计;二是富有美感;三适于工业上应用。

二、专利权的申请

(一) 专利权的申请原则

《专利法》对申请原则的规定如下。

1. 先申请原则

两个或两个以上的人分别就同样的发明创造申请专利的,专利权授予最先申请人,其仅适用于发明创造专利。

2. 书面原则

专利申请人及其代理人在办理专利法及其实施细则规定的各种手续时,应当采用书面形式。

3. 单一性原则

单一性原则是指一份专利申请文件只能就一项发明创造提出专利申请。一件发明或实用新型专利申请应当限于一项发明或实用新型,属于一个总的发明构思的两项以上发明或实用新型,可以作为一件申请提出。一件外观设计专利申请应限于一种产品所使用的一项外观设计,用于同一类别且成套出售或使用产品的两项以上的外观设计,可以作为一件申请提出。

(二) 专利权的申请条件

《专利法》对专利权申请条件规定如下。

1. 新颖性

新颖性主要是指在申请日之前没有同样的发明或实用新型由他人向专利局申请并注册,也未在国内外出版物上公开发表过或在国内公开使用过或以其他方式为公众所知,并不得与国内外出版物上公开发表过的或国内公开使用过的外观设计相同或近似,以及与他人在先取得的合法权利相冲突。

《专利法》规定,在中国政府主办或者承认的国际展览会上首次展出的,或在规定的学术会议或者技术会议上首次发表的,或他人未经申请人同意而泄露其内容的,其在申请专利之日前6个月内不丧失新颖性。

2. 创造性

创造性的内涵有三个方面:一是对于发明专利而言,与申请日以前已有的技术相比,必须具有实质性特点和进步;二是对于实用新型而言,与申请日以前已有的技术相比,必须有所区别和进步;三是对于外观设计而言,与申请日以前已有的外观设计相比不相近似,并不得与他人在先取得的合法权利相冲突。

3. 实用性

实用性是指发明和实用新型能够制造或使用,并能产生积极效果。构成实用性的条件有两个方面:一是可实施性,具备实用性的专利必须具有翔实的具体方案;二是有益性,具备实用性的专利必须能够带来积极的效果。

(三)专利权的申请程序

专利权申请程序主要有以下三个环节。

1. 专利申请

发明人提出专利申请,应提供发明和实用新型专利申请的基本文件。基本文件包括以下四个方面。

1)请求书

请求书应包括发明或实用新型的名称、发明人或设计人的姓名、申请人姓名或名称与地址及签章,还应包括申请文件清单和其他需要注明的有关事项。

2)权利要求书

权利要求书应明确独立权利或从属权利的要求,在整体上反映发明或实用新型的技术方案,记载解决技术问题的必要技术特征,以及应用附加的技术特征,并对引用的权利要求做进一步限定。

3)说明书

说明书应写明发明或实用新型的名称,并应与请求书中的名称一致,内容包括技术领域、专利所要解决的技术问题及其采用的技术方案和有益效果等。

4）说明书摘要

说明书摘要应包括发明或实用新型专利申请所公开内容的概要,包括发明或实用新型的名称和所属技术领域所要解决的技术问题、技术方案的要点及主要用途。

2. 专利申请审查

1）发明专利的审查制度

《专利法》对发明专利实行公开延迟审查制度。从发明专利的申请日起进行形式审查,18个月即行公开,自申请日起3年之内提出实质审查请求。专利机构进行实质审查后,对不符合法律规定的,应当通知申请人,要求其在指定的期限内陈述意见或进行修改,核准后作出授予发明专利权的决定。

2）实用新型和外观设计专利审查

对实用新型和外观设计专利进行形式审查,经审查合格后授予专利权。对于微生物、药品、计算机软件等特殊客体的审查较为严格。

3. 专利登记和公告

专利机构根据授予发明专利权的决定,发给发明专利证书,并予以登记和公告,自公告之日起生效。专利机构根据授予实用新型专利权或外观设计专利权的决定,发给相应的专利证书,并予以登记和公告,自公告之日起生效。

三、专利权的期限、终止和无效

（一）专利权期限

《专利法》规定,发明专利保护期为20年,从专利申请之日起计算;实用新型保护期为10年,从专利申请之日起计算;外观设计保护期为10年,从专利申请之日起计算。

（二）专利权终止

专利权终止是指专利权的法律效力因保护期届满或在期限届满前,基于法律规定的事由而归于消灭。其有三种情形:一是专利权保护期届满;二是专利权人没有按期缴纳专利年费;三是专利权人以书面声明放弃其专利权。

（三）专利权无效

专利权无效是指已经授予的专利权因不符合《专利法》的规定,根据有关单位或个人的请求,由专利复审委员会复审核准后宣告该专利无效。认定专利权无效的依据有六个方面:一是不符合专利的新颖性、创造性和实用性条件;二是说明书公开不充分,权利要求书得不到说明书支持;三是申请文件的修改超出原说明书和权利要求书记载的范围或原图片、照片表示的范围;四是不属于《专利法》所称的发明创造;五是不符合在先申请原则;六是违反国家法律、社会公德或妨害公共利益或属于科学发现、智力活动的规则等。

四、专利权的内容

（一）独占权

独占权是指在发明和实用新型专利权被授予后,除《专利法》另有规定外,专利权人享有任何单位或者个人未经专利权人许可都不得实施其制造、使用、销售、许诺销售和进口等权利。其内容有以下五个方面。

1. 制造权

制造权是指专利权人拥有自己生产制造专利文件中记载的专利产品的权利。在未经许可的情况下,只要他人生产制造的产品与专利产品相同,不论使用何种设备装置或方法,也不管制造数量多少,只要结果相同,即构成侵权;对于制造类似的产品,如果其技术特征属于权利要求书中划定的保护范围,尽管不是完全雷同,也构成侵权;如果在专利申请日前已经制造相同产品、使用相同方法或者已经做好制造、使用的必要准备,并且仅在原有范围内继续制造、使用的,不视为侵犯专利权。

2. 使用权

使用权是指非经专利权人的许可,任何人不得使用其专利产品或使用其专利方法,包括对专利产品的使用权和专利方法的使用权。

3. 销售权

销售权是指专利权人享有独占销售专利产品及销售用专利方法制造的产品的权利。不管是专利权人自己销售,还是许可他人销售,其销售权是一次性权利。制造、进口或经专利权人许可制造、进口其专利产品或使用其专利方法直接获得的产品售出后,再次销售该产品的行为不视为侵犯专利权。

4. 许诺销售权

许诺销售权是指以做广告、在商店橱窗中陈列或者在展销会上展出等方式做出销售商品的意思表示。许诺销售权是指禁止他人进行销售前的推销或促销的权利。

5. 进口权

专利权人享有独占进口专利产品的权利,其他人未经许可不得进口其专利产品或者进口依照专利方法直接获得的产品。

(二) 许可实施权

许可实施权是指专利权人通过实施许可合同的方式,许可他人实施其专利并收取专利使用费的权利。依据被许可权限范围可以分为以下三种。

1. 独占许可

独占许可是指在一定地域内,被许可方在合同有效期间对被许可使用的专利技术拥有独占权,许可方自己不能在该地域内使用其专利技术,也不得把该技术再许可第三方使用,但专利所有权不变。

2. 排他许可

排他许可是指在一定地域内,被许可方在合同有效期间对被许可使用的专利技术享有排他使用权,许可方不得把该专利技术再许可第三方使用,但许可方自己有权在该地域内使用该项技术。

3. 普通许可

普通许可是指许可方允许被许可方在指定地域内使用其专利技术,或自己有权在该地域内使用该技术,也可以许可第三方使用。

(三）转让权

转让权是指专利权人有权以买卖、赠与和交换等形式将专利权转让给他人。转让专利申请权或专利权时应当签订书面合同,并到专利局提出变更请求,经专利局进行登记并公告方能生效。中国单位或个人向外国人、外国企业或外国其他组织转让专利申请权或专利权的,应当依照有关法律、行政法规的规定办理手续。

（四）标记权

标记权是指专利权人有权在其专利产品或者该产品的包装上标明专利标记和专利号。标注专利标记和专利号的内容有三个方面：一是采用中文标注专利权的类别,例如,中国发明专利、中国实用新型专利等；二是国家知识产权局授予专利权的专利号；三是除上述内容之外,还可附加其他文字、图形标记,但附加的文字、图形标记及其标注方式不得误导公众。

五、专利权的限制

专利权的限制是指专利法允许第三人在某些特殊情况下,可以不经专利权人许可而实施其专利的一种法律制度。其包括以下八个方面。

（一）国有企事业单位发明专利推广应用

我国《专利法》规定,国有企事业单位的发明专利,对国家利益或公共利益具有重大意义的,国务院有关主管部门和省、自治区、直辖市人民政府报经国务院批准,可决定在批准的范围内推广应用,允许指定单位实施,由实施单位按照国家规定向专利权人支付使用费。

（二）强制许可

《专利法》规定,具有下列情形之一的可以实施强制许可。

1. 无正当理由未实施的

专利权人自专利权被授予之日起满3年,且自提出专利申请之日起满4年,无正当理由未实施或者未充分实施其专利的,可以给予实施发明专利或实用新型专利的强制许可。

2. 具有垄断行为的

专利权人行使专利权的行为被依法认定为垄断行为,为消除或减少该行为对竞争产生的不利影响,可以给予实施发明专利或实用新型专利的强制许可。

3. 为了公共利益的目的

在国家出现紧急状态或非常情况时,或为了公共利益的目的,国务院专利行政部门可以给予实施发明专利或实用新型专利的强制许可。

4. 为了公共健康目的

对取得专利权的药品,国务院专利行政部门可以给予制造并将其出口到符合中国参加的有关国际条约规定的国家或地区的强制许可。

5. 依存专利

一项取得专利权的发明或实用新型比以前已经取得专利权的发明或实用新型具有重大技术进步,其实施又有赖于前一发明或实用新型的实施的,国务院专利行政部门根据后一专利权人的申请,可给予实施前一发明或实用新型的强制许可。

(三)专利权穷竭

专利产品或依照专利方法直接获得的产品,由专利权人或经其许可的单位、个人售出后,即认为其专利权已经"用尽",他人再使用、许诺销售、销售、进口该产品的,都不视为侵权,但这仅限于合法投入市场的专利产品,不包括未经专利权人许可而售出的侵权产品。

(四)先用权限制

对于在专利申请日以前已经制造相同产品,使用相同方法或已经做好制造、使用的必要准备条件的"先使用人",可以在原生产规模范围内继续制造、使用这一技术。

(五)临时过境权限制

临时过境的外国运输工具或使用临时通过中国领土、领水、领空的外国运输工具,为其自身需要在装置和设备中使用有关专利技术的,可以不经专利权人许可,但这种使用仅限与我国签有协议或共同参加的国际公约,或有互惠条约的国家的运输工具,并不面向所有国家。

（六）合理使用

为科学研究和实验目的，为教育、个人及其他非为生产经营目的使用专利技术的，可不经专利权人的许可，其不视为侵权。

（七）药品行政审批限制

为提供行政审批所需要的信息，制造、使用、进口专利药品或专利医疗器械的，以及专门为其制造、进口专利药品或专利医疗器械的行为，其不视为侵权。

（八）善意使用或销售

对于那些不知道是未经专利权人许可而制造并售出专利产品的使用者或销售者，能证明其产品合法来源的，视为"善意"第三人，承担停止侵权的责任，但不承担赔偿责任。

六、专利权的保护

专利权的保护主要涉及侵犯专利权纠纷、专利权属纠纷和专利合同纠纷、专利行政纠纷等各个方面，其中侵犯专利权纠纷最为突出。如未经许可进行制造、使用、许诺销售、销售、进口专利产品等现象。如果一旦认定侵权，侵权人依据其后果承担民事责任、行政责任和刑事责任。

案例分析

"古驰"（Gucci）品牌于1921年创立于意大利佛罗伦萨，是全球卓越的奢华精品品牌之一。Gucci品牌的背包经过打磨的外观创造出了其独有的怀旧风格，这种风格演绎出一种独特的手工制作品质，加强了全新的个性化触感。经过这种全新的水洗处理的背包，融合了工匠大师们创新的专业技能，呈现出栩栩如生的独特外观。某些不法分子在经济利益的驱动下，对其进行仿制并在第三方跨境电子商务平台上出售，受到了该专利拥有者的投诉。

请分析，这种侵犯行为所导致的危害与影响是什么？

第四节 《商标法》

一、《商标法》基本概况

(一)《商标法》的颁布

为了加强商标管理,保护商标专用权,促使生产、经营者保证商品和服务质量,维护商标信誉,以保障消费者和生产、经营者的利益,促进社会主义市场经济的发展,1982年8月23日,第五届全国人民代表大会常务委员会第二十四次会议通过了《商标法》,并先后于1993年2月、2001年10月和2013年8月通过三次修订,当前版本为第十二届全国人民代表大会常务委员会第四次会议通过的修订版。

(二)《商标法》的适用

1. 适用的主体

《商标法》所指的主体包括自然人、法人或其他组织,也包括外国人和外国企业。但外国人或外国企业的所属国必须和我国签有商标互惠条约,或是《保护工业产权巴黎公约》和《商标国际注册马德里协定》的成员国,或是按对等原则准予注册我国商标的国家。两个或两个以上的自然人、法人或其他民事主体,也可以就同一商标共同提出申请,取得的商标权归申请人共同所有。

2. 适用的客体

《商标法》所指的客体是指法律对商标权所保护的具体对象。其有两个部分:一是注册商标;二是满足一定条件的未注册商标,如未在我国注册的驰名商标,因驰名商标通常在消费者中享有很高的信誉,《商标法》也将其纳入保护范围。

(三) 商标的要素

申请注册商标的要素必须符合法律的要求,具体规定如下。

1. 商标构成的法定要素

《商标法》规定,商标是由文字、图形、字母、数字、颜色、商品独特的包装形状、多维标志、声音以及上述要素的组合构成的标志。上述一项或多项组合构成的商标，其必须具有显著特征，不能与在先的同类或类似商品上使用的标志相同或相似。

2. 商标的禁用标志

《商标法》规定商标的禁用标志如下。

1) 我国国家名称及国家标志

同中华人民共和国的国家名称、国旗、国徽、国歌、军旗、军徽、军歌、勋章相同或近似，以及同中央国家机关的名称、标志、地点名称或标志性建筑物的名称、图形相同的，不得作为商标使用。

2) 外国国家名称及国家标志

同外国的国家名称、国旗、国徽、军旗相同或近似的不得作为商标使用，但经该国政府同意的除外。

3) 政府间国际组织名称及标志

同政府间国际组织的名称、旗帜、徽记等相同或近似的不得作为商标使用，但经该组织同意或者不易误导公众的除外。

4) 官方标志印记

与表明实施控制、予以保证的官方标志、检验印记相同或近似的不得作为商标使用，但经授权的除外。

5) 红十字会组织名称、标志

同"红十字""红新月"的名称、标志相同或近似的不得作为商标使用。

6) 有不良影响的标志

带有民族歧视性的标志，带有欺骗性、容易使公众对商品的质量等特点或产地产生误认的标志，有害于社会主义道德风尚或有其他不良影响的标志，均不得作为商标使用。

7) 地名

县级以上行政区划的地名或公众知晓的外国地名不得作为商标使用，如"上海""北京"等。但是，地名具有其他含义或作为集体商标、证明商标组成部分的除外，如"赵州雪花梨""南山荔枝"等。

(四) 商标的禁用内容

商标注册禁用的内容有五个方面：一是本商品的通用名称和图形；二是直接表示商品质量、主要原料、功能、用途、重量、数量及其他特点的文字和图形；三是缺乏显著特征的；四是与在先权利相冲突，如与他人姓名权、肖像权、著作权、外观设计专利权、企业名称、商号权等民事权利相冲突的；五是以三维标志申请注册商标的，仅由商品自身的性质产生的形状、为获得技术效果而需有的商品形状或者使商品具有实质性价值的形状。

(五) 商标的分类

《商标法》规定的商标种类有以下五种。

1. 商品商标

商品商标是指以生产企业的名义注册，表示商品的来源，在有形产品上使用的标志。

2. 服务商标

服务商标是指以服务商的名义注册，在提供无形服务过程中使用的标志。

3. 集体商标

集体商标是指以团体、协会或者其他组织名义注册，供该组织成员在商事活动中使用，以表明使用者在该组织中的成员资格的标志。

4. 证明商标

证明商标是指由对某种商品或者服务具有监督能力的组织所控制，而由该组织以外的单位或者个人使用于其商品或者服务，用于证明该商品或者服务的原产地、原料、制造方法、质量或者其他特定品质的标志。

5. 驰名商标

驰名商标是指为相关公众广为知晓并享有较高声誉的商标。

二、商标注册的程序

(一) 商标注册申请的原则

1. 先申请原则

根据《商标法》的规定，经商标局核准注册的商标为注册商标，商标注册人享有商标专用权,受法律的保护。我国商标注册采取先申请原则,即以申请注册作为获得商标专用权的法律依据,谁最先申请注册,商标专用权就属于谁。而在先使用不能作为取得商标专用权的依据。即使商标使用者已经在商业上使用某一商标,如果没有向商标局提出注册申请,也不能获取商标专用权。

2. 不得恶意抢注原则

虽然我国在商标注册申请上采取先申请原则,但是商标注册申请人在明知的情况下,故意以他人在先使用的、已为相关大众知悉的商标作为自己相同商品或服务上的商标申请注册的,商标局应驳回申请;已经注册的,商标在先使用人可在一定期限内向商标评审委员会提出宣告无效的申请。商标注册人申请商标注册前,他人已经在同一种商品或类似商品上先于商标注册人使用与注册商标相同或近似并有一定影响的商标的,注册商标专用权人无权禁止该使用人在原使用范围内继续使用该商标,但可以要求其附加适当区别标识。

(二)商标注册的程序

商标注册是指商标使用人为了取得商标专用权,将其使用或准备使用的商标,依照法律规定的条件和程序,向商标主管机关提出注册申请,经商标主管机关核准后予以注册。

1. 商标注册的申请

商标注册申请的要求有五个方面:一是商标注册申请人为申请商标注册所申报的事项和所提供的材料应当真实、准确、完整;二是应当按规定的商品分类表填报使用商标的商品类别和商品名称;三是如果在不同类别的商品上申请注册同一商标的,应当按商品分类表提出注册申请;四是注册商标需要在同一类的其他商品上使用的,应当另行提出注册申请;五是申请商标注册不得损害他人现有的在先权利,也不得以不正当手段抢先注册他人已经使用并有一定影响的商标。

2. 商标注册的审查

申请人向商标局提出商标注册申请后,商标局依法对该申请进行审查。审查有以下两个阶段。

1) 形式审查

形式审查是指对申请文件的审查,以决定是否受理申请。如果手续齐备或申请文件符合规定,给予受理;如果申请手续不齐备、申请文件未按要求填写,商标局则不予受理并书面通知申请人并说明理由;如果手续基本齐备或申请文件基本符合规定,但需要补正的,则退回补正。

2) 实质审查

实质审查的内容主要有五个方面:一是商标是否具备法定构成要素;二是商标是否违反了禁用标志;三是审查商标是否具有显著特征;四是审查商标是否与他人注册在先,或初步审定在先并公告过的商标相同或近似;五是审查商标是否与他人已失效但未超过1年期限的商标相同或近似。

3. 初审与公告

凡符合法律有关规定的申请注册商标,由商标局初步审定并予以公告。如果在同一种商品或类似商品上有两个或两个以上的商标注册申请人,以相同或近似商标申请注册的,初步审定并公告申请在先的商标;同一天申请的,初步审定并公告使用在先的商标。核准注册的商标注册申请人取得商标专用权的时间,自初审公告3个月期满之日起计算。商标局对注册商标申请进行审查后,如申请注册的商标不符合《商标法》有关规定或同他人在同一种商品或类似商品上已经注册或初步审定的商标相同或近似,则驳回申请并不予公告。注册商标申请人对商标局驳回申请的决定不服的,可自收到通知之日起15日内向商标评审委员会申请复审。

4. 商标的异议和复审

商标异议是指在先权利人、利害关系人对商标局初步审定的商标提出不同意见,要求撤销初步审定的商标,不予注册。商标异议期限为初审公告之日起3个月内。对初步审定、予以公告的商标提出异议的,商标局应当听取异议人和被异议人陈述事实和理由,经调查核实后做出裁定。当事人对异议裁定不服的,可以自收到通知之日起 15 日内向商标评审委员会请求宣告该注册商标无效。商标局做出不予注册决定,被异议人不服的,可以自收到通知之日起 15 日内向商标评审委员会申请复审。被异议人对商标评审委员会的决定不服的,可以自收到通知之日起 30 日内向人民法院起诉。人民法院应当通知异议人作为第三人参加诉讼。

5. 商标注册的核准和裁定

对初步审定的商标自公告之日起 3 个月内,在先权利人、利害关系人均可以提出异议。商标管理机构应当听取异议人和被异议人陈述事实和理由,经调查核实后,做出裁定。经裁定异议不能成立的,予以核准注册,发给商标注册证并予以公告。商标注册申请人取得商标专用权的时间,自初审公告 3 个月期满之日起计算。经裁定异议成立的,不予核准注册。对初步审定的商标,公告期满无异议的,予以核准注册,发给商标注册证并予以公告。

6. 商标权的取得

我国商标权的取得采用注册原则,即按申请注册的先后确定商标权的归属。申请日为同一日的,实行使用在先的原则。同日使用或均未使用的,商标局通知各申请人以抽签的方式确定申请人,驳回其他人的注册申请。

三、注册商标的续展、转让和使用许可

(一) 注册商标的续展

《商标法》规定注册商标的有效期为 10 年,自核准注册之日起计算。在注册商标有效期满时,权利人需要继续使用,可办理续展。

1. 申请续展的时间

商标权人应当在期满前 12 个月内申请续展注册,在此期间未能提出申请的,可以给予 6 个月的宽展期。

2. 续展注册的期限

续展注册经核准后予以公告,续展注册的有效期为 10 年,自公

告之日起计算。

（二）注册商标的转让

注册商标转让应由转让人和受让人签订转让协议，并共同向商标管理机构提出转让申请。转让注册商标经核准后，予以公告。受让人自公告之日起享有商标专用权。

（三）注册商标的使用许可

注册商标的使用许可是权利人的一项重要权利。商标注册人可以通过签订商标使用许可合同，许可他人使用其注册商标。商标使用许可合同应当报商标管理机构备案。

四、商标权的保护

（一）商标权保护的内容

商标权保护内容有以下六个方面。

1. 专有权

专有权是指商标权人依法获准使用注册商标的权利，非经商标权人的许可，他人不能使用。

2. 禁止权

禁止权是指商标权人依法禁止他人为一定行为的权利，包括禁止他人伪造、擅自制造注册商标标识或在同一种商品、类似商品上使用与注册商标相同或近似商标的权利。

3. 转让权

转让权是指商标权人依法将其注册商标转让给他人所有的权利。

4. 使用许可权

使用许可权是指商标权人通过签订商标使用许可合同，允许他人使用其注册商标的权利。

5. 收益权

收益权是指商标权人在转让或许可使用其注册商标时，有获得报酬的权利。

6. 续展权

续展权是指商标权人对其有效期届满的注册商标,可在法定期间内申请续展注册的权利。

(二) 商标权的保护形式

对商标专用权实行行政保护和司法保护并行的双轨制。行政保护具有方便、快捷、高效的特点,大部分商标侵权案件是通过行政执法机关进行处理,给予受损害一方经济赔偿。司法保护是指对商标侵权涉嫌构成犯罪的,由行政执法部门移送司法部门处理。

(三) 驰名商标的特殊保护

驰名商标是指那些为公众广为知晓并享有较高声誉的商标。驰名商标特殊保护主要表现为三个方面:一是就相同或类似商品上的商标是复制、模仿或翻译他人未在中国注册的驰名商标,容易导致混淆的,对该商标不予注册并禁止使用;二是就不相同或不相类似商品上的商标是复制、模仿或翻译他人已在中国注册的驰名商标,误导公众,致使该驰名商标注册人的利益可能受到损害的,对该商标不予注册并禁止使用;三是发现他人将自己的驰名商标作为企业名称登记,可能欺骗公众或使公众造成误解的,当事人可以向企业名称登记主管机关申请撤销该企业名称登记。

案例分析

某国路虎公司在中国境内申请注册了"路虎"商标,核定使用"陆地机动车辆"等商品上,具有较高知名度,达到驰名程度。某公司以"路虎"商标用于其相关产品、包装盒及网页宣传等,被该国路虎公司进行调查并向法院提起诉讼。法院判令侵权公司向原告赔偿经济损失。

请分析,此判决在当下电子商务时代的现实意义是什么?

(四) 商标使用的管理

商标的使用是指将商标用于商品、商品包装或者容器以及商品交易文书上,或将商标用于广告宣传、展览以及其他商业活动中,用于识别商品来源的行为。商标使用管理的内容如下。

1. 自行改变注册商标事项

商标注册人在使用注册商标的过程中,自行改变注册商标、注册人名义、地址或其他注册事项的,由地方市场监督管理部门责令限期改正。期满不改正的,由商标局撤销其注册商标。

2. 无正当理由连续 3 年不使用的注册商标

注册商标成为其核定使用的商品的通用名称或没有正当理由连续 3 年不使用的,任何单位或个人可以向商标局申请撤销该注册商标。商标局应当自收到申请之日起 9 个月内做出决定。有特殊情况需要延长的,经国务院市场监督管理部门批准,可以延长 3 个月。

3. 不予核准撤销或宣告无效相同或近似的商标注册申请

注册商标被撤销或被宣告无效或期满不再续展的,自撤销、宣告无效者注销之日起 1 年内,商标局对与该商标相同或近似的商标注册申请,不予核准。

4. 处罚未经核准注册的商标

未经核准注册的商标的使用,由地方市场监督管理部门责令限期申请注册,违法经营额 5 万元以上的,可以处违法经营额 20% 以下的罚款,没有违法经营额或违法经营额不足 5 万元的,可以处 1 万元以下的罚款。

5. 处罚违法使用的商标

将未注册商标冒充注册商标使用的,或使用禁止商标内容的,由地方市场监督管理部门予以制止,限期改正,并可以予以通报,违法经营额 5 万元以上的,可以处违法经营额 20% 以下的罚款,没有违法经营额或违法经营额不足 5 万元的,可以处 1 万元以下的罚款。

6. 处罚不符合商标驰名其他因素的商标

违反商标驰名其他因素的规定,由地方市场监督管理部门责令改正,并处 10 万元罚款。

7. 对主管部门处罚不服的权利

对商标局撤销或不予撤销注册商标的决定,当事人不服的,可以自收到通知之日起15日内向商标评审委员会申请复审。商标评审委员会应当自收到申请之日起9个月内做出决定,并书面通知当事人。有特殊情况需要延长的,经国务院市场监督管理部门批准,可以延长3个月。当事人对商标评审委员会的决定不服的,可以自收到通知之日起30日内向人民法院起诉。

法定期限届满,当事人对商标局做出的撤销注册商标的决定不申请复审或对商标评审委员会做出的复审决定不向人民法院起诉的,撤销注册商标的决定、复审决定生效。

(五)市场监督管理部门行使的职权

县级以上市场监督管理部门根据取得的违法嫌疑证据或举报,对涉嫌侵犯他人注册商标专用权的行为进行查处。其可以行使职权有四个方面:一是询问有关当事人,调查与侵犯他人注册商标专用权有关的情况;二是查阅、复制当事人与侵权活动有关的合同、发票、账簿以及其他有关资料;三是对当事人涉嫌从事侵犯他人注册商标专用权活动的场所实施现场检查;四是检查与侵权活动有关的物品;对有证据证明是侵犯他人注册商标专用权的物品,可以查封或者扣押。

工商行政管理部门依法行使前款规定的职权时,当事人应当予以协助、配合,不得拒绝、阻挠。

在查处商标侵权案件过程中,对商标权属存在争议或者权利人同时向人民法院提起商标侵权诉讼的,工商行政管理部门可以中止案件的查处。中止原因消除后,应当恢复或者终结案件查处程序。

五、商标侵权及法律责任

(一)商标侵权的情形

《商标法》对商标侵权的情形规定如下。

1. 冒用注册商标的

主要有两种情形:一是未经商标注册人的许可,在同一种商品上使用与其注册商标相同的商标的;二是未经商标注册人同意,更换其注册商标并将该更换商标的商品又投入市场的。

2. 伪造或擅自制造注册商标的

伪造、擅自制造他人注册商标标识或销售伪造、擅自制造的注册商标标识的。

3. 故意混淆注册商标的

未经商标注册人的许可,在同一种商品上使用与其注册商标近似的商标,或在类似商品上使用与其注册商标相同或近似的商标,容易导致混淆的。

4. 销售侵犯注册商标的

销售侵犯注册商标专用权商品的。

5. 协同他人侵犯注册商标的

故意为侵犯他人商标专用权行为提供便利条件,帮助他人实施侵犯商标专用权行为的。

6. 其他侵犯注册商标的

给他人的注册商标专用权造成其他损害的情形:一是在同一种或类似商品上,将与他人注册商标相同或近似的标志作为商品名称或商品装潢使用,误导公众的;二是将他人注册商标、未注册的驰名商标作为企业名称中的字号使用,误导公众的;三是复制、模仿、翻译他人注册的驰名商标或其主要部分在不相同或不相类似商品上作为商标使用,误导公众,致使该驰名商标注册人的利益可能受到损害的;五是将与他人注册商标相同或相近似的文字注册为域名,并且通过该域名进行相关商品交易的电子商务,容易使相关公众产生误认的。

(二) 侵权责任的承担

1. 民事责任

对于商标侵权行为,被侵权人既可以向市场监督管理部门提出控告,要求给予行政制裁,也可以直接向人民法院起诉,要求侵权人承担民事责任。根据《商标法》规定,商标权人可在起诉前向法院申请对侵权人采取责令停止有关行为和财产保全措施,在诉讼中可以要求侵权人停止侵害、消除影响及赔偿损失等。

2. 行政责任

市场监督管理部门在处理有关注册商标专用权的纠纷时,认定侵权行为成立的,将责令立即停止侵权行为,没收、销毁侵权商品和主要用于制造侵权商品、伪造注册商标标识的工具,并可以处以罚款。当事人对处理决定不服的,可以自收到处理通知之日起15日内向人民法院提起行政诉讼。侵权人期满不起诉又不履行的,市场监督管理部门可以申请人民法院强制执行。

3. 刑事责任

刑事责任有三种情形:一是未经商标注册人许可,在同一种商品上使用与其注册商标相同的商标,构成犯罪的,除赔偿被侵权人损失外,依法追究刑事责任;二是伪造、擅自制造他人注册商标标识或销售伪造、擅自制造的注册商标标识,构成犯罪的,除赔偿被侵权人的损失外,依法追究刑事责任;三是销售明知是假冒注册商标的商品,构成犯罪的,除赔偿被侵权人损失外,依法追究刑事责任。

 案例分析

2018年,芳芳商务有限公司发现AA网站发布一条商品信息,以8.8元/支的低价组织消费者团购"价值38元/支的芳芳芦荟胶",该商品使用了与芳芳商务有限公司注册商标相同的标识。于是,芳芳商务有限公司通过AA网站购买了芳芳芦荟胶,并送往专业机构进行鉴别。鉴定结果表明,AA网站所售的芳芳芦荟胶包装粗糙、防伪标签与芳芳商务有限公司生产的产品完全不一致,属于侵权商品。

请分析,AA网站是否构成侵权?其应承担什么样的法律责任?

六、商标权的消灭

商标权的消灭有以下四种情形。

(一) 商标权的终止

商标权终止是指注册商标所有人因法定事由的发生而丧失商标权,法律不再对该注册商标给予保护。商标权终止有以下五种情形:一是因注册商标法定有效期限届满又未办理续展注册导致注册商标注销,商标权终止;二是因商标注册人自动申请注销,而导致商标权终止;三是因注册商标争议,被商标评审委员会宣告无效,而导致商标权终止;四是因商标注册不当,被商标评审委员会宣告无效而导致商标权终止;五是因商标注册人违反《商标法》规定被商标局撤销其注册商标,而导致商标权终止。

(二) 商标权的撤销

商标权撤销是指商标局对违反商标法及有关规定违法使用商标的行为予以处罚,使原注册商标专用权归于消灭的制度。商标权撤销有以下两种情形。

1. 违法使用导致撤销

违法使用导致撤销的情形如下:一是自行改变注册商标的;二是自行改变注册商标的注册人名义、地址或其他注册事项的;三是注册商标成为其核定使用的通用名称;四是没有正当理由连续3年不使用的;五是使用注册商标,其商品粗制滥造,以次充好,欺骗消费者的。市场监督管理部门根据不同情形责令限期改正或通报或处以罚款,或由商标局撤销其注册商标。

2. 商标注册不当导致撤销

商标注册不当导致撤销的情形:一是已经注册的商标,属于禁止使用标志或缺乏显著性规定的;二是以欺骗手段或其他不正当手段取得商标注册的;三是侵犯他人合法在先权利的;四是已经注册的商标,属于复制、模仿或者翻译他人未在中国注册的驰名商标,或未经授权的代理人或代表人以自己的名义将被代理人或被代表人的商标进行注册的;五是注册商标具有争议的。对于商标注册不当的,自商标注册之日起5年内,商标所有人或利害关系人可以请求商标评审委员会裁定撤销该注册商标。对恶意注册的,驰名商标所有人不受5

年时间限制。

（三）商标权无效

商标权无效是指商标不具备注册条件但取得注册的，依法定程序使商标权归于消灭的制度。其有六种情形：一是已经注册的商标，属于禁止使用标志或缺乏显著性规定；二是以欺骗手段或其他不正当手段取得注册的；三是侵犯他人合法在先权利；四是以相同或类似的商品已经注册的商标是复制、模仿或翻译他人未在中国注册的驰名商标，容易导致混淆的。就不相同或不相类似商品已经注册的商标是复制、模仿或者翻译他人已经在中国注册的驰名商标，误导公众，致使该驰名商标注册人的利益可能受到损害的；五是未经授权的代理人或代表人以自己名义将被代理人或被代表人的商标进行注册等；六是已经注册的商标中有商品的地理标志，而该商品并非来源于该标志所标示的地区，误导公众的。

对于注册不当的商标，自商标注册之日起 5 年内，在先权利人或利害关系人可以请求商标评审委员会宣告该注册商标无效。对恶意注册的，驰名商标所有人不受 5 年时间限制。

（四）商标注销

商标注销是指注册商标所有人自动放弃注册商标或商标局依法取消注册商标的制度。商标注销的事由有三个方面：一是注册商标法定期限届满，未续展和续展未获批准；二是商标注册人申请注销，自收到注销申请之日起终止商标效力；三是商标注册人死亡或终止，自死亡或终止之日起 1 年期满，该注册商标未办理转移手续，任何人都可以向商标局申请注销该注册商标。

 阅读思考

一个名字值 80 亿元——诚信价值

第二次世界大战前夕，德国的巴比纳信托行专为顾客保管贵重财物。战争爆发后，人们纷纷把财物取走，四散逃难去了。

第三章 诚信之本——电子商务合同标的法律制度

(续上)

雇员西亚在清点账目时,发现一个叫莱格的顾客没有将一颗价值50亿马克的红宝石取走,西亚把宝石和所有托管文件放到一个小盒子里,带上所有账目离开了信托行。西亚为逃避战乱而四处奔走,但无论走到哪里,她都随身带着信托行的账目和那颗宝石。她觉得,她还是巴比纳信托行的雇员,等战争结束,她要把账目和宝石送回信托行。战争结束了,西亚带着三个孩子回到柏林,可是巴比纳信托行的老板和当初委托保管宝石的顾客莱格在战乱中死去,但西亚仍然保管着账目和宝石,守着信托行的信誉。

多少年过去了,西亚一直没有找到工作,带着三个孩子过着极其贫苦的生活。1978年,当地政府成立战争博物馆,面向社会搜集第二次世界大战的遗物,西亚便把她保管的信托行账目和那颗红宝石拿了出来。政府经过多方努力后帮助西亚找到了莱格的孙子道尔。道尔拿到那颗宝石,答应将宝石卖掉后一半的价款给西亚,西亚谢绝了,她只收取了这些年的保管费用。西亚的故事上了报纸,人们被她的诚信所感动,有人提议她出任商会总顾问,她以年纪大为由推掉了,又有几家大型信托公司找到她,要求她出任荣誉总裁,她也谢绝了。不久,西亚去世了。几家公司找到她的儿子克里斯,要求买断西亚的名字来命名信托公司。克里斯难以抉择,就让几家公司竞标,最后,柏拉图信托公司以80亿马克的天价获取了西亚的冠名权。柏拉图公司总裁说,"西亚"已经不仅仅是一个人的名字,它代表的是一种企业精神,一种价比宝石的诚信。此此,柏拉图信托公司便更名为西亚信托公司,交易量果然一路攀升。诚信之所以能够创造价值,是因为诚信本身就是无价的。当你把诚信当成信仰和责任,你就赢得了人们的支持和信赖,无穷无尽的财富也会由此而产生。

请思考,在互联网与大众创业时代,诚实守信对一个企业来说具有哪些意义?

复习与思考

一、单项选择题

1. 《产品质量法》先后经过（　　）次修订。
   A. 一　　　B. 两　　　C. 三　　　D. 四

2. 《产品质量法》对产品质量实行以（　　）为主要方式的监督检查制度。
   A. 抽样检查　B. 批量检查　C. 全部检查　D. 指定检查

3. 下列各项中，不属于《产品质量法》对违法行为的行政处罚是（　　）。
   A. 没收财物与违法所得　　　B. 责令停止生产与销售
   C. 吊销营业执照与罚款　　　D. 赔偿损失

4. 销售者不能指明缺陷产品的生产者或供货者，应当由（　　）承担赔偿责任。
   A. 销售者　B. 生产者　C. 供货者　D. 管理者

5. 下列各项中，不属于《著作权法》违法的情形是（　　）。
   A. 剽窃他人作品的
   B. 使用他人作品未付报酬的
   C. 发表的作品供教学人员使用的
   D. 未经著作权人许可发表其作品的

6. 下列各项中，不属于行政责任的处罚是（　　）。
   A. 停止侵害　　　　　　　　B. 罚款
   C. 没收违法所得　　　　　　D. 责令停产停业

7. 下列各项中，不属于民事责任的处罚是（　　）。
   A. 吊销营业执照　　　　　　B. 更换
   C. 返还财产　　　　　　　　D. 修理

8. 下列各项中，不属于刑事责任处罚的是（　　）。

A. 没收财物　　　　　　B. 拘役
C. 有期徒刑　　　　　　D. 无期徒刑

9. 下列各项中,不属于专利权申请条件的是(　　)。
A. 多元性　　B. 新颖性　　C. 创造性　　D. 实用性

10. (　　)是指那些为公众广为知晓并享有较高声誉的商标。
A. 驰名商标　　B. 服务商标　　C. 证明商标　　D. 商品商标

二、多项选择题

1.《产品质量法》适用的主体是我国境内的(　　)。
A. 生产者　　B. 消费者　　C. 法人　　D. 自然人

2. 所谓的合格产品应符合的标准和要求的有(　　)。
A. 符合保障人体健康、人身财产安全的国家标准
B. 符合保障人体健康、人身财产安全的行业标准
C. 符合产品买卖合同中约定的产品质量标准
D. 符合产品包装上注明的标准,或以产品说明、实物样品等方式表明的质量

3. 可以查封或扣押的产品主要包括(　　)。
A. 不符合国家或行业标准的产品
B. 有其他严重质量问题的产品
C. 生产 AB 产品的原辅材料和包装物
D. 生产 AB 产品的生产工具

4. 根据违法的不同性质和内容需承担的法律责任有(　　)。
A. 民事责任　　　　　　B. 行政责任
C. 刑事责任　　　　　　D. 管理责任

5.《产品质量法》对违法行为的处罚的形式有(　　)。
A. 修理　　　　　　　　B. 更换
C. 退货　　　　　　　　D. 赔偿损失

6. 构成刑事责任的条件有(　　)。
A. 违法行为　　　　　　B. 行为人主观上为故意
C. 行为人在客观上具有实施的行为

D. 客观上造成或足以造成危害后果

7. 不适用《著作权法》的有（　　）。

A. 中国公民、法人或者其他组织的作品

B. 时事新闻

C. 国家机关的决议

D. 官方正式译文

8. 著作人身权包括（　　）。

A. 发表权　　　　　　　　B. 署名权
C. 修改权　　　　　　　　D. 保护作品完整权

9. 公民作品的发表权和著作财产权的保护期为（　　）。

A. 发表后25年

B. 发表后50年

C. 作者终生

D. 作者终生及其死亡后第50年

10. 我国《专利法》对专利权申请的基本原则包括（　　）。

A. 先申请原则　　　　　　B. 书面原则
C. 单一性原则　　　　　　D. 特性化原则

三、判断题

1. 适用《产品质量法》的客体是指经过加工制作的产品。（　　）

2. 上级监督抽查的产品，下级不得另行重复抽查。（　　）

3. 不符合以实物样品方式表明质量状况的产品时，可以直接采取退货。（　　）

4. 不具备特定用途和使用价值的产品事先向消费者做出说明的，需承担法律责任。（　　）

5. 由于销售者的过错使产品存在缺陷并造成人身财产损害的，受害人可向产品的生产者或销售者要求赔偿。（　　）

6. 生产者证明产品投入流通时不存在引起损害的缺陷，也要承担赔偿责任。（　　）

7. 销售者销售不知道禁止产品，即使如实说明进货来源的，也

不能从轻处罚。（　　）

8. 文字作品既可用汉语文字，也可用计算机程序呈现的特殊语言。（　　）

9. 《著作权法》根据作品不同的表现形式进行分类，其包括计算机软件。（　　）

10. 我国《商标法》对商标专用权实行司法保护单双轨制。（　　）

11. 广播权是指著作权人可以通过无线方式公开广播或者传播作品，还可以通过有线传播或转播的方式向公众传播广播的作品，还可以通过扩音器或其他传送符号、声音、图像等类似工具向公众传播广播的作品的权利。（　　）

12. 信息网络传播权是指著作权人可通过有线或无线方式向公众提供作品，使公众可以在其个人选定的时间和地点获得作品的权利。（　　）

13. 从现场直播或公开传送其现场表演或录制其表演的，不属于侵犯著作权人的权利。（　　）

14. 对于那些不知道是未经专利权人许可而制造并售出专利产品的使用者或销售者，能证明其产品合法来源的，也要承担赔偿责任。（　　）

15. 使用有害于社会主义道德风尚或有其他不良影响的标志不得作为商标使用。（　　）

16. 我国《专利法》对发明专利实行登记制度。（　　）

四、简答题

1. 简述生产者的产品质量责任和义务。
2. 简述销售者的产品质量责任和义务。
3. 简述商标的禁用内容。
4. 简述作品的合理使用。
5. 简述我国《著作权法》规定的承担民事责任侵权行为的情形。
6. 简述侵犯商标权的责任。

五、案例分析题

美国贸易代表办公室在 2018 年 4 月 27 日发布的关于世界各国知识产权保护现状的年度"特别 301 报告",声称中国在保护知识产权方面不仅长期存在的问题没有解决,而且还有新的问题需给予关注,包括知识产权执法以及窃取商业秘密、网络盗版猖獗和盗版伪造的大范围侵权活动。我国商务部于 28 日对此做出回应表示反对,敦促美方尊重事实,客观、公正、善意地评价包括中国在内的外国政府在知识产权方面付出的努力和取得的成效。

请分析,我国为什么是一个知识产权大国?我国在知识产权方面付出了哪些努力?取得了哪些成效?

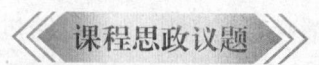

诚实守信、诚信之本、合同标的法律之析

"诚信"即诚实守信,是社会主义核心价值观的基本内容,也是社会主义道德建设的重点内容,还是一个民族生存的灵魂。它是一种品行,是一种责任,是一种道义,是一种准则。

诚信之本即诚信为人之本。它是做人的立足之本,也是商道之本,能创造财富。鲁迅说过:"诚信为人之本也!诚信比金钱更具有吸引力,比美貌更具有可靠性,比荣誉更有时效性!"

从 1993 年起,我国先后颁布了《产品质量法》《著作权法》《商标法》《专利法》,旨在明确产品质量责任,保护当事人的著作权、商标权和专利权的权益,树立诚信的社会风尚,培育和践行社会主义核心价值观。

请以小组为单位,依据本章电子商务合同标的法律制度的学习,结合"诚实守信、诚信之本、合同标的法律之析"一文,谈谈对培育和践行社会主义核心价值观"诚信"的现实意义。

第四章 全民守法——电子商务市场监管法律制度

 学习目标

- ◆ 了解消费者权利和经营者义务的主要规定。
- ◆ 熟悉侵权责任行为、垄断与不正当竞争行为的情形及其承担的法律责任。
- ◆ 明确我国2018年3月通过的《中华人民共和国宪法修正案》中将健全社会主义的"法制"改为"法治"的现实意义。
- ◆ 具备依法保护经营者和消费者的权益以及辨清垄断与不正当竞争行为的能力。

培育和践行社会主义核心价值观——"法治"

市场经济是法治经济。法治是社会主义市场经济有序发展的基本保障,是实现自由平等、公平正义的制度保证,也是培育和践行社会主义核心价值观的基本内容。依法管理是我国当下法治化建设的重要内容,2018年3月通过的《宪法修正案》将"健全社会主义法制"修改为"健全社会主

(续上)

义法治",通过法治来维护和保障公民的根本利益,进一步完善社会主义法治化的建设。

电子商务市场监管必须有完备的法律进行保障,依法管理是电子商务市场监管工作的核心。市场监管主管部门应依据相关法律对侵犯消费者权益、市场垄断和不正当竞争违法行为进行查处,促进社会主义市场经济健康发展。为保护消费者的合法权益,保护市场公平竞争,制止垄断和不正当竞争行为,自1993年10月以来,我国先后颁布了《中华人民共和国消费者权益保护法》(以下简称《消费者权益保护法》)《中华人民共和国侵权责任法》(以下简称《侵权责任法》)《中华人民共和国反垄断法》(以下简称《反垄断法》)和《中华人民共和国反不正当竞争法》(以下简称《反不正当竞争法》)。为此,作为一个准创业团队,上海立达电子商务有限公司的成员们需要学习掌握法律关于消费者合法权益、垄断行为和不正当竞争行为的法律责任等相关规定。

第一节 《消费者权益保护法》

一、《消费者权益保护法》的基本概况

(一)《消费者权益保护法》的颁布

为保护消费者的合法权益,维护社会经济秩序,促进社会主义市场经济健康发展,1993年10月31日,第八届全国人民代表大会常务委员会第四次会议通过了《消费者权益保护法》,自1994年1月1日

起施行。该法于2009年8月和2013年10月经过两次修订,当前版本为第十二届全国人民代表大会常务委员会第五次会议通过的修订版,从2014年3月15日生效。

(二)《消费者权益保护法》的适用范围

1. 适用的主体

《消费者权益保护法》适用的主体是消费者和经营者。消费者是指为生活消费需要而购买、使用商品或接受服务的自然人。由此可见,消费者必须是以个人或家庭生活目的而进行消费的公民个人,不含机关、集体等团体消费者。

2. 适用的客体

《消费者权益保护法》适用的客体是用于销售的商品和提供的服务。其不适用的范围有九种情形:一是经营者之间的购销方面的纠纷;二是消费者个人私下交易产生的纠纷;三是未按商品使用说明安装、使用、保管和自行拆动,而导致商品损坏或人身危害的;四是购买商品或接受服务非用于生活消费的,但农民购买直接用于农业生产的生产资料除外;五是商品或服务系无偿所得或接受赠送的,但为促销所提供的赠品和免费服务除外;六是消费者在购买商品或接受服务时已经知道其存在瑕疵,而又以该瑕疵提出申诉的;七是商品超过规定保修期或保证期限,被诉方已不再负有违约责任的;八是消费者购买商品知道或应知道自己权益受到侵害超过1年的;九是法院、仲裁机构或其他行政机关已经受理或处理的。

(三)《消费者权益保护法》的基本原则

《消费者权益保护法》的基本原则有以下四个方面。

1. 自愿、平等、公平、诚实信用的原则

在商品交易或服务的过程中,消费者享有知悉真实情况、自主选择、公平交易、获得知识和受尊重的权利,经营者要承担自愿、平等、公平、诚实守信的义务。

2. 社会监督的原则

国家鼓励支持一切组织和个人对损害消费者合法权益的行为进行社会监督,大众传播媒介对损害消费者合法权益的行为进行舆论监督。

3. 有效保护的原则

每个消费者权益均受《消费者权益保护法》保护,任何侵犯消费者权益的行为,消费者都可要求经营者承担民事责任和行政责任,导致严重侵害结果的还要承担刑事责任。

4. 特别保护的原则

在商品交易或服务的过程中,消费者是以满足个人或家庭生活需要为目的的,其缺乏辨别商品或服务的专业知识。相对而言,经营者是有组织的经济实体,交易的目的是要为其带来经济效益。两者相对,消费者是弱者,《消费者权益保护法》给予了特别保护。

二、权利与义务

(一) 消费者的权利

1. 安全保障权

安全保障权是指消费者在购买、使用商品或接受服务时,享有生命安全、身体健康和财产不受损害的权利。其包括以下两方面的内容。

1) 人身安全权

人身安全权主要是指生命健康权,是消费者在购买、使用商品和接受服务时,享有保持身体各器官及其机能的完整以及生命不受危害的权利。

2) 财产安全权

财产安全权不仅是指消费者享有所购买、使用的商品或者接受的服务的财产安全的权利,还包括享有与此有密切联系的财产安全的权利。例如,在购买使用高压锅时,消费者不仅有权享有该高压锅本身无安全损害的安全,还享有对高压锅周围的物品不因高压锅的爆炸等损害而遭受损失的安全权。

 案例分析

某日,郑州空姐李某在搭乘滴滴顺风车过程中,惨遭司机刘某杀害。此案中,滴滴出行平台没有尽责,没有查实相关信息,及时帮助消费者消除安全隐患。

请分析,滴滴出行平台侵犯了消费者哪项权益?为什么?

2. 知情权

知情权是指消费者所享有知悉其购买商品或接受服务真实情况的权利,包括商品的价格、产地、生产者、用途、性能、规格、等级、主要成分、生产日期、有效期限、检验合格证明、使用方法说明书、售后服务以及服务的内容、规格和费用等。

3. 自主选择权

自主选择权是指消费者根据自己的消费要求、意向和兴趣,自主选择自己满意的商品或服务,并决定是否购买或接受的权利。其包括四个方面:一是自主选择商品品种或服务方式的权利;二是自主选择提供商品或服务的经营者的权利;三是自主决定是否购买商品或是否接受服务的权利;四是具有对商品或服务进行比较、鉴别和挑选的权利。

4. 公平交易权

公平交易权是指消费者在购买商品或者接受服务时,有权获得质量保障、价格合理、计量正确等公平交易条件,有权拒绝经营者的强制交易行为的权利。

5. 求偿权

求偿权是指在消费者权利遭受侵害时享有赔偿的权利。消费者行使求偿权可以向责任者提出,也可以向市场监督管理部门请求赔偿。

6. 建立消费者组织权利

建立消费者组织权利是指消费者有要求国家建立代表消费者利益的职能机构的权利，也有建立自己的消费者组织、维护自身的合法权益的权利。

7. 获得知识权

获得知识权是指消费者有权获得有关消费和消费者权益保护方面的知识的权利。消费者应当努力掌握所需商品或者服务的知识和使用技能，正确使用商品，提高自我保护意识。

8. 受尊重权

受尊重权是指消费者在购买、使用商品和接受服务时，享有其人格尊严、民族风俗习惯得到尊重的权利。人格尊严受尊重权的内容包括姓名权、名誉权、荣誉权、肖像权等；民族风俗习惯受尊重权的内容包括饮食、服饰、居住、婚葬、节庆、娱乐、礼节、禁忌等方面。经营者在为少数民族消费者提供商品或服务时应当尊重这些风俗习惯。消费者在购买、使用商品和接受服务时享有个人信息依法得到保护的权利。

9. 监督批评权

监督批评权是指消费者具有对商品和服务以及保护消费者权益工作进行监督的权利。其内容包括两个方面：一是消费者有权检举、控告侵害消费者权益的行为和国家机关及其工作人员在保护消费者权益工作中的违法失职行为；二是有权对保护消费者权益工作提出批评和建议。

（二）经营者的义务

《消费者权益保护法》对经营者的义务规定如下。

1. 依照法定或约定履行义务

经营者向消费者提供商品或者服务，应当依照有关法律、法规的规定履行义务。经营者和消费者有约定的，应当按照约定履行义务，但双方的约定不得违背法律、法规的规定。经营者向消费者提供商品或服务，应当恪守社会公德，诚信经营，保障消费者的合法权益，不得设定不公平、不合理的交易条件,不得强制交易。

2. 接受消费者监督的义务

经营者应当听取消费者对其提供的商品或服务的意见,接受消费者的监督。此项义务将经营者所提供的商品或服务置于消费者的监督之下,对消费者的意见认真听取,及时答复,合理采纳,并加以改进。

3. 确保人身财产安全的义务

经营者应当保证其提供的商品或服务符合保障人身和财产安全的要求,对可能危及人身、财产安全的商品和服务,应当向消费者做出真实的说明和明确的警示,并说明和标明正确使用商品或者接受服务的方法以及防止危害发生的方法。宾馆、商场、餐馆、银行、机场、车站、港口、影剧院等经营场所的经营者,应当对消费者尽到安全保障义务。

4. 具有安全告知的义务

经营者发现其提供的商品或服务存在缺陷,有危及人身财产安全危险的,应立即向有关行政部门报告和告知消费者,并采取停止销售、警示、召回、无害化处理、销毁、停止生产或者服务等措施。采取召回措施的,经营者应当承担消费者因商品被召回支出的必要费用。

5. 提供真实信息的义务

经营者向消费者提供有关商品或服务的质量、性能、用途和有效期限等信息,应当真实、全面,不得做出虚假或引人误解的宣传。经营者对消费者就其提供的商品或服务的质量和使用方法等问题提出的询问,应当做出真实、明确的答复。经营者提供商品或服务应当明码标价。

采用网络、电视、电话、邮购等方式提供商品或服务的经营者,以及提供证券、保险、银行等金融服务的经营者,应当向消费者提供经营地址、联系方式、商品或者服务的数量和质量、价款或者费用、履行期限和方式、安全注意事项和风险警示、售后服务、民事责任等信息。

 案例分析

> 9月5日,夏先生在亚马逊中国网站举办的名表促销活动中,以396元价格订购了两块依波表、一块海鸥表,下单时约定货到支付余款。当天14点,夏先生收到该公司的订单确认邮件,海鸥表有货,依波表缺货,但该邮件表示一旦确认发货日期,将会向夏先生发货。然而9月8日,夏先生收到亚马逊中国网站的邮件通知,称其购买的三块手表因不能采购到货,无法为夏先生发货,并在没有通知夏先生的情况下,直接将订单删除。
>
> 请分析,亚马逊中国网站违背了《消费者权益保护法》的哪条义务?其应承担何种责任?

6. 标明其真实名称和标记的义务

经营者应当标明其真实名称和标记。租赁他人柜台或者场地的经营者,应当标明其真实名称和标记。

7. 出具购货凭证或服务单据的义务

经营者提供商品或服务应当按照国家有关规定或商业惯例向消费者出具发票等购货凭证或服务单据。消费者索要发票等购货凭证或服务单据的,经营者必须出具。购货凭证、服务单据是商品或服务提供者与消费者形成交易关系的书面凭据,是确定双方之间的权利和义务、解决争议以及明确相应责任的重要依据。

8. 保证商品或者服务质量的义务

保证商品或者服务质量义务有三个方面:一是经营者应保证在正常使用商品或接受服务的情况下,其提供的商品或服务应当具有的质量、性能、用途和有效期限,但消费者在购买该商品或接受该服务前已经知道其存在瑕疵,且存在该瑕疵不违反法律强制性规定的除外;二是经营者以广告、产品说明、实物样品或其他方式表明商品或服务的质量状况的,应当保证其提供的商品或服务的实际质量与表明的质量状况相符;三是经营者提供的机动车、计算机、电视机、电冰箱、空调器、洗衣机等耐用商品或装饰装修等服务,消费者自接受商品或服务之日起 6 个月内发现瑕疵,发生争议的,由经营者承担有关瑕疵的举证责任。

9. 履行更换、修理、退货责任的义务

经营者提供的商品或服务不符合质量要求的,消费者可以依照国家规定、当事人约定退货,或要求经营者履行更换、修理等义务。没有国家规定和当事人约定的,消费者可以自收到商品之日起 7 日内退货;7 日后符合法定解除合同条件的,消费者可以及时退货,不符合法定解除合同条件的,可以要求经营者履行更换、修理等义务。

经营者采用网络、电视、电话、邮购等方式销售商品,消费者有权自收到商品之日起 7 日内退货,且无须说明理由。如果是消费者定做的,或鲜活易腐的,或在线下载和消费者拆封的音像制品、计算机软件等数字化商品的,或交付的报纸和期刊的商品除外。消费者退货的商品应当完好。经营者应当自收到退回商品之日起 7 日内返还消费者支付的商品价款。退回商品的运费由消费者承担;经营者和消费者另有约定的,按照约定。

10. 不得有不公平经营管理行为的义务

经营者在经营活动中使用格式条款的,应当以显著方式提请消费者注意商品或者服务的数量和质量、价款或者费用、履行期限和方式、安全注意事项和风险警示、售后服务、民事责任等与消费者有重大利害关系的内容,并按照消费者的要求予以说明。经营者不得以格式条款、通知、声明、店堂告示等方式,做出排除或限制消费者权利、减轻或免除经营者责任、加重消费者责任等对消费者不公平、不合理的规定,不得利用格式条款并借助技术手段强制交易。

经营者不得对消费者进行侮辱、诽谤,不得搜查消费者的身体及其携带的物品,不得侵犯消费者的人身自由。经营者未经消费者同意或请求,或者消费者明确表示拒绝的,不得向其发送商业性信息。

11. 依法收集管理消费者个人信息的义务

经营者收集、使用消费者个人信息,应当遵循合法、正当、必要的原则,明示收集、使用信息的目的、方式和范围,并经消费者同意。经营者收集、使用消费者个人信息,应当公开其收集、使用规则,不得违反法律、法规的规定和双方的约定收集、使用信息。

经营者及其工作人员对收集的消费者个人信息必须严格保密,不得泄露、出售或非法向他人提供。经营者应当采取技术措施和其他必要措施,确保信息安全,防止消费者个人信息泄露、丢失。在发生或者可能发生信息泄露、丢失的情况时,应当立即采取补救措施。

三、消费者权益的保护

（一）消费者权益的保护机构

消费者权益保护法规定了国家保护消费者合法权益的基本内容。国家通过立法机关、行政机关和司法机关的各种职能活动,实现对消费者合法权益的保护。

1. 立法保护机关

有关消费者权益保护方面的各项法律、行政法规是由全国人民代表大会及其常务委员会、国务院及所属的主管机关或省、自治区、直辖市、人民代表大会及常务委员会制定和颁布的,它是国家充分、有效地保护消费者合法权益的基础和依据。立法机关制定有关消费者权益的法律、法规、规章和强制性标准,应当听取消费者和消费者协会等组织的意见。

2. 行政保护机关

各级人民政府及其所属市场监督管理部门、技术监督部门、卫生监督管理部门、进出口商品检验部门等是消费者权益保护法的主要实施者。各级人民政府应当加强领导,组织、协调、督促有关部门的工作,落实保护消费者合法权益的职责。有关部门在各自的职责范围内,应当定期或者不定期对经营者提供的商品和服务进行抽查检验,并及时向社会公布抽查检验结果,一旦发现并认定经营者提供的商品或者服务存在缺陷,有危及人身、财产安全危险的,应当立即责令经营者采取停止销售、警示、召回、无害化处理、销毁、停止生产或者服务等措施。

3. 司法保护机关

人民法院和人民检察院是对消费者合法权益实施司法保护的主要机关。人民法院是代表国家行使审判权的司法机关。《消费者权益》保护法特别规定了人民法院对消费者合法权益的保护职责。按规定,人民法院应当采取措施,方便消费者提起诉讼,对符合民事诉讼法起诉条件的消费者权益争议必须受理,及时审理,依法惩处侵害消费者权益的违法犯罪行为,加强对消费者的全面保护。

(二) 消费者组织

1. 消费者协会

消费者协会是指依法成立的对商品和服务进行社会监督的保护消费者合法权益的社会组织。

2. 消费者协会的职责

消费者协会职责有八个方面:一是向消费者提供消费信息和咨询服务,提高消费者维护自身合法权益的能力,引导文明、健康、节约资源和保护环境的消费方式;二是参与制定有关消费者权益的法律、法规、规章和强制性标准;三是参与有关行政部门对商品和服务的监督、检查;四是就有关消费者合法权益的问题,向有关部门反映、查询,提出建议;五是受理消费者的投诉,并对投诉事项进行调查、调解;六是投诉事项涉及商品和服务质量问题的,可以委托具备资格的鉴定人鉴定,鉴定人应当告知鉴定意见;七是就损害消费者合法权益的行为,支持受损害的消费者提起诉讼或者依照《消费者权益法》提起诉讼;八是对损害消费者合法权益的行为,通过大众传播媒介予以揭露、批评。

四、消费者权益争议的解决

消费者权益争议是指消费者和经营者之间在买卖商品、接受和提供服务过程中,因权利受到侵害或义务的不履行所产生的争议。

(一) 消费者权益争议中赔偿主体的确定

为了避免生产经营者相互推诿,逃避承担法律责任,《消费者权益保护法》规定了有利于消费者的求偿原则,并根据侵害情况,分别确定赔偿主体。

1. 向销售者索赔

消费者在购买、使用商品时,其合法权益受到损害的,可以向销售者要求赔偿。销售者赔偿后,属于生产者的责任或属于其他有关责任人的责任的,销售者有权向生产者或其他有关责任人追偿。

2. 向销售者或生产者索赔

消费者或其他受害人因商品缺陷造成人身、财产损害的,可以向销售者要求赔偿,也可以向生产者要求赔偿。属于生产者责任的,销售者赔偿后,有权向生产者追偿;属于销售者责任的,生产者赔偿后,有权向销售者追偿。

3. 向服务提供者索赔

消费者接受服务时,其权益受到损害的,有权向服务的提供者要求赔偿。

4. 向变更后企业索赔

消费者在购买、使用商品或者接受服务时,其权益受到损害,原企业分立、合并的,可以向变更后承担该企业权利和义务的企业要求赔偿。

5. 向使用他人营业执照或持证人索赔

使用他人营业执照的违法经营者提供商品或服务,损害消费者权益的,消费者有权向其要求赔偿,也可以向营业执照的持有人要求赔偿。

6. 向销售者或服务者索赔

消费者在展销会与租赁柜台购买商品或接受服务时,其合法权益受到损害,可以向销售者或服务者要求赔偿。展销会结束或柜台租赁期满后,也可以向展销会的举办者与柜台的出租者要求赔偿。展销会的举办者与柜台的出租者赔偿后,有权向销售者或服务者追偿。

消费者通过网络交易平台购买商品或接受服务时,其合法权益受到损害,可以向销售者或服务者要求赔偿。如果联系不到销售者或服务者,消费者可以向网络交易平台提供者要求赔偿,其赔偿后有权向销售者或服务者追偿。如果网络交易平台提供者明知或应知销售者或服务者利用其平台侵害消费者合法权益,未采取必要措施的,依法承担连带责任。

7. 向经营者或广告经营者与发布者索赔

消费者因经营者利用虚假广告或其他虚假宣传方式提供商品或服务时,其合法权益受到损害可以向经营者要求赔偿。可以请求行政主管部门对发布虚假广告的广告经营者与发布者予以惩处。广告经营者与发布者不能提供经营者的真实名称、地址和有效联系方式的,应当承担赔偿责任。如果发布关系消费者生命健康的商品或服务的虚假广告,并造成消费者损害的,广告经营者和发布者设计、制作以及参与推荐的社会团体或其他组织和个人,应当与提供该商品或服务的经营者一起承担连带责任。

(二) 解决争议的途径

解决消费者和经营者之间争议的途径如下。

1. 协商

消费者与经营者协商和解。

2. 调解

消费者请求消费者协会或依法成立的其他调解组织调解。

3. 投诉

消费者可向有关行政部门投诉,该部门应当自收到投诉之日起7个工作日内,予以处理并告知消费者。

4. 仲裁

消费者根据与经营者达成的仲裁协议提请仲裁机构仲裁,仲裁的裁决是终局性的。

5. 诉讼

消费者可以向人民法院提起诉讼。对侵害众多消费者合法权益的行为,中国消费者协会以及在省、自治区、直辖市设立的消费者协会,可以向人民法院提起诉讼。

第二节 《侵权责任法》

一、《侵权责任法》的颁布

为保护民事主体的合法权益,明确侵权责任,预防并制裁侵权行为,促进社会和谐稳定,2009年12月26日,第十一届全国人民代表大会常务委员会第十二次会议通过了《侵权责任法》,自2010年7月1日起施行。

二、侵权责任

(一)侵权责任的含义

侵权责任是指侵害民事权益后应当承担的民事责任。民事权益包括生命权、健康权、姓名权、名誉权、荣誉权、肖像权、隐私权、婚姻自主权、监护权、所有权、用益物权、担保物权、著作权、专利权、商标专用权、发现权、股权、继承权等人身、财产权益,被侵权人有权请求侵权人承担侵权责任。

(二)侵权责任的构成

《侵权责任法》规定的侵权责任由以下两个方面构成。

1. 一人实施侵权行为的现象

(1) 行为人因过错侵害他人民事权益,应承担侵权责任。根据法律规定推定行为人有过错,行为人不能证明自己没有过错的,应承担侵权责任。行为人损害他人民事权益,不论行为人有无过错,应承担侵权责任。

(2) 教唆、帮助他人实施侵权行为的,应与行为人承担连带责任。教唆、帮助无民事行为能力人、限制民事行为能力人实施侵权行为的,应承担侵权责任;该无民事行为能力人、限制民事行为能力人的监护人未尽到监护责任的,应承担相应的责任。

2. 两人以上实施侵权行为的现象

(1) 两人以上共同实施侵权行为,造成他人损害的,应当承担连带责任。

(2) 两人以上实施危及他人人身、财产安全的行为,其中一人或者数人的行为造成他人损害,能够确定具体侵权人的,由侵权人承担责任;不能确定具体侵权人的,行为人承担连带责任。

(3) 两人以上分别实施侵权行为造成同一损害,每个人的侵权行为都足以造成全部损害的,行为人承担连带责任。

(4) 两人以上分别实施侵权行为造成同一损害,能够确定责任大小的,各自承担相应的责任;难以确定责任大小的,平均承担赔偿责任。

(三) 侵权责任的方式

《侵权责任法》规定的侵权责任方式有九个方面:停止侵害;排除妨碍;消除危险;返还财产;恢复原状;赔偿损失;赔礼道歉;消除影响、恢复名誉。其可以单独适用,也可以合并适用。

(四) 侵权责任的赔偿

1. 人身损害赔偿

侵害他人造成人身损害的,应赔偿医疗费、护理费、交通费等为治疗和康复支出的合理费用,以及因误工减少的收入;造成残疾的,还应赔偿残疾生活辅助工具费和残疾赔偿金;造成死亡的,还应赔偿丧葬费和死亡赔偿金,如因同一侵权行为造成多人死亡的,可以相同数额确定死亡赔偿金。被侵权人死亡的,其近亲属有权请求侵权人承担侵权责任。被侵权人为单位,该单位分立、合并的,承继权利的单位有权请求侵权人承担侵权责任。

2. 财产损失赔偿

(1) 侵害他人财产损失的,应按损失发生时的市场价格或其他方式计算财产损失赔偿。

（2）侵害他人人身权益造成财产损失的,按被侵权人因此受到的损失赔偿;被侵权人的损失难以确定,侵权人因此获得利益的,按照其获得的利益赔偿;被侵权人和侵权人就赔偿数额协商不成可提起诉讼,由人民法院根据实际情况确定赔偿数额。

3. 其他赔偿

（1）侵权行为危及他人人身、财产安全的,被侵权人可以请求侵权人承担停止侵害、排除妨碍、消除危险等侵权责任。

（2）侵害他人人身权益,造成他人严重精神损害的,被侵权人可以请求精神损害赔偿。

（3）因防止或制止他人民事权益被侵害而使自己受到损害的,由侵权人承担责任。侵权人逃逸或无力承担责任时,受益人应给予适当补偿。

（4）受害人和行为人对损害的发生都没有过错的,可根据实际情况由双方分担损失。

（5）被侵权人对损害的发生也有过错的,可以减轻侵权人的责任。

（6）损害是因第三人造成的,第三人应当承担侵权责任。

（7）正当防卫过度造成不应有的损害的,正当防卫人应当承担适当的责任。

（8）因紧急避险造成损害的,由引起险情发生的人承担责任。如果危险是由自然原因引起的,紧急避险人不承担责任或给予适当补偿。紧急避险采取措施不当或过度造成不应有的损害的,紧急避险人应当承担适当的责任。

（9）网络用户利用网络服务实施侵权行为的,被侵权人有权通知网络服务提供者采取删除、屏蔽、断开链接等必要措施。网络服务提供者接到通知后未及时采取必要措施的,对损害的扩大部分与该网络用户承担连带责任。

（五）除外责任

除外责任主要有三种现象:一是损害是因受害人故意造成的,行为人不承担责任;二是因不可抗力造成他人损害的,不承担责任;三是因正当防卫造成损害的,不承担责任。

三、经营者责任

经营者是指向消费者提供商品或者服务的法人、其他经济组织和自然人。《侵权责任法》规定,经营者向消费者提供商品或服务应根据有关法律、法规的规定履行义务。

(一)人身与财产安全的责任

1. 确保提供的场所与设施应符合保障人身、财产安全的要求

(1)经营者为消费者提供的消费场所、服务设施、店堂装饰、商品陈列、网络环境等场所与设施应当符合保障人身、财产安全的要求,对可能危及消费者人身、财产安全的场所和设施条件,应以显著的方式设置安全使用说明、警示标识,并采取必要的安全防护措施。

(2)经营者提供的场所和设施遇到危险或不法侵害时,经营者应当给予救助。

2. 确保提供的商品或服务符合保障人身和财产安全的要求

(1)经营者发现其提供的商品或服务存在的缺陷,有危及人身或财产安全危险的,应向有关行政部门报告和告知消费者,并采取停止销售、警示、召回、无害化处理、销毁、停止生产或服务等措施。

(2)经营者以奖励或附赠等形式向消费者免费提供商品或服务,应符合保障人身和财产安全的强制性标准,不存在其他危及人身和财产安全的危险。

(二)商品和服务质量的责任

1. 确保商品的质量

(1)不得在生产和销售商品中掺杂、掺假,以不合格商品冒充合格商品。

(2)不得销售失效或变质的商品。

(3) 不得将"处理品""残次品""等外品"等商品作为正品销售。

(4) 经营者应保证在正常使用商品的情况下其提供的商品应具有的质量、性能、用途和有效期限。

(5) 经营者以广告、产品说明、实物样品或其他方式表明商品质量状况的,应确保提供的商品实际质量与表明的质量状况相符。

2. 确保服务的质量

(1) 经营者不得以虚假的商品说明、商品标准、实物样品、价格表示、促销方式、现场说明和演示等方式销售商品或服务。

(2) 经营者应保证在正常接受服务的情况下其提供的服务应具有的质量和有效期限。

(3) 经营者以广告方式表明服务质量状况的,应确保提供的服务实际质量与表明的质量状况相符。

(三) 经营和服务规范的责任

1. 经营的规范性

(1) 经营者应当标明其真实名称和标记,租赁他人柜台或场地也应当标明。采用电视方式提供商品或服务的,应在电视画面中以显著方式标明商品经营者的名称和标记。

(2) 经营者提供的商品或服务应明码标价,提供商品或服务后依法或商业惯例向消费者出具购货凭证或服务单据。

(3) 网络交易平台提供者应对进入平台销售商品或提供服务的经营者进行身份信息审查和登记,应建立平台内交易规则、交易安全保障、不良信息处理、信用评价等管理制度。各项管理制度应当在其网站持续显示,并从技术上保证消费者能够便利、完整地阅览和保存。

(4) 网络交易平台经营者应当建立消费者信息安全保障制度,采取电子签名、数据备份、故障恢复等技术手段确保消费者网络交易数据和资料的完整性和安全性,并应当保证原始数据的真实性。

(5) 经营者不得收集与经营业务无关的信息或者采取不正当方式收集信息,不得向消费者的固定电话、移动电话等通信设备,电脑等电子终端或者电子邮箱、网络硬盘等电子信息空间发送商业性电子信息或者拨打商业性推销电话。

（6）经营者不得生产和销售伪造产地、伪造或冒用他人的厂名、厂址、篡改生产日期、伪造冒用质量标志的商品，不得生产和销售侵犯他人注册商标专用权、虚假名称和标记的商品，不得采用虚构交易、虚标成交量、虚假评论或雇佣他人等方式进行欺骗式销售诱导。

（7）网络交易平台经营者应当对通过平台销售的商品和服务信息，以及通过平台销售商品或者提供服务的经营者建立检查监控制度，发现有涉嫌违法行为的，应当向有关行政部门报告，并及时采取措施制止。

（8）网络交易平台经营者不得挪用消费者权益保证金及专项赔付款。

 案例分析

2013年2月，李某创建了零距网商联盟网站，利用YY语音聊天工具来建立刷单平台，并吸引淘宝卖家注册账户成为会员，收取每家会员500元的会员费和40元的平台管理维护费。该刷单平台为会员在淘宝网上进行虚假交易，给予虚假的好评，提升淘宝店铺的销量和信誉，欺骗淘宝买家。

请分析，李某的行为是否违反了《侵权责任法》的规定？他应承担什么相应的法律责任？

2. 服务的规范性

（1）经营者应向消费者提供有关商品或服务的真实信息，不得作引人误解的虚假宣传。

（2）经营者提供的服务不得侵犯他人注册商标专用权，不得以虚假的名称和标记提供服务。

（3）经营者应听取消费者对其提供的商品或服务的意见，接受消费者的监督,及时回答消费者就提供商品或服务的质量和使用方法等问题,并依法承担包修、包换、包退或其他责任。

(4) 经营者不得对消费者进行侮辱、诽谤,不得搜查消费者的身体及其携带的物品,不得侵犯消费者的人身自由。

(5) 经营者不得以格式合同、通知、声明、店堂告示等方式做出对消费者不公平、不合理的规定,或减轻、免除其损害消费者合法权益的行为。

(6) 网络交易平台在其从事经营活动的主页面显著位置公示相关信息,应自行或与平台内经营者协议建立消费者权益保证金制度或先行赔付制度,并公开消费者权益保证金及赔付款项的管理和使用办法,不得在提供金融商品或服务过程中出现欺诈金融消费者的行为。

 案例分析

2017年6月,A消费者在小谢开设的淘宝海外代购网店浏览了 healthycare 辅酶 Q10 澳大利亚保健产品,标价为 199 元/瓶,每瓶可优惠 46 元。于是,A 消费者下单购买 30 瓶,支付了5 924 元,并拍了该产品的照片。

请分析,小谢的行为是否存在侵权?他是否应承担民事责任?为什么?

第三节 《反垄断法》

一、《反垄断法》的基本概况

(一)《反垄断法》的颁布

为了预防和制止垄断行为,保护市场公平竞争,提高经济运行效率,维护消费者利益和社会公共利益,促进社会主义市场经济健康发展,2007年8月30日,第十届全国人民代表大会常务委员会第二十九次会议通过了《反垄断法》,自 2008 年 8 月 1 日起实施。

(二)《反垄断法》的适用

1. 适用范围

《反垄断法》规定的适用范围有三个情形:一是中国境内经济活动中的垄断行为;二是中国境外垄断行为对境内市场竞争产生排除、限制影响的;三是经营者滥用知识产权、排除与限制竞争的行为。

2. 不适用范围

《反垄断法》规定的不适用范围有两个情形:一是经营者依照有关知识产权的法律、行政法规规定行使知识产权的行为;二是农业生产者及农村经济组织在农产品生产、加工、销售、运输、储存等经营活动中实施的联合或者协同行为。

(三)《反垄断法》的基本原则

1. 市场原则

国家制定与实施与社会主义市场经济相适应的竞争规则,完善宏观调控,健全统一、开放、竞争、有序的市场体系,在更大程度上发挥市场在资源配置中的基础性作用。

2. 竞争原则

经营者可以通过公平竞争、自愿联合,依法实施集中,扩大经营规模,提高市场竞争力,防止企业在市场竞争中通过兼并等手段形成独占地位或垄断优势,进而破坏竞争机制。

3. 公平原则

行政机关和法律、法规授权的具有管理公共事务职能的组织不得滥用行政权力,制定含有排除、限制竞争内容的规定。

二、垄断行为

垄断又称独占,是指一个企业在一个市场或一个经济部门占百分之百的份额。《反垄断法》规定的垄断行为有以下三种情形。

(一)经营者达成垄断协议

1. 垄断协议的类型

垄断协议又称限制竞争协议,是指排除、限制竞争的协议、决定或者其他协同行为。垄断协议有以下两种类型。

1）横向垄断协议

横向垄断协议是指具有竞争关系的经营者达成的协议。协议主要内容涉及六个方面：一是固定或变更商品价格；二是限制商品生产数量或销售数量；三是分割销售市场或原材料采购市场；四是限制购买新技术、新设备或限制开发新技术、新产品；五是联合抵制交易；六是国务院反垄断执法机构认定的其他垄断协议。例如，在电子商务领域中，平台经营者之间以及平台经营者与平台内经营者之间均是一种竞争关系，如果其互相之间进行关键信息共享或交换，甚至达成固定商品价格、划分市场等协议，就构成横向垄断协议。

2）纵向垄断协议

纵向垄断协议是指经营者与交易相对人达成的协议。协议主要内容涉及三个方面：一是固定向第三人转售商品的价格；二是限定向第三人转售商品的最低价格；三是国务院反垄断执法机构认定的其他垄断协议。例如，在电子商务领域，如果生产商对其经销商在线上商品交易市场的销售进行转售价格限制，则构成纵向垄断协议；经营渠道限制和排他性销售安排，如要求线上销售的经销商不得跨渠道销售或销售其他竞争对手产品，生产商完全禁止其经销商在电子商务渠道进行分销的情形，也构成纵向垄断协议。

2. 垄断协议的除外情形

《反垄断法》规定，经营者能够证明所达成的协议属于下列情形之一的，不属于垄断协议。

（1）为改进技术、研究开发新产品的。

（2）为提高产品质量、降低成本、增进效率，统一产品规格、标准或实行专业化分工的。

（3）为提高中小经营者经营效率，增强中小经营者竞争力的。

（4）为实现节约能源、保护环境和救灾救助等社会公共利益的。

（5）因经济不景气，为缓解销售量严重下降或生产明显过剩的。

（6）为保障对外贸易和对外经济合作中的正当利益的。

(7) 法律和国务院规定的其他情形。

3. 实施垄断协议的法律责任

1) 经营者违法达成并实施垄断协议的责任

经营者违法达成并实施垄断协议的,由反垄断执法机构责令停止违法行为,没收违法所得,并处上一年度销售额1%以上10%以下的罚款;尚未实施所达成的垄断协议的,可以处50万元以下的罚款。经营者主动向反垄断执法机构报告达成垄断协议的有关情况并提供重要证据的,反垄断执法机构可以酌情减轻或免除对该经营者的处罚。

2) 行业协会违法组织经营者达成垄断协议的责任

行业协会违法组织本行业经营者达成垄断协议的,反垄断执法机构可以处50万元以下的罚款;情节严重的,社会团体登记管理机关可以依法撤销登记。

(二) 经营者滥用市场支配地位

滥用市场支配地位是指经营者在相关市场内具有能够控制商品价格、数量和其他交易条件,或能够阻碍、影响其他经营者进入相关市场能力的市场地位。相关市场是指经营者在一定时期内就特定商品或服务进行竞争的商品范围和地域范围。

1. 市场支配地位的认定

《反垄断法》规定,认定经营者是否具有市场支配地位应依据以下六个方面的因素:一是该经营者在相关市场的市场份额,以及相关市场的竞争状况;二是该经营者控制销售市场或原材料采购市场的能力;三是该经营者的财力和技术条件;四是其他经营者对该经营者在交易上的依赖程度;五是其他经营者进入相关市场的难易程度;六是与认定该经营者市场支配地位有关的其他因素。

2. 市场支配地位的推定

《反垄断法》规定,可以推定经营者具有市场支配地位有以下三种情形:一是一个经营者在相关市场的市场份额达到1/2的;二是两个经营者在相关市场的市场份额合计达到2/3的;三是三个经营者在相关市场的市场份额合计达到3/4的。

3. 滥用市场支配地位的行为

《反垄断法》规定，具有市场支配地位的经营者不得滥用市场支配地位有以下七种行为：一是以不公平的高价销售商品或者以不公平的低价购买商品；二是没有正当理由，以低于成本的价格销售商品；三是没有正当理由，拒绝与交易相对人进行交易；四是没有正当理由，限定交易相对人只能与其进行交易或者只能与其指定的经营者进行交易；五是没有正当理由搭售商品，或者在交易时附加其他不合理的交易条件；六是没有正当理由，对条件相同的交易相对人在交易价格等交易条件上实行差别待遇；七是反垄断执法机构认定的其他滥用市场支配地位的行为。

4. 滥用市场支配地位的法律责任

《反垄断法》规定，经营者违法滥用市场支配地位的，由反垄断执法机构责令停止违法行为，没收违法所得，并处上一年度销售额1%以上10%以下的罚款。

 案例分析

2010年，腾讯公司模仿360安全卫士在其QQ升级时默认以捆绑的方式全面推广"QQ医生"这款产品。随后，360公司则推出了安全工具"360扣扣保镖"，该安全工具具有阻止QQ查看用户隐私文件、防止木马盗取QQ和过滤广告等功能。腾讯公司对此反击，宣布装有360安全卫士的电脑用户必须卸载360安全卫士才可登录QQ，强迫用户"二选一"。2012年4月14日，360公司对腾讯公司提起反垄断诉讼，认为其滥用市场支配地位，使用模仿、捆绑、交叉补贴等方式强行推广自己的产品，尤其是为打压360安全卫士等产品，其行为属于《反垄断法》中典型限制交易行为，应依法承担停止侵权并赔偿损失的民事责任。

请分析，腾讯公司的上述行为是否属于限制交易行为？为什么？

(三) 经营者集中

1. 经营者集中的情形

《反垄断法》规定的经营者集中的情形有以下三个方面：一是经营者合并；二是经营者通过取得股权或资产的方式取得对其他经营者的控制权；三是经营者通过合同等方式取得对其他经营者的控制权或能够对其他经营者施加决定性影响。

2. 经营者集中申报的标准

《反垄断法》规定，经营者集中达到国务院规定的申报标准的，经营者应事先向反垄断执法机构申报。其标准有两个方面：一是参与集中的所有经营者上一会计年度在全球范围内的营业额合计超过 100 亿元人民币，其中至少两个经营者上一会计年度在中国境内的营业额均超过 4 亿元人民币；二是参与集中的所有经营者上一会计年度在中国境内的营业额合计超过 20 亿元人民币，其中至少两个经营者上一会计年度在中国境内的营业额均超过 4 亿元人民币。这里所指的营业额包括相关经营者上一会计年度内销售产品和提供服务所获得的收入，扣除相关税金及其附加；在中国境内是指经营者提供产品或服务的买方所在地在中国境内。

3. 经营者集中不予申报的情形

《反垄断法》规定了经营者集中不予申报的两种情形：一是参与集中的一个经营者拥有其他每个经营者 50% 以上有表决权的股份或者资产的；二是参与集中的每个经营者 50% 以上有表决权的股份或资产被同一个未参与集中的经营者拥有的。

4. 经营者集中的申报流程

国家市场监督管理局反垄断局承担受理和审查经营者集中申报工作，是经营者集中反垄断审查的执法机构。

1) 经营者提交申报文件资料

经营者向反垄断执法机构申报集中，应提交申报书、集中对相关市场竞争状况影响的说明、集中协议、参与集中的经营者经会计师事务所审计的上一会计年度财务会计报告、受理机构规定的其他文件和资料。申报书应当载明参与集中的经营者的名称、住所、经营范围、预定实施集中的日期和受理机构规定的其他事项。经营者提交的文件资料不完备的,应当在规定期限内补交文件资料,逾期视为未申报。

2)受理机构进行初步审查

受理机构应自收到经营者提交的文件资料之日起30日内,对申报的经营者集中进行初步审查,做出是否实施进一步审查的决定,并书面通知经营者。审查的依据有六个方面:一是参与集中的经营者在相关市场的市场份额及其对市场的控制力;二是相关市场的市场集中度;三是经营者集中对市场进入和技术进步的影响;四是经营者集中对消费者和其他有关经营者的影响;五是经营者集中对国民经济发展的影响;六是反垄断执法机构认为应当考虑的影响市场竞争的其他因素。

受理机构做出决定前,经营者不得实施集中;做出不实施进一步审查的决定或逾期未做出决定的,经营者可以实施集中。

3)受理机构做出进一步审查的决定

受理机构决定实施进一步审查的,应当自决定之日起90日内审查完毕,并书面通知经营者。如果经营者因提交文件资料不准确需要核实的,或申报后有关情况发生重大变化的,可以申请延长审查期限,须经受理机构同意,但最长不得超过60日。

受理机构做出禁止经营者集中的决定,应当说明理由。审查期间,经营者不得实施集中。如果受理机构逾期未做出决定的,经营者可以实施集中。

5. 违法集中的法律责任

《反垄断法》规定,经营者违反实施集中的,由反垄断执法机构责令停止实施集中、限期处分股份或者资产、限期转让营业以及采取其他必要措施恢复到集中前的状态,可以处50万元以下的罚款。

案例分析

2013年，马士基、地中海航运、达飞3家航运企业签署协议，拟在英格兰和威尔士设立一家有限责任合伙制的网络中心，统一负责交易方在亚洲—欧洲、跨大西洋、跨太平洋航线上集装箱班轮的运营性事务。经审查，此项经营者集中形成了交易方紧密型联营，在亚洲—欧洲航线集装箱班轮运输服务市场可能具有排除、限制竞争效果。参与集中的经营者不能证明该集中对竞争产生的有利影响明显大于不利影响或者符合社会公共利益。为此，商务部对马士基、地中海航运、达飞3家航运企业设立网络中心做出禁止决定。

请分析，商务部做出此项禁止决定的法律依据是什么？

三、行政性垄断

(一) 行政性垄断的含义

行政性垄断是指行政机关或法律、行政法规授权的具有管理公共事务职能的组织滥用行政权力，排除与限制竞争的行为。简单地说，行为主体利用自己的优势地位实施了法律、行政法规明文禁止的限制竞争行为。《反垄断法》规定，行政机关和法律、法规授权的具有管理公共事务职能的组织不得滥用行政权力，限定或者变相限定单位或者个人经营、购买、使用其指定的经营者提供的商品。

(二) 行政性垄断行为的表现

行政性垄断行为主要有以下四种现象。

1. 妨碍商品在地区间的自由流通

妨碍商品在地区之间自由流通有四种情形：一是对外地商品设定歧视性收费项目、实行歧视性收费标准，或规定歧视性价格；二是对外地商品规定与本地同类商品不同的技术要求、检验标准，或者对外地商品采取重复检验、重复认证等歧视性技术措施,限制外地商品进入本地市场;三是采取专门针对外地商品的行政许可,限制外地商品进入本地市场;四是设置关卡或采取其他手段,阻碍外地商品进入或本地商品运出;五是妨碍商品在地区之间自由流通的其他行为。

2. 排斥或限制外地经营者参加本地的招投标活动

以设定歧视性资质要求、评审标准或不依法发布信息等方式,排斥或限制外地经营者参加本地的招标投标活动。

3. 排斥或限制外地经营者在本地投资或设立分支机构

采取与本地经营者不平等待遇等方式,排斥或限制外地经营者在本地投资或者设立分支机构。

4. 强制经营者从事垄断行为并制定含有垄断性质的规定

强制经营者从事《反垄断法》规定的垄断行为,制定含有排除、限制竞争内容的规定。

（三）行政性垄断行为的法律责任

行政机关和法律、法规授权的具有管理公共事务职能的组织滥用行政权力,实施排除、限制竞争行为的,由上级机关责令改正;对直接负责的主管人员和其他直接责任人员依法给予处分。反垄断执法机构可以向有关上级机关提出依法处理的建议,另有处理规定的,依照其规定。

四、涉嫌垄断行为的调查

（一）涉嫌垄断行为的举报

《反垄断法》规定,任何单位和个人对涉嫌垄断行为有权向反垄断执法机构举报,反垄断执法机构应当为举报人保密。举报采用书面形式并提供相关事实和证据的,反垄断执法机构应当进行必要的调查。

（二）涉嫌垄断行为的调查措施

反垄断执法机构调查涉嫌垄断行为的措施有五个方面:一是进

入被调查的经营者营业场所或其他有关场所进行检查;二是询问被调查的经营者和利害关系人或其他有关单位与个人,要求其说明有关情况;三是查阅和复制被调查的经营者和利害关系人或其他有关单位与个人的有关单证、协议、会计账簿、业务函电、电子数据等文件资料;四是查封和扣押相关证据;五是查询经营者的银行账户。实施这些措施需要向反垄断执法机构主要负责人书面报告,并经批准后方可实施。

(三）涉嫌垄断行为的调查

1. 执法机构及人员的职责和义务

《反垄断法》规定的执法机构及人员的职责和义务有五个方面:一是反垄断执法机构调查涉嫌垄断行为的执法人员不得少于2人,执法时应出示执法证件;二是询问和调查应制作笔录,由被询问人或被调查人签字;三是对被调查的经营者和利害关系人提出的事实、理由和证据进行核实;四是对执法过程中知悉的商业秘密负有保密义务;五是对涉嫌垄断行为调查核实并构成垄断行为的,应依法做出处理决定并向社会公布。

2. 被调查对象的义务

《反垄断法》规定,被调查的经营者、利害关系人或其他有关单位和个人应当配合反垄断执法机构依法履行职责,有权陈述意见,不得阻碍或拒绝调查。

3. 涉嫌垄断行为调查的中止

1）中止调查的情形

被调查的涉嫌垄断行为经营者承诺在反垄断执法机构认可的期限内,采取具体措施消除该行为后果的,反垄断执法机构对其履行承诺的情况进行监督,如果确实履行承诺的,可以决定终止调查。

2）恢复调查

反垄断执法机构发现对被调查的涉嫌垄断行为经营者未履行承诺的,或做出中止调查决定所依据的事实发生重大变化的,或基于经营者提供的不完整或不真实的信息做出的,应当恢复调查。

4. 涉嫌垄断行为调查的法律责任

1) 被调查对象的法律责任

对反垄断执法机构依法实施的审查和调查,拒绝提供有关材料、信息,或提供虚假材料、信息,或隐匿、销毁、转移证据,或有其他拒绝和阻碍调查行为的,由反垄断执法机构责令改正,并处个人2万元以下、单位20万元以下的罚款;情节严重的,对个人处2万元以上10万元以下的罚款,对单位处20万元以上100万元以下的罚款;构成犯罪的,依法追究刑事责任。

2) 执法机构工作人员的法律责任

反垄断执法机构工作人员滥用职权、玩忽职守、徇私舞弊或者泄露执法过程中知悉的商业秘密,构成犯罪的,依法追究刑事责任;尚不构成犯罪的,依法给予处分。

案例分析

2010年10月20日,中国人民银行合肥中心支行牵头组织召开安徽省支付密码产品选型评审会议,从6家参选供应商中确定海基业公司、兆日公司和信雅达公司为安徽省范围内推荐使用支付密码器供应商。27日,3家企业与安徽省20家银行业金融机构共同参加中国人民银行合肥中心支行组织召开的安徽省支付密码推广工作会议。会议就安徽省支付密码器销售市场分配、产品型号、市场价格、推广宣传、销售措施、培训及相关费用等事项达成一致意见。会后,中国人民银行合肥中心支行下发了《关于安徽省支付密码推广有关工作的通知》和《关于安徽省银行业金融机构支付密码产品服务厂商分配方案的通知》。

请分析,该案例属于何种性质的垄断?其是否影响到和谐社会的发展?应如何避免?

第四节 《反不正当竞争法》

一、《反不正当竞争法》的基本概况

(一)《反不正当竞争法》的颁布

为了促进社会主义市场经济健康发展,鼓励和保护公平竞争,制止不正当竞争行为,保护经营者和消费者的合法权益,1993年9月2日,第八届全国人民代表大会常务委员会第三次会议通过了《反不正当竞争法》,自1993年12月1日起施行。该法于2017年11月通过修订,当前版本为第十二届全国人民代表大会常务委员会第三十次会议通过的修订版,自2018年1月1日起施行。

(二)《反不正当竞争法》的基本概念

1. 竞争的含义

竞争是指商品生产经营者在市场经营活动中,为了取得有利的产销条件而进行的相互争胜活动。

2. 不正当竞争的含义

不正当竞争行为是指经营者为了争夺市场竞争优势,违反公认的商业习俗和道德,采用欺诈、混淆等经营手段排挤或破坏竞争,扰乱市场经济秩序,并损害其他经营者和消费者利益的竞争行为。

3.《反不正当竞争法》的含义

《反不正当竞争法》是指调整国家在制止不正当竞争行为过程所发生的社会关系的法律规范的总称。

(三)《反不正当竞争法》适用的范围

《反不正当竞争法》适用的主体是经营者,即从事商品经营或营利性服务的法人、其他经济组织和个人。《反不正当竞争法》适用的客体是其他经营者的合法权益和正常的社会经济秩序。

(四)《反不正当竞争法》的基本原则

《反不正当竞争法》规定,经营者在生产经营活动中,应当遵循自愿、平等、公平、诚信的原则,遵守法律和商业道德。

二、不正当竞争行为

不正当竞争行为是指经营者在生产经营活动中,违反《反不正当竞争法》的规定,扰乱市场竞争秩序,损害其他经营者或消费者的合法权益的行为。这些行为主要有以下七种。

(一)混淆行为

1. 混淆行为的特征

混淆行为是指经营者采用欺骗性的手段从事市场交易,使自己的商品或服务与特定竞争对手的商品、服务相混淆,或与足以引人误认与他人存在特定联系,以造成购买者误认或误购目的的不正当竞争行为。此类行为具有三个特征:一是行为的目的是竞争,行为人在主观上希望客户或消费者产生混淆和误解,以此获得竞争优势;二是行为的表现,行为人利用他人的商品或服务标志,包括商品名称、包装、装潢、企业名称、社会组织名称、姓名、网站名称等;三是行为的本质,是欺骗与之交易的消费者和经营者。

2. 混淆行为的情形

《反不正当竞争法》规定的混淆行为有以下四种情形:

(1)擅自使用他人有一定影响的商品名称、包装、装潢等相同或者近似的标识。

(2)擅自使用他人有一定影响的企业名称(包括简称、字号等)、社会组织名称(包括简称等)、姓名(包括笔名、艺名、译名等)。

(3)擅自使用他人有一定影响的域名主体部分、网站名称、网页等。

(4)其他足以引人误认为是他人商品或与他人存在特定联系的混淆行为。

3. 混淆行为的法律责任

《反不正当竞争法》规定混淆行为的法律责任有以下三项:一是权利人因被侵权所受到的实际损失、侵权人因侵权所获得的利益难以确定的,由人民法院根据侵权行为的情节判决给予权利人 300 万元以下的赔偿。二是实施混淆行为的,由监督检查部门责令停止违法行为,没收违法商品;违法经营额 5 万元以上的,可以并处违法经营额 5 倍以下的罚款;没有违法经营额或违法经营额不足 5 万元的,可以并处 25 万元以下的罚款;情节严重的,吊销营业执照。

(二)商业贿赂行为

1. 商业贿赂行为的特征

商业贿赂行为是指经营者为争取交易机会,暗中给予交易对方有关人员和能够影响交易的其他相关人员以财物或其他好处的行为。此类行为具有四个特征:一是商业贿赂的主体是从事市场交易的经营者,既可以是卖方,也可以是买方;二是商业贿赂的性质是经营者故意侵犯同业竞争者的公平竞争权,扰乱了社会经济秩序;三是商业贿赂的目的是为了排挤竞争对手;四是商业贿赂的表现,违反国家有关财务、会计及廉政等方面的法律、法规的规定秘密给付财物,提供免费的度假和旅游等,以及赠送昂贵物品等形式。

2. 商业贿赂行为的情形

《反不正当竞争法》规定经营者不得采用财物或其他手段进行贿赂,以谋取交易机会或竞争优势。贿赂的对象包括交易相对方的工作人员;受交易相对方委托办理相关事务的单位或个人;利用职权或影响力影响交易的单位或个人。经营者的工作人员进行贿赂的,应当认定为经营者的行为。如果经营者有证据证明该工作人员的行为与为经营者谋取交易机会或竞争优势无关的除外。

3. 商业贿赂行为的法律责任

《反不正当竞争法》规定,经营者贿赂他人的,由监督检查部门没收违法所得,处 10 万元以上 300 万元以下的罚款。情节严重的,吊销营业执照。

(三)虚假宣传行为

1. 虚假宣传行为的特征

虚假宣传行为是指经营者对其商品的性能、功能、质量、销售状况、用户评价、曾获荣誉等作虚假或者引人误解的商业宣传。此类行为具有两种特征:一是商品宣传的内容与实际情况不符;二是宣传的内容易误导消费者对该商品的认识并影响其购买的行为。

2. 虚假宣传行为的情形

经营者不得通过组织虚假交易等方式,帮助其他经营者进行虚假或引人误解的商业宣传。虚假宣传行为主要有三种类型:一是商品的交易或服务的提供是虚构的;二是商品或服务的信息存在着虚构现象;三是商品或服务的效果是虚构的。

3. 虚假宣传行为的法律责任

《反不正当竞争法》规定,经营者对其商品作虚假或者引人误解的商业宣传,或者通过组织虚假交易等方式帮助其他经营者进行虚假或者引人误解的商业宣传的,由监督检查部门责令停止违法行为,处 20 万元以上 100 万元以下的罚款;情节严重的,处 100 万元以上 200 万元以下的罚款,可以吊销营业执照。属于发布虚假广告的,依照我国《广告法》的规定处罚。

(四) 侵犯商业秘密行为

1. 侵犯商业秘密行为的特征

商业秘密是指不为公众所知悉、具有商业价值并经权利人采取相应保密措施的技术信息和经营信息。其具有四个法律特征:一是秘密性,是指技术信息和经营信息不为公众所知悉,这是商业秘密的本质特征;二是实用性,是指技术信息和经营信息能给权利人带来实际的或潜在的经济利益及竞争优势,这是商业秘密的商业价值所在;三是保密性,是指权利人对技术信息和经营信息采取了保密措施,权利人是否采取了保密措施不仅是技术信息或经营信息能否成为商业秘密的条件,也是寻求法律保护的前提;四是信息性,是指商业秘密只包括具有信息性质的技术信息和经营信息。

2. 侵犯商业秘密行为的情形

侵犯商业秘密行为有三种情形:一是以盗窃、贿赂、欺诈、胁迫或其他不正当手段获取权利人的商业秘密;二是披露、使用或允许他人使用以前项手段获取的权利人的商业秘密;三是违反约定或违反权利人有关保守商业秘密的要求,披露、使用或允许他人使用其所掌握的商业秘密。第三人明知或应知商业秘密权利人的员工、前员工或其他单位、个人实施违法行为,仍获取、披露、使用或允许他人使用该商业秘密的,视为侵犯商业秘密。

3. 侵犯商业秘密行为的法律责任

《反不正当竞争法》规定,经营者侵犯商业秘密的,由监督检查部门责令停止违法行为,处 10 万元以上 50 万元以下的罚款;情节严重的,处 50 万元以上 300 万元以下的罚款。

(五)不正当有奖销售行为

1. 不正当有奖销售行为的含义

不正当有奖销售行为是指经营者销售商品或提供服务,附带性地向购买者提供物品、金钱或其他经济上的利益的行为。

2. 不正当有奖销售行为的情形

经营者进行有奖销售不得存在三种情形:一是所设奖的种类、兑奖条件、奖金金额或奖品等有奖销售信息不明确,影响兑奖;二是采用谎称有奖或故意让内定人员中奖的欺骗方式进行有奖销售;三是抽奖式的有奖销售,最高奖的金额超过 5 万元。

3. 不正当有奖销售行为的法律责任

经营者违反《反不正当竞争法》规定进行有奖销售的,由监督检查部门责令停止违法行为,处 5 万元以上 50 万元以下的罚款。

(六)诋毁商誉行为

1. 诋毁商誉行为的含义

诋毁商誉行为又称为商业诽谤行为,是指经营者自己或利用他人,通过编造、传播虚假信息或误导性信息,对竞争对手的商业信誉、商品声誉进行恶意的诋毁、贬低,以削弱其市场竞争能力,为自己取得竞争优势的行为。其他经营者如果受指使从事诋毁商誉行为的,可以构成共同侵权人。

2. 诋毁商誉行为的情形

在现实经济生活中,诋毁商誉行为的情形是多种多样的。其主要分成五类:一是产品附属资料中的商业诽谤;二是产品交易中的商业诽谤;三是新闻、广告中的商业诽谤;四是直接在公众中散布谣言;

五是组织、唆使、利用他人进行商业诽谤。

3. 诋毁商誉行为的法律责任

经营者违反《反不正当竞争法》规定损害竞争对手商业信誉、商品声誉的，由监督检查部门责令停止违法行为、消除影响，处10万元以上50万元以下的罚款；情节严重的，处50万元以上300万元以下的罚款。

（七）妨碍破坏网络经营行为

1. 妨碍破坏网络经营行为的含义

妨碍破坏网络经营行为是指利用软件等技术手段，在互联网领域通过影响用户选择或其他方式，实施的干扰、限制、妨碍、破坏、影响其他经营者合法提供的网络产品或服务正常运行的行为。

2. 妨碍破坏网络经营行为的情形

《反不正当竞争法》规定，经营者不得利用技术手段，通过影响用户选择或其他方式，实施妨碍、破坏其他经营者合法提供的网络产品或服务正常运行的行为。其主要有四种情形：一是未经其他经营者同意，在其合法提供的网络产品或服务中插入链接，强制进行目标跳转；二是误导、欺骗、强迫用户修改、关闭、卸载其他经营者合法提供的网络产品或服务；三是恶意对其他经营者合法提供的网络产品或服务实施不兼容；四是其他妨碍、破坏其他经营者合法提供的网络产品或服务正常运行的行为。

3. 妨碍破坏网络经营行为的法律责任

经营者违反《反不正当竞争法》规定妨碍、破坏其他经营者合法提供的网络产品或服务正常运行的，由监督检查部门责令停止违法行为，处10万元以上50万元以下的罚款；情节严重的，处50万元以上300万元以下的罚款。

三、对涉嫌不正当竞争行为的调查

（一）涉嫌不正当竞争行为的举报

《反垄断法》规定，监督检查部门应当向社会公开受理举报的电话、信箱或电子邮件地址，接受任何单位和个人对涉嫌不正当竞争行为的举报，并为举报人保密。

(二)涉嫌不正当竞争行为的调查措施

《反垄断法》规定,监督检查部门调查涉嫌不正当竞争行为可以采取的措施有以下五项:一是进入涉嫌不正当竞争行为的经营场所进行检查;二是询问被调查的经营者、利害关系人及其他有关单位、个人,要求其说明有关情况或提供与被调查行为有关的其他资料;三是查询、复制与涉嫌不正当竞争行为有关的协议、账簿、单据、文件、记录、业务函电和其他资料;四是查封、扣押与涉嫌不正当竞争行为有关的财物;五是查询涉嫌不正当竞争行为的经营者的银行账户。实施这些措施应当向监督检查部门主要负责人书面报告,并经批准。采取第四项、第五项规定的措施,应当向设区的市级以上人民政府监督检查部门主要负责人书面报告,并经批准。

(三)涉嫌不正当竞争行为的调查

1. 监督检查部门的调查

1) 监督检查部门的调查职责

监督检查部门职责有三个方面:一是监督检查部门及其工作人员对调查过程中知悉的商业秘密负有保密义务;二是监督检查部门接到举报后应当依法及时处理,对实名举报并提供相关事实和证据的,监督检查部门应当将处理结果告知举报人;三是监督检查部门调查涉嫌不正当竞争行为,应当遵守我国《行政强制法》和其他有关法律、行政法规的规定,并应当将查处结果及时向社会公开。

2) 监督检查部门工作人员的法律责任

监督检查部门的工作人员滥用职权、玩忽职守、徇私舞弊或泄露调查过程中知悉的商业秘密的,依法给予处分。构成犯罪的,依法追究刑事责任。

2. 经营者的义务

1) 被调查对象的义务

《反垄断法》规定,监督检查部门调查涉嫌不正当竞争行为,被调查的经营者、利害关系人及其他有关单位、个人应当如实提供有关资料或者情况。

2）经营者的法律责任

经营者的法律责任规定以下四个方面：一是经营者违反《反垄断法》的规定从事不正当竞争，有主动消除或者减轻违法行为危害后果等法定情形的，依法从轻或者减轻行政处罚；违法行为轻微并及时纠正，没有造成危害后果的，不予行政处罚。二是受到行政处罚的，由监督检查部门记入信用记录，并依照有关法律、行政法规的规定予以公示。三是经营者违反《反垄断法》规定，应当承担民事责任、行政责任和刑事责任，其财产不足以支付的，优先用于承担民事责任。四是妨害监督检查部门依照本法履行职责，拒绝、阻碍调查的，由监督检查部门责令改正，对个人可以处 5 000 元以下的罚款，对单位可以处 5 万元以下的罚款，并可以由公安机关依法给予治安管理处罚。

 阅读思考

《法治中国》政论专题片

《法治中国》政论专题片是以奉法者强、大智立法、依法行政、公正司法、全民守法为主题，以党的十八大以来中央关于全面依法治国重大决策部署和重大成就为主线，内容涵盖法治建设主要方面，既有权威、严谨的理论阐述，突出思想性和理论深度，又有丰富、生动的案例故事，体现人民群众因法治进步而不断增强的获得感和幸福感。

《法治中国》政治专题片紧紧围绕习近平总书记系列重要讲话精神和治国理政新理念、新思想、新战略，全景式反映党的十八大以来以习近平同志为核心的党中央高瞻远瞩、审时度势、统筹谋划，坚持和拓展中国特色社会主义法治道路，将法治确立为治国理政的基本方式，把全面依法治国纳入"四个全面"战略布局，带领13亿中国人民凝心聚力、团结奋斗，在新的历史起点上全面推进法治中国建设的伟大征程。

请思考，在互联网与大众创业时代，法制、法治和民主在社会主义经济建设中有何意义？

复习与思考

一、单项选择题

1. 下列各项中,属于《消费者权益保护法》保护客体的是( )。
   A. 购买商品不是用于生活消费的
   B. 销售的商品和提供的服务
   C. 提供的范围不是用于生活消费的
   D. 知道商品侵害已超过1年的

2. 网络服务提供者接到被侵权人通知后未采取措施的,对损害扩大部分( )。
   A. 承担连带责任　　　　B. 承担全部责任
   C. 不承担责任　　　　　D. 不承担连带责任

3. 下列各项中,不属于虚假宣传行为的是( )。
   A. 商品的交易或服务的提供是虚构的
   B. 商品或服务的信息存在着虚构现象的
   C. 商品或服务的效果是虚构的
   D. 商品的交易或服务合同规定的标的

4. 损害是因第三人造成的,由( )承担适当的责任。
   A. 第三人　　B. 生产者　　C. 供货者　　D. 销售者

5. 损害是因受害人故意造成的,行为人( )。
   A. 应承担部分责任　　　B. 不承担部分责任
   C. 不承担责任　　　　　D. 应承担连带责任

6. 为了生活需要而购买、使用商品或接受服务的个人或单位,称为( )。
   A. 消费者　　B. 经营者　　C. 生产商　　D. 服务商

7. 如果产品没有标明任何生产者身份的,应将其身份视为( )。

193

A. 第三人　　B. 生产者　　C. 供货者　　D. 销售者

8. （　　）是指以出售、租赁或其他方式向第三方提供服务的企业与自然人。

A. 管理者　　B. 生产商　　C. 供货商　　D. 销售商

9. 下列各项中,不属于《反垄断法》适用范围的是（　　）。

A. 境内经济活动中的垄断行为

B. 境外垄断行为对境内市场产生排除、限制影响的

C. 农村经济组织在农产品生产活动中实施的联合行为

D. 经营者滥用知识产权、排除与限制竞争的行为

10. （　　）是指行政机关等组织滥用行政权力,排除与限制竞争的行为。

A. 侵害性垄断　　　　　　B. 合理性垄断
C. 行政性垄断　　　　　　D. 市场性垄断

二、多项选择题

1. 《消费者权益保护法》适用的主体有（　　）。

A. 消费者　　B. 生产者　　C. 管理者　　D. 供应商

2. 消费者行使求偿权的途径包括（　　）。

A. 相关人　　　　　　　　B. 责任者
C. 市场监督管理部门　　　D. 供应商

3. 消费者权益的保护机构包括（　　）。

A. 立法保护机关　　　　　B. 行政保护机关
C. 司法保护机关　　　　　D. 属地投诉机构

4. 《反不正当竞争法》适用的主体和客体分别为（　　）。

A. 市场监督管理者　　　　B. 经营者
C. 其他经营者的合法权益　D. 正常的社会经济秩序

5. 商业贿赂的对象包括（　　）等。

A. 交易相对方的工作人员

B. 受交易相对方委托办理相关事务的单位

C. 受交易相对方委托办理相关事务的个人

D. 利用职权影响交易的单位或个人

6. 商业秘密具有的法律特征包括（　　）要件。

　　A. 秘密性　　　B. 实用性　　　C. 保密性　　　D. 信息性

7. 属于诋毁商誉行为的情形包括（　　）。

　　A. 产品附属资料中的商业诽谤

　　B. 产品交易中的商业诽谤

　　C. 在公众中散布谣言

　　D. 组织、唆使、利用他人进行商业诽谤

8. 经营者不得向消费者的（　　）发送商业性电子信息或者拨打商业性推销电话。

　　A. 移动电话　　　　　　　B. 电子邮箱

　　C. 固定电话　　　　　　　D. 微信

9. 《反垄断法》规定的垄断行为包括（　　）。

　　A. 经营者达成垄断协议　　　B. 经营者滥用市场支配地位

　　C. 农村经济组织的联合行为　D. 经营者集中

10. 监督检查部门调查涉嫌不正当竞争行为，被调查的（　　）应如实提供有关情况。

　　A. 经营者　　　　　　　　B. 利害关系人

　　C. 有关单位　　　　　　　D. 有关人员

三、判断题

1. 消费者在购买商品时，有权拒绝经营者的强制交易行为。（　　）

2. 知情权是指消费者所享有知悉其购买商品或接受服务真实情况的权利。（　　）

3. 《反不正当竞争法》的基本原则是经营者在生产经营活动中应遵守商业道德。（　　）

4. 不正当竞争行为是指经营者在生产经营活动中扰乱市场竞争秩序。（　　）

5. 商业秘密是指不为公众所知悉、具有商业价值并经权利人采

取相应保密措施的技术信息。（　　）

6. 以盗窃、贿赂、欺诈、胁迫或其他不正当手段获取权利人的商业秘密应视为侵犯商业秘密行为。（　　）

7. 监督检查部门接受单位和个人对涉嫌不正当竞争行为的举报，并为举报人保密。（　　）

8. 监督检查部门调查涉嫌不正当竞争行为时，可以不将查处结果向社会公开。（　　）

9. 监督检查部门的工作人员泄露在调查过程中所知悉的商业秘密的，应依法给予处分，但不追究其刑事责任。（　　）

10. 因正当防卫造成损害的，行为人不承担责任。（　　）

11. 经营者应标明其真实名称和标记，如果租赁他人柜台或场地可以不标明。（　　）

12. 网络交易平台提供者应对进入平台销售商品的经营者进行身份信息审查和登记。（　　）

13. 网络交易平台应建立消费者权益保证金制度。（　　）

14. 被调查的经营者应配合反垄断执法机构依法履行职责，不得阻碍或拒绝调查。（　　）

15. 《反不正当竞争法》规定经营者在生产经营活动中，应当遵循自愿、平等、公平、诚信的原则。（　　）

四、简答题

1. 简述自主选择权的内容。
2. 简述《消费者权益保护法》对经营者规定的义务。
3. 简述消费者协会的职责。
4. 简述行政性垄断行为的法律责任。
5. 简述涉嫌垄断行为的调查措施。
6. 简述《反垄断法》经营者的法律责任。

五、案例分析题

2009年至2013年，利乐公司在提供设备和技术服务过程中，借助其市场支配地位，以多种方式对用户使用包装材料施加限制和影响,加深客户对利乐公司包装材料依赖程度或延续对其使用习惯,进而实施无正当理由的搭售行为。利乐公司上述行为限制了设备用户的选择权,影响了其他包装材料厂商的销售,提高了其他经营者的竞争成本,损害了包装材料市场的竞争秩序。

2011年,利乐公司利用其作为红塔公司牛底纸产品唯一客户的优势,与红塔公司达成排他性约定,限制红塔公司与其他包装材料厂商就牛底纸项目进行合作。2012年3月,利乐公司限制红塔公司使用非利乐公司专有技术信息,对红塔公司向其竞争对手提供牛底纸构成影响。利乐公司上述行为实质上是凭借其在包装材料市场上的支配地位,排除、限制包材市场的竞争。

2009年至2013年,利乐公司利用忠诚折扣将客户不可竞争部分需求捆绑可竞争部分需求,与其他折扣叠加运用,短期内对竞争对手造成封锁。利乐公司的行为导致竞争对手长期内无法与其在相同或相似的成本上竞争,其实质是凭借在包装材料市场的支配地位排除、限制竞争。

请分析,利乐公司利用其在中国大陆液体食品纸基无菌包装的设备市场、纸基无菌包装设备技术服务市场和纸基无菌包装材料市场的支配地位,实施没有正当理由搭售、没有正当理由限定交易以及排除、限制竞争的忠诚折扣行为,是否构成了滥用市场支配地位行为?对其行为应如何进行处罚?

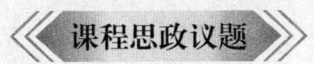

全民守法、法治真谛、市场监管法律之析

党的十八大报告提出了"科学立法、严格执法、公正司法、全民守法"的主张。法治的真谛,在于全体人民的真诚信仰和忠实践行。人民的法治信仰和法治观念,是依法治国的内在动力,更是法治中国的精神支撑。市场经济是法制经济,法治是社会主义

市场经济有序发展的基本保障,是实现自由平等、公平正义的制度保证。2018年3月,我国宪法修正案中将"健全社会主义法制"修改为"健全社会主义法治",通过法治来维护和保障公民的根本利益,进一步完善社会主义法制化的建设。

请以小组为单位,依据本章电子商务市场监管法律制度的学习,结合"全民守法、法治真谛、市场监管法律之析"一文,谈谈对培育和践行社会主义核心价值观"法治"的现实意义。

第五章　营商环境——电子商务物流法律制度

学习目标

◆ 了解《中华人民共和国民用航空法》(以下简称《民用航空法》)《中华人民共和国海商法》(以下简称《海商法》)和《中华人民共和国铁路法》(以下简称《铁路法》)规定承运人与托运人的权利义务。

◆ 熟悉《中华人民共和国邮政法》(以下简称《邮政法》和《快递暂行条例》对当事人规定的法律责任。

◆ 明确习近平主席在进博会演讲中提出"中国将营造国际一流营商环境"的现实意义。

◆ 具备应用电子商务物流法律、法规知识维护当事人权益的基本能力。

培育和践行社会主义核心价值观——"敬业"

敬业是指公民对自己所从事工作的负责态度,要求公民忠于职守,脚踏实地,持之以恒,克己奉公,服务社会,是对公民职业行为准则的价值评价,也是培育和践行社会主义核心价值观的基本内容。电子商务物流是利用航空、海

（续上）

> 运、铁路、邮政和快递等不同的运输方式进行运输、储存、流通加工、配送和信息处理，无论是企业，还是从业人员的职业精神在物流服务过程中都会影响营商环境。为了促进我国航空、海运、铁路、邮政事业的发展，维护当事人各方的合法权益，我国从 1990 年起先后制定了《民用航空法》《海商法》《铁路法》和《邮政法》等。为此，作为一个准创业团队，上海立达电子商务有限公司的成员们需要学习掌握相关的法律规定，提升法律意识，增强服务观念，发扬敬业精神，成为一个负责任的企业。

第一节 《民用航空法》

一、《民用航空法》的基本概况

（一）《民用航空法》的颁布

为了维护国家的领空主权和民用航空权利，保障民用航空活动安全和有秩序地进行，保护民用航空活动当事人各方的合法权益，促进民用航空事业的发展，1995 年 10 月 30 日，第八届全国人民代表大会常务委员会第十六次会议通过了《民用航空法》，自 1996 年 3 月 1 日起施行。该法先后于 2009 年 8 月、2015 年 4 月、2016 年 11 月和 2017 年 11 月、2018 年 12 月通过五次修订，当前版本为第十三届全国人民代表大会常务委员会第七次会议通过的修订版。

（二）《民用航空法》的框架

《民用航空法》共有 16 章：第一章总则、第二章民用航空器国籍、第三章民用航空器权利、第四章民用航空器适航管理、第五章航空人员、第六章民用机场、第七章空中航行、第八章公共航空运输企业、第九章公共航空运输、第十章通用航空、第十一章搜寻援救和事故调查、第十二章对地面第三人损害的赔偿责任、第十三章对外国民用航空器的特别规定、第十四章涉外关系的法律适用、第十五章法律责任、第十六章附则。以下结合电子商务活动介绍公共航空运输企业及法律责任等相关内容。

(三)《民用航空法》的相关概念

1. 国内航空运输

国内航空运输是指根据当事人订立的航空运输合同,运输的出发地点、约定的经停地点和目的地点均在中华人民共和国境内的运输。

2. 国际航空运输

国际航空运输是指根据当事人订立的航空运输合同,无论运输有无间断或有无转运,运输的出发地点、目的地点或约定的经停地点之一不在中华人民共和国境内的运输。

3. 航空货运单

航空货运单是航空货物运输合同订立和运输条件以及承运人接收货物的初步证据。

4. 缔约承运人

缔约承运人是指以本人名义与旅客或托运人,或与旅客或托运人的代理人,订立航空运输合同的人。缔约承运人必须对合同约定的全部运输进行负责。

5. 实际承运人

实际承运人是指根据缔约承运人的授权,履行全部或部分运输的人。实际承运人必须对其履行的运输进行负责。

二、公共航空运输企业的服务

(一) 公共航空运输企业的资质

公共航空运输企业是指以营利为目的,使用民用航空器运送旅客、行李、邮件或货物的企业法人。从事公共航空运输的企业应具备经营许可证。

1. 申请经营许可证的条件

申请经营许可证应符合四项条件：一是有符合国家规定的适应保证飞行安全要求的民用航空器；二是有必需的依法取得执照的航空人员；三是有不少于国务院规定的最低限额的注册资本；四是法律、行政法规规定的其他条件。

2. 申请定期航班运输的经营资质

公共航空运输企业申请经营定期航班运输的航线，暂停、终止经营航线，应报经国务院民用航空主管部门批准。

（二）公共航空运输企业的服务规范

1. 服务质量

公共航空运输企业应保证飞行安全和航班正常，提供良好服务为准则，要求企业职工严格履行职责，以文明礼貌、热情周到的服务态度，认真做好旅客和货物运输的各项服务工作。

2. 服务规范

公共航空运输企业服务应做到三个方面的要求：一是经营航班运输应公布班期时刻；二是国内航空运输的运价管理办法由国务院民用航空主管部门会同国务院物价主管部门制定，报国务院批准后执行；三是依照国务院制定的公共航空运输安全保卫规定制定安全保卫方案，并报国务院民用航空主管部门备案。

3. 禁运物品

（1）公共航空运输企业未经国务院民用航空主管部门批准，不得运输作战军火、作战物资。要禁止旅客随身携带法律、行政法规规定的禁运物品和枪支、管制刀具乘坐民用航空器。

（2）禁止违反国务院民用航空主管部门的规定将危险品作为行李托运以及以非危险品品名托运危险品。

（3）不得运输拒绝接受安全检查的旅客，不得违反国家规定运输未经安全检查的行李。

公共航空运输企业从事国际航空运输的民用航空器及其所载人员、行李、货物应接受边防、海关等主管部门的检查。

三、航空货运单

航空货运单是承运人与托运人之间签订的运输合同。航空运单不是物权凭证，不能通过背书转让。

(一) 航空货运单的内容

航空货运单的内容由国务院民用航空主管部门规定，至少包括三个方面：一是出发地点和目的地点；二是出发地点和目的地点均在我国境内，境外有一个或数个约定的经停地点的，至少注明一个经停地点；三是货物运输的最终目的地点、出发地点或约定的经停地点之一不在我国境内，依照所适用的国际航空运输公约的规定，应当在货运单上声明此项运输适用该公约的，货运单上应当载有该项声明。

(二) 航空货运单的交付

托运人填写航空货运单正本一式三份，连同货物交给承运人。航空货运单第一联由托运人签字盖章；第二联由托运人和承运人签字盖章；第三联由承运人在接收货物后签字盖章，并交给托运人。承运人可以接受托运人的请求填写航空货运单，其实质视为托运人填写。

航空货运单注明的货物的重量、尺寸、包装和包装件数的说明具有初步证据的效力。除经过承运人和托运人当面查对并在航空货运单上注明经过查对或书写关于货物的外表情况的说明外，航空货运单上关于货物的数量、体积和情况的说明不能构成不利于承运人的证据。

(三) 损害赔偿

1. 赔偿的时段

赔偿的时段是指在机场内、民用航空器上或机场外降落的任何地点，托运行李、货物处于承运人掌管之下的期间。

2. 赔偿的限额

国内航空运输承运人的赔偿责任限额由国务院民用航空主管部门制定，报国务院批准后公布执行。国际航空运输承运人的赔偿责任限额按照下列规定执行。

(1) 对每名旅客的赔偿责任限额为 16 600 计算单位。旅客与承运人有书面约定的,可以高于其赔偿责任限额。

(2) 对托运行李或货物的赔偿责任限额,每千克为 17 计算单位。

(3) 对每名旅客随身携带的物品的赔偿责任限额为 332 计算单位。

3. 索赔的时限

托运行李或货物发生损失的,旅客或收货人应在发现损失后向承运人提出异议。其具体规定如下。

(1) 托运行李发生损失的,至迟应当自收到托运行李之日起 7 日内提出。

(2) 货物发生损失的,至迟应当自收到货物之日起 14 日内提出。

(3) 托运行李或货物发生延误的,至迟应当自托运行李或货物交付旅客或收货人处置之日起 21 日内提出。

4. 索赔的方式

任何异议均应在规定的期间内,可以写在运输凭证上,也可以以书面的方式提出。

5. 诉讼时效

诉讼时效期间为 2 年,自民用航空器到达目的地点、应当到达目的地点或运输终止之日起计算。

四、托运人的义务与权利

(一) 托运人的义务

托运人对航空货运单上所填关于货物的说明和声明的正确性负责。因航空货运单上所填的说明和声明不符合规定、不正确或不完全,给承运人或承运人对之负责的其他人造成损失的,托运人应当承担赔偿责任。

(二) 托运人的权利

1. 托运货物的支配权

托运人在履行航空货物运输合同规定义务的条件下享有托运货

物的支配权利:一是有权在出发地机场或目的地机场将货物提回;二是在途中经停时中止运输;三是在目的地点或途中要求将货物交给非航空货运单上指定的收货人;四是要求将货物运回出发地机场。托运人行使此种权利应负责由此产生的费用。

2. 托运人处理货物指示

承运人按照托运人的指示处理货物,没有要求托运人出示其航空货运单,给该航空货运单的合法持有人造成损失的,承运人应承担责任,但可以向托运人追偿。

3. 托运人的权利

1) 对货物处置权

货物到达目的地后,收货人拒绝接受航空货运单或货物,或承运人无法联系到收货人,此时托运人享有对货物的处置权。

2) 对货物的交付权

收货人在货物到达目的地后,缴付应付款项和履行航空货运单的规定义务后,有权要求承运人移交航空货运单并交付货物。

3) 对托运货物的索赔权

承运人承认货物已经遗失,或货物在规定到达之日起 7 日后仍未到达,收货人有权向承运人依据航空货运单的规定请求赔偿。

五、承运人的责任

承运人对以下情形承担赔偿责任。

（一）航空运输期间的赔偿

航空运输期间的赔偿情形有:一是在民用航空器上或旅客上下民用航空器过程中发生事件造成旅客随身携带物品毁灭、遗失或损坏的,承运人应当承担责任;二是在航空运输期间发生的事件造成货物毁灭、遗失或损坏的,由承运人承担责任。如果承运人证明货物的毁灭、遗失或损坏完全是由于其他原因造成的,可不承担责任。

（二）航空运输延误期间的赔偿

行李或货物在航空运输中因延误造成的损失,承运人应当承担责任。承运人证明本人或其受雇人、代理人为了避免损失的发生已经采取一切必要措施,可不承担责任。

在货物运输中,经承运人证明,损失是由索赔人或代理权利人的过错造成或促成的,应当根据造成或促成此种损失的过错的程度,相应免除或减轻承运人的责任。

六、法律责任

(一) 企业事业单位的法律责任

1. 违法情形

(1) 以暴力、胁迫或者其他方法劫持航空器的。

(2) 对飞行中的民用航空器上的人员使用暴力,危及飞行安全的。

(3) 隐匿携带炸药、雷管或其他危险品乘坐民用航空器,或以非危险品品名托运危险品的。

2. 处罚形式

企业事业单位有上述违法行为的,判处罚金,并向主管人员及其他直接责任人员追究刑事责任。

(二) 公共航空运输企业的法律责任

1. 违法情形

(1) 以非危险品品名托运危险品。

(2) 旅客随身携带危险品乘坐民用航空器。

(3) 禁止旅客携带枪支、管制刀具乘坐民用航空器。

(4) 将危险品作为行李托运的。

2. 处罚形式

公共航空运输企业有上述违法行为的,由国务院民用航空主管部门没收违法所得,并处违法所得 1 倍以下的罚款;公共航空运输企业因上述违法行为导致发生重大事故的,没收违法所得,判处罚金;并向主管人员及其他直接责任人员追究刑事责任。

(三) 其他人员的法律责任

1. 违法情形

(1) 故意在使用中的民用航空器上放置危险品或唆使他人放置

危险品,足以毁坏该民用航空器,危及飞行安全的。

(2) 故意传递虚假情报,扰乱正常飞行秩序,使公私财产遭受重大损失的。

(3) 盗窃或故意损毁、移动使用中的航行设施,危及飞行安全,足以使民用航空器发生坠落、毁坏危险的。

(4) 聚众扰乱民用航空机场秩序的。

(5) 航空人员玩忽职守,或违反规章制度,导致发生重大飞行事故,造成严重后果的。

2. 处罚形式

依照《刑法》有关规定追究刑事责任,尚不构成刑事处罚的,给予治安管理处罚。

第二节 《海商法》

一、《海商法》的基本概况

(一)《海商法》的颁布

为了调整海上运输关系、船舶关系,维护当事人各方的合法权益,促进海上运输和经济贸易的发展,1992年11月7日,第七届全国人民代表大会常务委员会第二十八次会议通过了《海商法》,自1993年7月1日起施行。

(二)《海商法》的框架

《海商法》共有15章:第一章为总则,第二章为船舶,第三章为船员,第四章为海上货物运输合同,第五章为海上旅客运输合同,第六章为船舶租用合同,第七章为海上拖航合同,第八章为船舶碰撞,第九章为海难救助,第十章为共同海损,第十一章为海事赔偿责任限制,第十二章为海上保险合同,第十三章为时效,第十四章为涉外关系的法律运用,第十五章为附则。以下结合电子商务活动介绍相关内容。

二、海上货物运输合同

（一）海上货物运输合同的当事人

海上运输是指江海之间的直达货物的运输方式。海上货物运输合同是指承运人将货物经海道由一港运到另一港而由托运人支付运费的协议。其主要当事人有如下几种。

1. 承运人

承运人是指本人或者委托他人以本人名义与托运人订立海上货物运输合同的人。

2. 实际承运人

实际承运人是指接受承运人委托，从事货物运输或部分运输的人，包括接受转委托从事此项运输的其他人。

3. 托运人

托运人是指本人或委托他人以本人名义或委托他人为本人与承运人订立海上货物运输合同的人，也是指本人或委托他人以本人名义或委托他人为本人将货物交给与海上货物运输合同有关的承运人的人。

4. 收货人

收货人是指有权提取货物的人。

（二）海上货物运输合同的形式

海上货物运输合同可以书面订立，航次租船合同必须书面订立，电报、电传和传真具有书面效力。

（三）合同解除

合同解除有以下三种情形。

1. 船舶离开装货港前解除合同

托运人可以在船舶离开装货港前解除合同，但应向承运人支付约定的一半运费。货物已经装船的，应负担装货、卸货和其他与此有关的费用。

2. 船舶开航前解除合同

船舶在装货港开航前，因不可抗力等原因致使合同不能履行的，双方均可解除合同。运费已经支付的,应退还给托运人;货物已经装船的,托运人应承担装卸费用;已经签发提单的,应将提单退还承运人。

3. 发生不可抗力的事件

因不可抗力等原因致使船舶不能在合同约定的目的港卸货的,船长有权将货物在目的港邻近的安全港口或地点卸载,视为已经履行合同。但是,船长应及时通知托运人或收货人,并考虑其利益。

三、海运提单

(一) 提单的作用

海运提单简称提单,是指用于证明海上货物运输合同和货物已经由承运人接收或装船,以及承运人保证据以交付货物的单证。提单的作用如下。

1. 货物收据

提单是承运人或其代理人签发的货物收据,证明已按提单所列的内容收到货物。

2. 物权凭证

提单是货物所有权的凭证,提单的合法持有人凭提单可在目的港向船运公司提取货物,也可在载货船舶到达目的港之前,通过对提单的背书转让该货物所有权,或凭以向银行办理押汇贷款。

3. 运输契约的证明

提单是承运人与托运人之间订立的运输契约的证明,在提单背面印就的运输条款中,明确规定了承运人与托运人双方之间的权利、义务、责任和豁免,是处理承运人和托运人之间争议的法律依据。

(二) 提单的内容

提单内容主要包括:货物的品名、标志、包数或件数、重量或体积、危险性质说明;承运人的名称、主营业所;船舶名称;托运人的名称;收货人的名称;装货港、装货港接收货物日期;卸货港;提单的发货日期、地点和份数;运费支付;承运人或其代表签字。

（三）提单的种类

1. 已装提单与待运提单

已装提单是指承运人将货物装上指定的船只后签发的,并注明载货船舶名称和装货日期的提单;待运提单是承运人收到托运的货物后,在待装船期间签发给托运人的提单,该单据上无装船日期和载货的具体船名。

2. 清洁提单和不清洁提单

清洁提单是指货物在装船时表面状况良好,承运人在签发提单上未加任何货损、包装不良或其他有碍结汇的批注。

不清洁提单是指承运人在签发提单上注明货物或包装有缺陷等批注。

3. 记名提单、不记名提单和指示提单

记名提单是指提单的收货人一栏写明收货人的具体名称,不能通过背书进行转让;不记名提单是指提单收货人一栏内留空,不需任何背书,即可转让;指示提单是指提单收货人一栏内填写"凭指定""凭发货人指定"等字样,其可通过背书转让。

四、承运人与托运人的责任

（一）承运人的责任

1. 承运人的责任期间

1）集装箱装运货物的责任期间

承运人对集装箱装运的货物的责任期间是指从装货港接收货物时起至卸货港交付货物时止,货物处于承运人掌管之下的全部期间。

2）非集装箱装运货物的责任期间

承运人对非集装箱装运的货物的责任期间是指从货物装上船时起至卸下船时止,货物处于承运人掌管之下的全部期间。在承运人的责任期间,货物发生灭失或者损坏,除法律另有规定外,承运人应当负赔偿责任。

2. 承运人的责任

1）提供适航的船舶

承运人在船舶开航前和开航当时,应当谨慎处理,使船舶处于适航状态,妥善配备船员、装备船舶和配备供应品,并使货舱、冷藏舱、冷气舱和其他载货处所适于并能安全收受、载运和保管货物。

2）管理和安全运载货物

承运人应当妥善地、谨慎地装载、搬移、积载、运输、保管、照料和卸载所运货物。

3）行驶合理的航线

承运人应按照约定的或习惯的或地理上的航线将货物运往卸货港。因救助人命或财产而绕航则除外。

3. 承运人的赔偿情形

（1）承运人的过失,致使货物因迟延交付而灭失或损坏的,承运人应当负赔偿责任。

（2）承运人的过失,致使货物因迟延交付而遭受经济损失的,即使货物没有灭失或损坏,承运人仍然应当负赔偿责任。

4. 承运人举证免除责任的情形

因运输活动物的固有的特殊风险造成活动物灭失或损害,承运人须证明已履行托运人关于运输活动物的特别要求的。

5. 承运人免除责任的情形

承运人在责任期间货物发生的灭失或损坏是由于下列原因之一造成的,不负赔偿责任。

（1）船长、船员、引航员或者承运人的其他受雇人在驾驶船舶或管理船舶中的过失。

（2）火灾,但是由于承运人本人的过失所造成的除外。

（3）天灾,海上或其他可航水域的危险或者意外事故。

（4）战争或武装冲突。

（5）政府或主管部门的行为、检疫限制或者司法扣押。

（6）罢工、停工或劳动受到限制。

(7) 在海上救助或企图救助人命或者财产。

(8) 托运人、货物所有人或他们的代理人的行为。

(9) 货物的自然特性或固有缺陷。

(10) 货物包装不良或标志欠缺、不清。

(11) 经谨慎处理仍未发现的船舶潜在缺陷。

(12) 非由于承运人或承运人的受雇人、代理人的过失造成的其他原因。

(13) 符合航运惯例或有关法律、法规的规定将货物装载在舱面上,由此种装载的特殊风险造成的货物灭失或损坏的。

6. 赔偿额的计算依据

1) 货物灭失赔偿额的计算

货物灭失的赔偿额,按照货物的实际价值计算。货物的实际价值是指货物装船时的价值加保险费加运费。

2) 货物损坏赔偿额的计算

货物损坏的赔偿额,按照货物受损前后实际价值的差额或货物的修复费用计算。

3) 货物灭失或损坏赔偿限额

承运人对货物的灭失或损坏的赔偿限额,是按照货物件数或其他货运单位数计算,其为 666.67 计算单位,或按照货物毛重每千克 2 计算单位计算,并以两者赔偿限额较高的为准。如果托运人在货物装运前已经申报其性质和价值,并在提单中载明,则以其为准。

在集装箱、货盘或类似装运器具集装的货物,并提单中载明货物件数,应视其为计量依据,如果提单未载明,则每一装运器具视为 1 个计量单位。

4) 迟延交付造成损失的赔偿限额

承运人承担因迟延交付货物造成经济损失的赔偿限额是该货物的运费总额。货物的灭失或损坏和迟延交付同时发生的,承运人的赔偿责任限额是按照货物件数或其他货运单位数计算。

(二) 托运人的责任

1. 提供完好与准确信息的托运货物

托运人托运货物应妥善包装,货物装船时所提供的货物的品名、标志、包数或件数、重量或体积要正确;否则,由此对承运人造成损失的,托运人应承担赔偿责任。

2. 提供完整的通关单证

托运人应及时办理托运货物的通关等各项手续,并将其单证送交承运人。如因已办理各项手续的单证送交不及时、不完备或不正确,使承运人的利益受到损害的,由托运人承担赔偿。

3. 提供依据规定包装的危险货物

托运人根据海上危险货物运输规定包装,注明危险品标志和标签,并将其名称和性质及其预防危害措施书面通知承运人。托运人未通知或通知有误的,应承担由此引发各类损害的责任。

4. 按约定向承运人支付运费

托运人应按约定向承运人支付运费。托运人与承运人可以约定运费由收货人支付,但须在运输单证中载明。

五、货物交付

1. 交付货物良好的情形

(1) 承运人向收货人交付货物时,收货人未将货物灭失或损坏的情况书面通知承运人的。

(2) 货物灭失或损坏的情况非显而易见的,在货物交付的次日起连续 7 日内,集装箱货物交付的次日起连续 15 日内,收货人未提交书面通知的。

(3) 货物交付时,收货人已经会同承运人对货物进行联合检查或者检验的。

2. 交付货物责任的确定

(1) 承运人自向收货人交付货物的次日起连续 60 日内,未收到收货人就货物因迟延交付造成经济损失而提交的书面通知的,不负赔偿责任。

(2) 收货人在目的港提取货物前或承运人在目的港交付货物前,可向检验机构申请对货物状况进行检验,由其支付检验费用,可向造成货物损失的责任方追偿。

(3) 在卸货港无人提取货物或收货人迟延、拒绝提取货物的,船长可以将货物卸在仓库或其他适当场所,由此产生的费用和风险由收货人承担。

3. 留置货物

(1) 应当向承运人支付的运费、共同海损分摊、滞期费、承运人为货物垫付费用和其他费用没有付清的,又没有提供适当担保的,承运人可以在合理的限度内留置其货物。

(2) 自船舶抵达卸货港的次日起满60日无人提取的,承运人可以申请法院裁定对留置货物进行拍卖。货物易腐烂变质的可以申请提前进行拍卖。拍卖所得价款用于清偿保管、拍卖货物的费用和运费,以及应当向承运人支付的其他有关费用。不足的金额,承运人有权向托运人追偿。剩余金额退还托运人,无法退还的,自拍卖之日起满1年又无人领取的,上缴国库。

第三节 《铁路法》

一、《铁路法》的基本概况

(一)《铁路法》的颁布

为了保障铁路运输和铁路建设的顺利进行,适应社会主义现代化建设和人民生活的需要,1990年9月7日,第七届全国人民代表大会常务委员会第十五次会议通过了《铁路法》,自1991年5月1日起施行。该法先后于2009年8月和2015年4月通过两次修订,当前版本为第十二届全国人民代表大会常务委员会第十四次会议通过的修订版。

(二)《铁路法》的框架

《铁路法》共有 6 章：第一章为总则、第二章为铁路运输营业、第三章为铁路建设、第四章为铁路安全与保护、第五章为法律责任、第六章为附则。以下结合电子商务活动介绍铁路运输营业及法律责任等相关内容。

二、铁路运输合同

(一) 铁路运输的含义

铁路是指国家铁路、地方铁路、专用铁路和铁路专用线。国家铁路是指由国务院铁路主管部门管理的铁路。地方铁路是指由地方人民政府管理的铁路。

铁路运输是指使用铁路列车运送货物的一种运输方式。其分为整车、零担、集装箱三种运输方式。其中，整车适于运输大宗货物；零担适于运输小批量的零星货物；集装箱适于运输精密、贵重、易损的货物。

(二) 铁路运输的特点

铁路货物运输是现代运输的主要方式之一，在整个运输领域中占有重要的地位。其受气候和自然条件影响较小，运输能力及单车装载量大，在运输的经常性和低成本性方面具有较大优势，加上有多种类型的车辆，使它几乎能承运任何商品，受重量和容积的限制小。

(三) 铁路货物运输合同

1. 铁路货物运输合同的含义

铁路货物运输合同是指承运人(铁路运输企业)与托运人之间权利义务关系的协议。该协议的形式是货物运单。

2. 铁路货物运输的价格

铁路货物运输杂费的收费项目和收费标准，以及铁路包裹运价率由铁路运输企业自主制定，并进行公告，未公告的不得实施。

3. 铁路货物运输的物品

铁路运输承运的货物、包裹、行李必须遵守国家关于禁止或限制运输物品的相关规定。

4. 争议解决

铁路货物运输合同发生争议的,当事人可以通过调解解决。不愿意调解解决或调解不成的,可以根据合同仲裁条款或事后达成的书面仲裁协议向国家规定的仲裁机构申请仲裁。

如果没有订立仲裁条款或达成书面仲裁协议的,可以向人民法院起诉。

三、承运人与托运人的责任

(一) 承运人的责任

1. 按约定期限送达货物

铁路运输企业应当按照合同约定的期限将货物、包裹和行李运到目的站。逾期运到的,铁路运输企业应当支付违约金。

2. 承担赔偿的情形

(1) 铁路运输企业逾期 30 日仍未将货物、包裹和行李交付收货人的,托运人、收货人有权按货物、包裹、行李灭失向铁路运输企业要求赔偿。

(2) 铁路运输企业对承运的货物、包裹、行李自接受承运时起到交付时止发生的灭失、短少、变质、污染或者损坏,承担赔偿责任。如果托运人办理保价运输的,按实际损失赔偿,但最高不超过保价额;未按保价运输承运的,按实际损失赔偿,但最高不超过国务院铁路主管部门规定的赔偿限额。如果损失是由于铁路运输企业的故意或重大过失造成的,按照实际损失赔偿。如果托运人办理了货物运输保险,则由保险公司按约定给予理赔。

3. 除外责任的情形

铁路运输企业不承担货物、包裹和行李损失的赔偿有三种情形:一是属于不可抗力事件的;二是货物或包裹或行李中的物品本身的自然属性,或合理损耗的;三是托运人或收货人的过错导致的。

（二）托运人的责任

1. 如实填报托运单

托运人应如实填报托运单,铁路运输企业有权对填报的货物和包裹的品名、重量、数量进行检查。如果检查的结果与申报不符,由托运人承担检查费用,并补缴相关运费和产生的其他费用。

2. 按相关标准包装托运货物

托运货物需要包装的,托运人应按照国家或行业包装标准进行包装,没有相关包装标准的,应妥善包装。

3. 按规定期限领取托运货物

托运货物、包裹和行李到站后,收货人应按照国务院铁路主管部门规定的期限及时领取,并支付托运人未付或少付的运费和其他费用。逾期领取的,收货人应按照规定交付保管费。

四、无人领货和包裹的处理

（一）无人领取货物的处理

自发出领取货物通知之日起满 30 日仍无人领取的货物,或收货人书面通知铁路运输企业拒绝领取的货物,铁路运输企业应当通知托运人。托运人自接到通知之日起满 30 日未做出答复的,由铁路运输企业变卖,所得价款在扣除保管等费用后尚有余款的,应退还托运人,无法退还的,自变卖之日起 180 日内托运人又未领回的,则上缴国库。

（二）无人领取包裹的处理

自发出领取通知之日起满 90 日仍无人领取的包裹或到站后满 90 日仍无人领取的行李,并在铁路运输企业公告满 90 日仍无人领取的,可以变卖,所得价款在扣除保管等费用后尚有余款的,托运人、收货人或自变卖之日起 180 日内领回,逾期不领回的,上缴国库。

对危险物品和规定限制运输的物品,应当移交公安机关或有关部门处理,不得自行变卖。对不宜长期保存的物品,可以按照国务院铁路主管部门的规定缩短处理期限。

五、法律责任

（一）单位机关的法律责任

1. 违法情形

（1）以非危险品品名托运危险品，导致发生重大事故的，依照《刑法》有关规定追究刑事责任。

（2）携带炸药、雷管或者非法携带枪支子弹、管制刀具进站上车的行为。

（3）故意损毁、移动铁路行车信号装置或者在铁路线路上放置足以使列车倾覆的障碍物的行为。

2. 处罚形式

企业事业单位、国家机关、社会团体有上述违法行为的，判处罚金，并对主管人员和直接责任人员追究刑事责任。

（二）铁路职工的法律责任

1. 违法情形

（1）利用职务之便进行走私的，或与其他人员勾结走私的。

（2）玩忽职守、违反规章制度造成铁路运营事故的，滥用职权、利用办理运输业务之便谋取私利的。

2. 处罚形式

给予行政处分，情节严重、构成犯罪的，依照《刑法》有关规定追究刑事责任。

第四节 《邮政法》

一、《邮政法》的基本概况

（一）《邮政法》的颁布

为了保障邮政普遍服务，加强对邮政市场的监督管理，维护邮政通信与信息安全，保护通信自由和通信秘密，保护用户合法权益，促进邮政业健康发展，适应经济社会发展和人民生活需要，1986年12

月 2 日,第六届全国人民代表大会常务委员会第十八次会议通过了《邮政法》,自 1987 年 1 月 1 日起施行。该法先后于 2009 年 4 月、2012 年 10 月和 2015 年 4 月通过三次修订,当前版本为第十二届全国人民代表大会常务委员会第十四次会议通过的修订版。

(二)《邮政法》的适用范围

1. 适用的主体

《邮政法》适用的主体是我国的公民、法人和其他组织。

2. 适用的客体

《邮政法》适用按照国家规定的业务范围、服务标准,以合理的资费标准提供的邮政服务。

(三)《邮政法》的基本原则

《邮政法》的基本原则有两个方面:一是任何组织或者个人不得以任何理由侵犯公民的通信自由和通信秘密,因国家安全或追查刑事犯罪的需要进行检查的除外;二是任何组织或者个人不得检查、扣留邮件和汇款,法律另有规定的除外;三是邮政企业及其从业人员不得向任何单位或个人泄露用户使用邮政服务的信息,法律另有规定的除外。

二、邮政服务

(一) 邮政部门

1. 邮政管理部门

国务院邮政管理部门负责对全国的邮政普遍服务和邮政市场实施监督管理,省、自治区、直辖市邮政管理机构负责对本行政区域的邮政普遍服务和邮政市场实施监督管理,省级以下邮政管理机构负责对本辖区的邮政普遍服务和邮政市场实施监督管理。国务院邮政管理部门和省、自治区、直辖市邮政管理机构以及省级以下邮政管理机构统称邮政管理部门。

2. 邮政企业

邮政企业是指中国邮政集团公司及其提供邮政服务的全资企业和控股企业。

(二) 邮政服务

1. 邮政服务的类型

1) 邮件

邮件是指邮政企业寄递的信件、包裹、汇款通知、报刊和其他印刷品等。

2) 信件

信件是指信函、明信片。信函是指以套封形式按照名址递送给特定个人或单位缄封的信息载体,不包括书籍、报纸和期刊等。

3) 平常邮件

平常邮件是指邮政企业在收寄时不出具收据,投递时不要求收件人签收的邮件。

4) 给据邮件

给据邮件是指邮政企业在收寄时向寄件人出具收据,投递时由收件人签收的邮件。

5) 包裹

包裹是指按照封装上的名址递送给特定个人或者单位的独立封装的物品,其重量不超过 50 千克,任何一边的尺寸不超过 150 厘米,长、宽、高合计不超过 300 厘米。

6) 国际邮递物品

国际邮递物品是指中国境内的用户与其他国家或地区的用户相互寄递的包裹和印刷品等。

2. 经营范围

邮政企业对信件、单件重量不超过 5 千克的印刷品、单件重量不超过 10 千克的包裹的寄递以及邮政汇兑提供邮政普遍服务。邮政企业经营业务包括:邮件寄递;邮政汇兑、邮政储蓄;邮票发行以及集邮票品制作、销售;国内报刊、图书等出版物发行;国家规定的其他业务。

(三) 邮件寄收管理

1. 寄递邮件

寄递是指将信件、包裹、印刷品等物品按照封装上的名址递送给特定个人或单位的活动,包括收寄、分拣、运输、投递等环节。

1) 邮寄申请单

邮政企业根据我国《合同法》的规定采用格式条款,确定与用户的权利和义务。用户寄递邮件,应清楚、准确地填写收件人姓名、地址和邮政编码。

2) 寄递物品的限制范围

邮政企业应遵守法律、行政法规以及国务院和国务院有关部门关于禁止寄递或限制寄递物品的规定。其主要包括七个方面:一是煽动颠覆国家政权、推翻社会主义制度或分裂国家、破坏国家统一,危害国家安全的;二是泄露国家秘密的;三是散布谣言扰乱社会秩序,破坏社会稳定的;四是煽动民族仇恨、民族歧视,破坏民族团结的;五是宣扬邪教或者迷信的;六是散布淫秽、赌博、恐怖信息或者教唆犯罪的;七是法律、行政法规禁止的其他内容。

2. 寄递邮件物品的监管

1) 邮件收寄验视制度

邮政企业邮件收寄验视制度有两项规定:一是对用户寄递的信件,必要时邮政企业可以要求用户开拆,进行验视,但不得检查信件内容。用户拒绝开拆的,邮政企业不予寄递。二是对信件以外的邮件,邮政企业收寄时应当场验视内件。用户拒绝验视的,邮政企业不予收寄。

2) 违寄物品的处理

邮政企业发现邮件内夹带禁止寄递或限制寄递的物品的,按照国家有关规定处理。进出境邮件中夹带国家禁止进出境或限制进出境的物品的,由海关依法处理。

3) 进出境物品的监管

海关根据我国《海关法》的规定,对进出境的国际邮袋、邮件集装箱和国际邮递物品实施监管,对进出境邮件实施检疫。

3. 邮件与汇款的处理

1) 无法投递邮件的处理

无法投递又无法退回的信件,自邮政企业确认无法退回之日起超过6个月无人认领的,由邮政企业在邮政管理部门的监督下销毁。无法投递又无法退回的进境国际邮递物品,由海关依照我国《海关法》的规定处理。

2)逾期未兑领汇款的处理

邮政汇款的收款人应当自收到汇款通知之日起60日内,凭有效身份证件到邮政企业兑领汇款,逾期由邮政企业退回汇款人。自兑领汇款期限届满之日起1年内无法退回汇款人,或汇款人自收到退汇通知之日起1年内未领取的汇款上缴国库。

(四)损失赔偿

1. 损失赔偿的依据

1)法律规定

邮政普遍服务业务范围内的邮件和汇款的损失赔偿,适用《邮政法》规定;邮政普遍服务业务范围以外的邮件的损失赔偿,适用有关民事法律的规定。邮政企业对平常邮件的损失不承担赔偿责任,但因故意或重大过失造成损失的除外。

2)行业规定

用户交寄给据邮件后,对国内邮件可以自交寄之日起1年内持收据向邮政企业查询,对国际邮件可以自交寄之日起180日内持收据向邮政企业查询。查询国际邮件的,邮政企业应当自用户查询之日起60日内将查询结果告知用户;查询其他邮件的,邮政企业应当自用户查询之日起30日内将查询结果告知用户。查复期满未查到邮件的,邮政企业依据《邮政法》有关规定予以赔偿。

2. 邮件损失的赔偿

根据《邮政法》的规定,邮政企业对给据邮件损失赔偿的规定如下。

(1)保价的给据邮件丢失或者全部损毁的,按照保价额赔偿;部分损毁或内件短少的,按照保价额与邮件全部价值的比例对邮件的实际损失予以赔偿。

(2)未保价的给据邮件丢失、损毁或内件短少的,按照实际损失赔偿,但最高赔偿额不得超过所收取资费的3倍;挂号信件丢失、损毁的,按照所收取资费的3倍予以赔偿。

3. 邮件损失的除外责任

因下列原因之一造成的给据邮件损失,邮政企业不承担赔偿责任:

(1) 因不可抗力造成的保价的给据邮件的损失。

(2) 所寄物品本身的自然性质或合理损耗的。

(3) 寄件人、收件人的过错造成的。

案例分析

9月6日,陕西省眉县消费者小郭通过某快递公司发送猕猴桃250千克,支付了运费和保价费2 000元,包装费250元。9月14日,快递物品到达目的地新疆塔城,收件人收件验收时发现包装箱由内向外渗水,收件人断定猕猴桃已经腐烂,并予以拒收。为此,寄件人小郭向该快递公司提出赔偿损失的要求。

请分析,该快递公司是否承担赔偿损失的责任?为什么?

(五) 汇款查询

邮政汇款的汇款人自汇款之日起1年内,可以持收据向邮政企业查询。邮政企业应当自用户查询之日起20日内将查询结果告知汇款人。查复期满未查到汇款的,邮政企业应当向汇款人退还汇款和汇款费用。

三、法律责任

(一) 对邮政企业的行政处罚

1. 提供邮政普遍服务不符合标准的

其由邮政管理部门责令改正,可以处1万元以下的罚款;情节严重的,处1万元以上5万元以下的罚款;对直接负责的主管人员和其他直接责任人员给予处分。

2. 未经邮政管理部门批准停止或限制服务业务或撤销邮政营业场所的

由邮政管理部门责令改正,可以处2万元以下的罚款;情节严重的,处 2 万元以上 10 万元以下的罚款;对直接负责的主管人员和其他直接责任人员给予处分。

3. 利用带有邮政标志车船从事邮件运递以外的经营性活动或出租给他人使用的

由邮政管理部门责令改正,没收违法所得,可以并处 2 万元以下的罚款;情节严重的,并处 2 万元以上 10 万元以下的罚款;对直接负责的主管人员和其他直接责任人员给予处分。

(二)对邮政从业人员的行政处罚

对邮政从业人员行政处罚有三种情形:一是利用带有邮政专用标志的车船从事邮件运递以外的活动的,由邮政企业责令改正,给予处分;二是故意延误投递邮件的,由邮政企业给予处分;三是冒领、私自开拆、隐匿、毁弃或者非法检查他人邮件、快件,尚不构成犯罪的,依法给予治安管理处罚。

案例分析

赵先生在西藏工作期间购买了 480 克、价值为 28 800 元的虫草,并打磨成粉末包装好,通过邮政包裹从西藏林芝寄往四川自贡,收件人是其弟弟。然而,赵先生的弟弟在时隔 3 周后一直未接到收件通知单,通过投诉与查找,他最终发现该包裹在投递员的宿舍里,该包裹只剩下了破损的外壳,不见了虫草粉。

请分析,该邮政局应吸取何教训?该投递员应受到何处罚?为什么?

第五节 《快递暂行条例》

一、《快递暂行条例》的基本概况

(一)《快递暂行条例》的颁布

为促进快递业健康发展,保障快递安全,保护快递用户合法权益,加强对快递业的监督管理,根据我国《邮政法》及其他有关法律制定《快递暂行条例》,由国务院第198次常务会议通过,于2018年3月2日发布,自2018年5月1日起施行。

(二)《快递暂行条例》的适用范围

《快递暂行条例》适用于我国境内从事快递业务经营、接受快递服务以及对快递业实施的监督管理。

(三)《快递暂行条例》的基本原则

《快递暂行条例》的基本原则有两个方面:一是任何单位或个人不得利用信件、包裹、印刷品以及其他寄递物品(以下统称快件)从事危害国家安全、社会公共利益或他人合法权益的活动;二是任何单位或个人不得非法检查他人快件,不得私自开拆、隐匿、毁弃、倒卖他人快件,法律对快件进行检查的除外。

二、快递企业的监督管理

(一)快递业务的分级管理

1. 国务院邮政管理部门

国务院邮政管理部门负责对全国快递业实施监督管理。国务院公安、国家安全、海关、工商行政管理、出入境检验检疫等有关部门在各自职责范围内负责相关的快递监督管理工作。

2. 省、自治区、直辖市邮政管理部门

省、自治区、直辖市邮政管理机构和按照国务院规定设立的省级以下邮政管理机构负责对本辖区的快递业实施监督管理。

3. 县级以上地方人民政府有关部门

县级以上地方人民政府有关部门在各自职责范围内负责相关的快递监督管理工作。

(二)快递企业运行的监督管理

国务院邮政管理部门和省、自治区、直辖市邮政管理机构以及省级以下邮政管理机构(以下统称邮政管理部门)应当与公安、国家安全、海关、工商行政管理、出入境检验检疫等有关部门相互配合,建立健全快递安全监管机制,加强对快递业安全运行的监测预警,收集、共享与快递业安全运行有关的信息,依法处理影响快递业安全运行的事件。

1. 监督检查的重点事项

监督检查的重点事项有三个方面:一是监督检查快递企业是否依法取得快递业务经营许可;二是监督检查快递企业的安全管理制度是否健全和有效实施的情况;三是监督检查快递企业是否妥善处理用户的投诉,保护用户合法权益。

2. 建立日常监督检查制度

邮政管理部门的日常监督检查制度是以随机抽查为主要方式,公布抽查事项目录,明确抽查的依据、频次、方式、内容和程序。通过随机抽取被检查企业和选派检查人员,对企业进行抽查,及时向社会公布抽查情况和查处结果。

3. 实施现场检查

邮政管理部门依法实施现场检查,查阅经营快递业务的企业管理和快递业务的电子数据。

4. 处理投诉

邮政管理部门对接到的举报应及时依法调查处理,并为举报人保密,如果是实名举报的,应将处理结果告知举报人。

三、快递业务的经营主体

(一)快递业务经营的资质

快递企业应根据《邮政法》规定的条件,申请快递业务经营许可资质,办理营业执照,方可经营快递业务。外商不得投资经营信件的国内快递业务。

1. 快递业务经营许可的条件

申请快递业务经营许可要符合五个方面的条件:一是符合企业法人条件;二是在本省、自治区、直辖市范围内经营的注册资本不低于人民币50万元,跨省、自治区、直辖市经营的注册资本不低于人民币100万元,经营国际快递业务的注册资本不低于人民币200万元;

三是具有与申请经营的地域范围相适应的服务能力;四是具有严格的服务质量管理制度和完备的业务操作规范;五是具有健全的安全保障制度和措施;六是法律、行政法规规定的其他条件。

2. 快递业务经营许可的申请

1) 受理机构

所在地的省、自治区、直辖市邮政管理机构受理属地的快递业务经营许可的申请;国务院邮政管理部受理跨省、自治区、直辖市经营或经营国际快递业务经营许可的申请。

2) 受理申请

受理申请的邮政管理部门应当自受理申请之日起 45 日内对申请材料进行审查,并做出批准或不予批准的决定。予以批准的,颁发快递业务经营许可证;不予批准的,书面通知申请人并说明理由。

3) 办理登记

申请人获取快递业务经营许可证后,要及时向市场监督管理部门办理登记,登记后方可经营快递业务。

(二) 快递企业的备案管理

快递企业设立分支机构或合并、分立的,应当向邮政管理部门备案。开办快递末端网点的,应在开办之日起 20 日内向所在地邮政管理部门备案。

(三) 快递企业的注销

停止快递业务经营的快递企业应向邮政管理部门提出书面告知,交回快递业务经营许可证,向市场监督管理部门办理注销登记,并对尚未投递的快件按照国务院邮政管理部门的规定妥善处理。

(四) 快递企业人员的管理

快递企业应对其从业人员加强职业操守、服务规范、作业规范、安全生产、车辆安全驾驶等方面的教育和培训。快递从业人员应遵守道路交通安全法律、法规的规定,按照操作规范安全、文明驾驶车辆。快递从业人员因执行工作任务造成他人损害的,由快递从业人员所属的快递企业依照民事侵权责任相关法律的规定承担侵权责任。

四、快递服务

(一) 快递企业服务的规范

1. 不得违法经营

不得违法经营有两种现象：一是不得经营由邮政企业专营的信件寄递和经营范围以外的信件快递业务，不得寄递国家机关公文，不得将信件打包后作为包裹寄递；二是不得违反《邮政法》关于禁止寄递或限制寄递物品的规定，发现寄件人交寄禁止寄递物品的，应拒绝收寄，发现已经收寄的快件中有疑似禁止寄递物品的，应立即停止分拣、运输、投递。

2. 实行全程化管理

全程化管理有三个方面：一是实行快件寄递全程信息化管理，公布联系方式，向用户提供业务咨询、快件查询等服务；二是对收寄的快件进行验视内件，做出验视标识，对拒绝验视的快件不得收寄；三是自接到用户投诉之日起 7 日内予以处理并告知用户。

3. 采取安全措施

安全措施主要包括三个方面：一是与长期、批量接受快递服务的寄件人签订安全协议，明确双方的安全保障义务；二是依法建立健全安全生产责任制，依法制定突发事件应急预案；三是对依法没收、销毁或可能涉及违法犯罪的物品，应立即向有关部门报告并配合调查处理，对其他禁止寄递物品以及限制寄递物品，按法律、行政法规的规定处理。

4. 建立运单和电子数据管理制度

快递企业应妥善保管用户信息等电子数据，定期销毁快递运单，采取有效技术手段保证用户信息安全。快递企业及其从业人员不得出售、泄露或非法提供快递服务过程中知悉的用户信息，对可能发生用户信息泄露的，应立即采取补救措施，并向所在地邮政管理部门报告。

5. 实施公告制度

公告制度包括两个方面的内容:一是因不可抗力或其他特殊原因暂停快递服务的,应当及时向邮政管理部门报告,向社会公告暂停服务的原因和期限,并依法妥善处理尚未投递的快件;二是企业停止经营,应提前 10 日向社会公告,书面告知邮政管理部门,交回快递业务经营许可证,并依法妥善处理尚未投递的快件。

(二)快递企业规范操作

1. 阅读快递服务合同条款

寄件人在填写快递运单前阅读快递服务合同条款,遵守禁止寄递和限制寄递物品的有关规定,了解相关保价规则和保险服务项目。

2. 填写快递运单

寄件人交寄快件,应如实提供三个方面的信息:一是寄件人姓名、地址、联系电话;二是收件人姓名或名称、地址、联系电话;三是寄递物品的名称、性质、数量。寄件人交寄贵重物品的,应当事先声明。快递企业可要求寄件人对贵重物品予以保价。

 案例分析

消费者吴女士委托某快递公司寄递一块价值 6 200 欧元的欧米茄手表,邮费为 20 元,她拒绝了工作人员为这块表保价的建议。出单 10 日后,快递公司告知吴女士寄件在运送的过程中丢失,因未保价只能赔付 60 元。吴女士表示拒绝,并向消费者协会投诉,要求按照该表的实际价值赔付。

请分析,快递公司赔付 60 元是否有错?为什么?

3. 接受查验

寄件人交寄快件的,除信件和已签订安全协议用户交寄的快件外,应接受快递企业对身份查验和身份信息登记。

4. 规范投递操作

快递企业应根据约定的收件地址、收件人或收件人指定代收人进行投递，并告知其当面验收。属于进出境快件的，应依法办理海关和检验检疫手续。快件无法投递的，快递企业应当退回寄件人或根据寄件人的要求进行处理。对快件无法投递又无法退回的情形，可以采取三种处理方法：一是属于信件，自确认无法退回之日起超过6个月无人认领的，快递企业在所在地邮政管理部门的监督下销毁；二是属于信件以外其他快件的，快递企业应当登记，并按照国务院邮政管理部门的规定处理；三是属于进境快件的，交由海关依法处理，如果有依法应实施检疫的物品的，由出入境检验检疫部门依法处理。

五、法律责任

(一) 快递企业承担的法律责任

1. 承担行政责任的情形

(1) 未取得快递业务经营许可经营快递业务的，或经营由邮政企业专营信件寄递业务的，或寄递国家机关公文的，由邮政管理部门或市场监督管理部门责令改正，没收违法所得，并处5万元以上10万元以下的罚款。情节严重的，处10万元以上20万元以下的罚款，责令停业整顿直至吊销其快递业务经营许可证。

(2) 开办快递末端网点未向所在地邮政管理部门备案的，停止经营快递业务未提前10日向社会公告的，停止经营快递业务未书面告知邮政管理部门并交回快递业务经营许可证的，停止经营快递业务未依法妥善处理尚未投递的快件的，暂停快递服务未及时向邮政管理部门报告并向社会公告暂停服务的原因和期限的，两个以上经营快递业务的企业使用统一的商标、字号的，快递运单经营快递业务未遵守共同的服务约定的，未向用户提供统一的快件跟踪查询和投诉处理服务的，由邮政管理部门责令改正，处1万元以上5万元以下的罚款。情节严重的，处5万元以上10万元以下的罚款，并可以责令停业整顿。

(3) 冒领、私自开拆、隐匿、毁弃、倒卖、扣留或非法检查他人快件，尚不构成犯罪的，依法给予治安管理处罚，没收违法所得，并处5

万元以上10万元以下的罚款。情节严重的,处10万元以上20万元以下的罚款,并可以责令停业整顿直至吊销其快递业务经营许可证。

（4）未按照规定建立快递运单及电子数据管理制度的,未定期销毁快递运单的,出售、泄露或非法提供快递服务过程中知悉的用户信息的,发生或可能发生用户信息泄露情况,未立即采取补救措施或未向所在地邮政管理部门报告的,由邮政管理部门责令改正,没收违法所得,处1万元以上5万元以下的罚款。情节严重的,处5万元以上10万元以下的罚款,并可以责令其停业整顿,直至吊销其快递业务经营许可证。

2. 承担民事责任的情形

快递企业承担因快件延误、丢失、损毁或者内件短少的赔偿责任。对保价的快件,按约定的保价规则确定赔偿责任;对未保价的快件,依照民事法律的有关规定确定赔偿责任。

 案例分析

"双11"期间,小张在某电子商务平台购买了一个品牌女式皮包,下完订单后,在线进行支付。该电子商务平台委托TX快递公司进行配送,小张也随后对这个皮包的物流进行跟踪。1个月后,小张一直没有收到TX快递公司的收件通知,便向该公司进行投诉。TX快递公司对该物品进行调查,反馈的调查结果是快递员在配送过程中把物品弄丢了。

请分析,该损失应由谁承担?为什么?

(二) 快递从业人员承担的法律责任

1. 承担行政责任

个人经营邮政企业专营的信件寄递业务或寄递国家机关公文的,由邮政管理部门或市场监督管理部门责令改正,没收违法所得,并处5万元以上10万元以下的罚款;情节严重的,并处10万元以上20万元以下的罚款。

2. 承担刑事责任

经营快递业务的企业及其从业人员在经营活动中有危害国家安

全行为的,依法追究法律责任。

(三) 有关部门工作人员承担的法律责任

邮政管理部门和其他有关部门的工作人员在监督管理工作中滥用职权、玩忽职守、徇私舞弊的,依法给予处分。

 阅读思考

《2019 营商环境报告》——中国营商环境提升 32 位

2018 年 10 月 30 日,世界银行发布了一年一度的《2019 营商环境报告》,中国营商环境较去年大幅提升 32 位,位列全球第 46 名,为世界银行营商环境报告发布以来中国的最好名次。世界银行营商环境报告把上海和北京作为样本城市,其中上海权重为 55%。

世界银行在《2019 营商环境报告》中,向全球推荐了上海等实施的国际贸易单一窗口、企业登记"一窗通"服务、电力在线服务系统、施工许可一体化审批平台、房地产登记信息数字化系统等改革举措,这些举措促进了上海营商便利度。

上海的营商环境改革聚焦减时间、减环节、减成本。以企业为核心,以办事全流程便利为目标,依托"互联网＋政务服务",实现政府服务理念转变和系统性流程再造。营商环境是一个城市运行效率的综合体现,上海在多个全球知名的城市竞争力排名中名列前茅:在全球城市排名中名列全球第 9 名;在国际金融中心指数排名中名列全球第 5 名;在全球航运中心指数排名中名列全球第 4 名。2018 年 11 月 5 日,习近平主席在首届中国国际进口博览会开幕式主旨演讲中指出,"中国将营造国际一流营商环境。营商环境只有更好,没有最好"。上海将以"贸易投资最便利、行政效率最高、服务管理最规范、法治体系最完善"为目标,持续、全面、深化推进营商环境改革,全面打造国际一流的营商环境。

(续上)

> 请思考,在互联网与大众创业时代,打造一流营商环境对社会主义经济建设具有哪些现实意义?

复习与思考

一、单项选择题

1. 从事公共航空运输企业必须获得国务院民用航空主管部门批准的(　　)。

   A. 营业执照　　　　　　　B. 税务资质
   C. 经营许可证　　　　　　D. 许可证书

2. 公共航空运输企业承运人与托运人之间签订的运输合同是(　　)。

   A. 托运单　　　　　　　　B. 提单
   C. 航空货运单　　　　　　D. 装货单

3. 国内航空运输承运人的赔偿责任限额由(　　)制定。

   A. 机场主管部门　　　　　B. 国务院主管部门
   C. 民用航空主管部门　　　D. 运输主管部门

4. 航空货运赔偿时段是指在机场内、民用航空器上或机场外降落任何地点,托运货物处于(　　)掌管之下的期间。

   A. 启运机场　　　　　　　B. 承运人
   C. 货运代理　　　　　　　D. 托运人

5. 托运行李发生损失的,至迟应当自收到托运行李之日起(　　)日内提出。

   A. 7　　　B. 14　　　C. 10　　　D. 20

6. 货物发生损失的,至迟应当自收到货物之日起(　　)日内提出。

A. 7　　　　B. 14　　　　C. 10　　　　D. 20

7. 自民用航空器到达目的地点起（　　）为诉讼时效。

　A. 1年　　　B. 2年　　　C. 1年半　　　D. 2年半

8. （　　）运输合同是指承运人铁路运输企业与托运人之间权利和义务关系的协议。

　A. 公路货物　　　　　　B. 铁路货物
　C. 海运货物　　　　　　D. 航空货物

9. 邮政普遍服务业务范围内的邮件和汇款的损失赔偿，适用（　　）规定。

　A.《刑法》　　　　　　B.《邮政法》
　C. 民事法律　　　　　　D.《合同法》

10. 邮政汇款的汇款人自汇款之日起（　　）内，可以持收据向邮政企业查询。

　A. 半年　　　　　　　　B. 1年
　C. 2年　　　　　　　　D. 3年

二、多项选择题

1. 航空货运托运人的权利包括（　　）。

　A. 对货物处置权　　　　B. 对货物的交付权
　C. 对托运货物的索赔权　D. 对运费的支配权

2. 公共航空运输企业将危险品作为行李托运，应给予（　　）处罚。

　A. 没收违法所得　　　　B. 处违法所得1倍以下罚款
　C. 罚金　　　　　　　　D. 追究刑事责任

3. 航空人员玩忽职守或导致发生重大飞行事故并造成严重后果的，应给予（　　）处罚。

　A. 治安管理处罚　　　　B. 行政处罚
　C. 罚金　　　　　　　　D. 追究刑事责任

4. 海运提单为（　　）。

　A. 货物收据　　　　　　B. 索赔依据

C. 运输契约证明　　　　D. 物权凭证

5. 承运人将拍卖所得价款应用于(　　)。

A. 清偿保管

B. 拍卖费用

C. 运费

D. 应向承运人支付的其他费用

6. 铁路运输企业逾期30日仍未将货物交付收货人,(　　)有权向铁路运输企业索赔。

A. 当事人　　B. 托运人　　C. 收货人　　D. 承运人

7. 铁路运输企业不承担货物损失赔偿的情形有(　　)。

A. 因不可抗力事件导致的　　B. 物品本身自然属性引起的

C. 托运人过错导致的　　　　D. 非银行金融机构

8.《邮政法》适用的主体是我国的(　　)。

A. 企业　　　　　　　　B. 公民

C. 法人　　　　　　　　D. 其他组织

9.《邮政法》规定任何(　　)不得检查、扣留邮件和汇款。

A. 组织　　　　　　　　B. 个人

C. 公司　　　　　　　　D. 工作人员

10. (　　)或非法检查他人邮件、快件,尚不构成犯罪的,依法给予治安管理处罚。

A. 冒领　　　　　　　　B. 私自开拆

C. 隐匿　　　　　　　　D. 毁损

三、判断题

1. 海上货物运输合同可以书面订立,电报、电传和传真不具有书面效力。(　　)

2. 船舶在装货港开航前因不可抗力使合同不能履行的,双方均可解除合同。(　　)

3. 承运人对集装箱装运的货物的责任期间货物处于承运人掌管之下的全部期间。(　　)

4. 在承运人的责任期间发生货物灭失或损坏，承运人应当负赔偿责任。（　　）

5. 因承运人的过失，即使货物没有灭失或损坏，仍然应当负赔偿责任。（　　）

6. 承运人对自船舶抵达卸货港次日起满 30 日无人提取的货物，可向法院申请拍卖。（　　）

7. 拍卖不足的金额，承运人有权向托运人追偿。（　　）

8. 《邮政法》适用的客体是邮政服务。（　　）

9. 《邮政法》规定任何组织或个人不得以任何理由侵犯公民的通信自由和通信秘密。（　　）

10. 海关对进出境的国际邮袋、邮件集装箱和国际邮递物品实施监管，对进出境邮件实施检疫。（　　）

11. 因寄件人的过错导致给据邮件损失，邮政企业不承担赔偿责任。（　　）

12. 快递企业是指邮政企业以外的经营快递业务的企业。（　　）

13. 快递企业不得寄递国家机关公文，但是可以将信件打包后作为包裹寄递。（　　）

14. 邮政企业对故意延误投递邮件的从业人员给予处分。（　　）

四、简答题

1. 简述公共航空运输禁运的物品范围。
2. 简述航空运输期间的赔偿情形。
3. 简述铁路运输企业对无人领取货物的处理。
4. 简述寄递物品的限制范围。
5. 简述《邮政法》规定邮政企业对给据邮件损失的赔偿。
6. 简述快递业务经营许可的条件。
7. 简述邮政企业违法责任。

五、案例分析题

消费者宋小姐网购了一件皮装，从安徽广德快递寄到宁波，邮费为10元。一周后没有收到衣服,便上网查看物流信息,发现包裹还停留在宣城,几天后包裹还是停在宣城。宋小姐于是马上向快递公司经理投诉,被告知包裹丢失,同意赔偿。宋小姐在办理快递时没有对皮装进行保价,快递公司应赔偿多少钱?为什么?

敬业精神、营商环境、电商物流法律之析

2018年11月5日,习近平主席在首届中国国际进口博览会开幕式主旨演讲中指出,"中国将营造国际一流营商环境。营商环境只有更好,没有最好"。电子商务物流是电子商务产业链中的一个重要环节,其服务质量的好坏直接影响着终端企业和消费者的合法权益。营造更好的营商环境,实质就是要服务好企业,为企业创造一个便利化、法制化的市场环境,其中最关键的是提高企业和服务人员的敬业精神,忠于职守,脚踏实地,克己奉公,服务社会。

请以小组为单位依据本章电子商务物流法律制度的学习,结合"敬业精神、营商环境、电商物流法律之析"一文,谈谈培育和践行社会主义核心价值观"敬业"的现实意义。

第六章　利国之爱——电子商务结算法律制度

 学习目标

- ◆ 了解票据的种类、法定事项和出票流程。
- ◆ 熟悉结算的种类、流程、内容、要求以及申请支付业务许可证的相关规定。
- ◆ 明确习近平总书记指出的,要做到"利于国者爱之,害于国者恶之"的现实意义。
- ◆ 具备应用《中华人民共和国票据法》(以下简称《票据法》)《中国人民银行支付结算办法》(以下简称《支付结算办法》)和《非金融机构支付服务管理办法》的相关法律知识,合法开展电子商务支付的能力。

培育与践行社会主义核心价值观——"公正"

公正即公平和正义,是社会主义核心价值观的基本内容。伴随着社会经济的快速发展,在电子商务支付领域中监管不力、交易监测不力等事件时有发生。根据中国人民银行的有关信息,仅2017年对违反支付业务规定、违反银

（续上）

> 行卡收单业务规定、违反反洗钱相关规定，以及虚假广告宣传、价格战等市场行为开出的罚款单就有113张，罚金总额达2 500万元，并注销支付许可证19张。
>
> 为了规范票据和支付结算行为，促进支付服务市场健康发展，保护当事人的合法经济权益，保障社会主义市场经济健康发展，我国从1995年起先后颁布了《票据法》《支付结算办法》《非金融机构支付服务管理办法》。为此，作为一个准创业团队，上海立达电子商务有限公司的成员们需要学习并掌握对票据、支付结算和非金融机构支付服务等法律、法规的相关规定，将法律意识融入今后的创业活动中，做到习近平主席说的"利于国者爱之，害于国者恶之"。

第一节 《票据法》

一、《票据法》的基本概况

(一)《票据法》的颁布

为了规范票据行为，保障票据活动中当事人的合法权益，维护社会经济秩序，促进社会主义市场经济的发展，1995年5月10日，第八届全国人民代表大会常务委员会第十三次会议通过了《票据法》，自1996年1月1日起施行。该法于2004年8月通过第一次修订，当前版本为第十届全国人民代表大会常务委员会第十一次会议通过的修订版。

(二)《票据法》的框架

《票据法》共有7章：第一章为总则；第二章为汇票；第三章为本票；第四章为支票；第五章为涉外票据的法律适用；第六章为法律责任；第

七章为附则。以下结合电子商务活动介绍汇票、本票、支票和法律责任等相关内容。

(三)《票据法》的内涵

票据是以支付金钱为目的,由出票人签名,约定自己或另一个人无条件支付确定金额的可流通转让的有价证券。票据法是规定票据制度、调整票据活动产生的各种社会关系的法律规范的总称。它包括两方面的内容:一是基于票据行为而发生的票据当事人之间形成的票据权利和义务关系;二是为了保证票据的正常流通,做出特别规定,从而产生相应的社会关系。

二、汇票

(一)汇票的记载事项

汇票是出票人签发的,委托付款人在见票时或者在指定日期无条件支付确定的金额给收款人或者持票人的票据。汇票记载事项分为以下两个方面。

1. 法定记载事项

汇票是要式证券,出票人必须按规定记载法定内容,如果法定内容记载不全,该汇票无效。其要项有七个方面:一是标明"汇票"字样;二是无条件支付的委托;三是确定的金额,大写数字和小写数字必须一致;四是付款人名称,一般是指定银行;五是收款人名称,是受领汇票金额的人;六是出票日期;七是出票人签字,汇票签字后生效。

2. 非法定记载事项

非法定记载事项如果未在汇票上记载,并不影响汇票本身的效力,可依法律规定推定。其包括三个事项:一是付款日期、二是付款地、三是出票地。

(二)汇票的类型

1. 按出票人的不同划分

1) 银行汇票

银行汇票是指一家银行向另一家银行开出的汇票。

2）商业汇票

商业汇票是指出票人是工商企业或个人，付款人可以是企业或个人或银行的汇票。

2. 按付款时间的不同划分

1）即期汇票

即期汇票为见票即付，是指在提示付款或见票时应立即付款的汇票。

2）远期汇票

远期汇票是指在一定期限或特定日期须付款的汇票。其包括定日付款、出票后定期付款和见票后定期付款。

3. 按承兑人的不同划分

1）商业承兑汇票

商业承兑汇票是由工商企业或个人承兑的远期汇票，是以商业信用为基础的。

2）银行承兑汇票

银行承兑汇票是由银行承兑的远期汇票，是以银行信用为基础的。

4. 按是否可以转让划分

1）可转让汇票

汇票上未记载"不得转让"字样的，该汇票可以转让。

2）不可转让汇票

汇票上记载"不得转让"字样的，该汇票不得转让。

(三) 汇票当事人的责任

1. 出票人

出票人是指依法定方式做成票据并在票据上签名盖章，将票据交付给收款人的人。出票人签发汇票后，即承担保证该汇票承兑和付款的责任。

2. 收款人

收款人又称"抬头人"，是指票据到期有权收取票款的人。收款人是票据的主债权人，有时又是票据的持票人。

3. 付款人

付款人是指根据出票人的命令支付票款的人。它是票据的主债务人。

4. 背书人

背书人是指汇票转让时在票据背面或粘单上签字盖章的当事人。

(四) 汇票的票据行为

票据行为是指票据关系当事人为完成票据目的设立、变更、终止票据权利和票据义务的合法行为。其主要有以下五种行为。

1. 出票

出票是指出票人签发票据并将其交付给收款人的票据行为。出票由两种行为组成：一是出票人填制汇票并签字，未签字的汇票则无效；二是将汇票交付给收款人，如果仅为开票而开票，没有交付行为，不能算完成出票行为。汇票的出票人必须与付款人具有真实的委托付款关系，并且具有支付汇票金额的可靠资金来源。不得签发无对价的汇票用于骗取银行或其他票据当事人的资金。

2. 提示

提示是指出票人或持票人将汇票提交付款人要求承兑或付款的行为。

1) 提示承兑

承兑是指汇票付款人承诺在汇票到期日支付汇票金额的票据行为。提示承兑是指持票人向付款人出示汇票，并要求付款人承诺付款的行为。定日付款或出票后定期付款的汇票，持票人应当在汇票到期日前向付款人提示承兑；见票后定期付款的汇票，持票人应当自出票日起 1 个月内向付款人提示承兑。

付款人应当自收到提示承兑的汇票之日起 3 日内承兑，应向持票人签发收到汇票的回单，并在回单上记明汇票提示承兑日期并签章，还应在汇票正面记载"承兑"字样和承兑日期并签章；见票后定期付款的汇票，应当在承兑时记载付款日期。付款人承兑汇票后，应当承担到期付款的责任。

2) 提示付款

汇票签发以后，出票人或持票人可以通过提示要求付款人付款。如是即期汇票，付款人见票后应立即付款。

3. 背书

背书是指在票据背面或粘单上记载有关事项并签章的票据行为。

1) 背书的内容

背书是转让汇票权利的一种法定手续，由背书人签章并记载背书日期和被背书人名称。如果背书未记载日期，视为在汇票到期日前背书。

2) 背书的前手与后手

前手是指持票人以前所有的背书人，包括出票人；后手是指在票据签章人之后签章的其他票据债务人。以背书转让的汇票，后手应当对其直接前手背书的真实性负责。

3) 背书的效力

背书效力主要有四种情形：一是背书转让不得附有条件，如将汇票金额的一部分转让，其附有条件的背书无效；二是背书人在汇票上记载"不得转让"字样，其后手再背书转让的，原背书人对后手的被背书人不承担保证责任；三是背书记载"委托收款"字样的，被背书人有权代背书人行使被委托的汇票权利，但被背书人不得再以背书转让汇票权利；四是汇票被拒绝承兑、被拒绝付款或超过付款提示期限的，不得背书转让。

4. 保证

1) 保证事项

保证是指汇票债务由保证人承担保证责任的行为。保证人应由汇票债务人以外的第三人担当，其必须在汇票或粘单上记载五个方面的内容：一是表明"保证"的字样、二是保证人名称和住所、三是被保证人的名称、四是保证日期、五是保证人签章。保证不得附有条件；附有条件的，不影响对汇票的保证责任。

2) 保证人的责任与权利

保证人对合法取得汇票的持票人所享有的汇票权利,承担保证责任。被保证的汇票,保证人应当与被保证人对持票人承担连带责任。汇票到期后得不到付款的,持票人有权向保证人请求付款,保证人应当足额付款。保证人为2人以上的,保证人之间承担连带责任。

5. 付款

1) 付款的时间

付款是指付款人向持票人支付汇票金额的行为。即期汇票自出票日起1个月内向付款人提示付款;定日付款、出票后定期付款或见票后定期付款的汇票,自到期日起10日内向承兑人提示付款。通过委托收款银行或通过票据交换系统向付款人提示付款的,视同持票人提示付款。

2) 付款的行为

持票人获得付款的,应在汇票上签收,并将汇票交给付款人。持票人委托银行收款的,受委托的银行将代收的汇票金额转账收入持票人账户,视同签收。汇票金额为外币的,按照付款日的市场汇价以人民币支付,另有约定的,从其约定。付款人依法足额付款后,汇票上的一切债权债务即告终结。

(五) 追索权

汇票到期被拒绝付款的,持票人可以对背书人、出票人和汇票的其他债务人行使追索权。

1. 行使追索权的情形

追索权是指当汇票被拒付时,持票人可以向其直接前手进行追索,也可以选择前手中的一人或数人或全体行使追索的权利,请求其偿还汇票金额及其拖欠产生的利息和因追索所产生的一切费用。持票人可以行使追索权的情形:一是汇票被拒绝承兑的;二是承兑人或付款人死亡、逃匿的;三是承兑人或付款人被依法宣告破产的或因违法被责令终止业务活动的。

2. 行使追索权的证明

持票人行使追索权时,应当提供被拒绝承兑或被拒绝付款的有关证明。其有四种情形：一是持票人提示承兑或提示付款被拒绝的，承兑人或付款人必须出具拒绝证明，或出具退票理由书；未出具拒绝证明或退票理由书的，应当承担由此产生的民事责任。二是持票人因承兑人或付款人死亡、逃匿或其他原因，不能取得拒绝证明的，可以依法取得其他有关证明。三是承兑人或付款人被人民法院依法宣告破产的，人民法院的有关司法文书具有拒绝证明的效力。四是承兑人或付款人因违法被责令终止业务活动的，有关行政主管部门的处罚决定具有拒绝证明的效力。

持票人不能出示拒绝证明、退票理由书或按照规定期限提供其他合法证明的，丧失对其前手的追索权。但是，承兑人或付款人仍应当对持票人承担责任。

3. 行使追索权的通知

1) 通知的时限

持票人应当自收到被拒绝承兑或被拒绝付款的有关证明之日起 3 日内，将被拒绝事由书面通知其前手；其前手应当自收到通知之日起 3 日内书面通知其再前手。持票人也可以同时向各汇票债务人发出书面通知。

2) 通知的民事责任

未按照规定期限通知的，持票人仍可以行使追索权。因延期通知给其前手或出票人造成损失的，由没有按照规定期限通知的汇票当事人承担对该损失的赔偿责任，但是所赔偿的金额以汇票金额为限。在规定期限内将通知按照法定地址或约定的地址邮寄的，视为已经发出通知。书面通知应当记明汇票的主要记载事项，并说明该汇票已被退票。

4. 行使追索权的费用

持票人行使追索权请求被追索人支付金额和费用的规定如下：一是被拒绝付款的汇票金额；二是汇票金额自到期日或提示付款日起至清偿日止的利息；三是取得有关拒绝证明和发出通知书的费用。

被追索人清偿后可向其他汇票债务人支付金额和费用的规定如下：一是已清偿的全部金额；二是金额自清偿日起至再追索清偿日止的利息；三是发出通知书的费用。行使再追索权的被追索人获得清偿时，应当交出汇票和有关拒绝证明，并出具所收到利息和费用的收据。

三、本票

（一）本票的记载事项

本票是出票人签发的，承诺自己在见票时无条件支付确定的金额给收款人或者持票人的票据。本票记载事项分为以下两个方面。

1. 法定记载事项

本票未按照规定记载法定事项的，则无效。某决定记载事项有六个方面：一是表明"本票"的字样；二是无条件支付的承诺；三是确定的金额；四是收款人名称；五是出票日期；六是出票人签章。

2. 非法定记载事项

非法定记载事项未在本票上记载的，不影响其效力。其包括三个事项：一是付款日期，本票自出票日起不得超过 2 个月；二是付款地，未记载付款地的，出票人的营业场所为付款地；三是出票地，未记载出票地的，出票人的营业场所为出票地。

（二）本票的票据行为

本票的背书、保证、付款行为的行使与汇票的基本相同，在此不赘述。

四、支票

（一）支票的记载事项

支票是出票人签发的，委托办理支票存款业务的银行或者其他金融机构在见票时无条件支付确定的金额给收款人或者持票人的票据。支票的记载事项分为以下两个方面。

1. 法定记载事项

支票未按照规定记载法定事项的，则无效。其法定记载事项有六个方面:一是表明"支票"的字样;二是无条件支付的委托;三是确定的金额;四是付款人名称;五是出票日期;六是出票人签章。

2. 非法定记载事项

非法定记载事项未在支票上记载的,不影响其效力。其包括三个事项:一是付款地,未记载付款地的,出票人的营业场所为付款地;二是出票地,未记载出票地的,出票人的营业场所、住所或经常居住地为出票地。

(二) 开立账户

1. 提交证明材料

申请人开立支票存款账户时,必须使用其本名,并提交证明其身份的合法证件,并应预留其本名的签名式样和印鉴。

2. 存入资金

申请人开立支票存款账户时,必须存入一定的资金。

3. 领用支票

支票分为现金支票和转账支票。现金支票只能用于支取现金;转账支票只能用于转账,不得支取现金。

(三) 支票的票据行为

1. 签发支票

出票人签发支票的金额不得超过其付款时在付款人处实有的存款金额,禁止签发空头支票。不得签发与其预留本名的签名式样或印鉴不符的支票。

2. 提示付款

出票人必须按照签发的支票金额承担保证向该持票人付款的责任。支票持票人应自出票日起 10 日内提示付款;异地使用支票的提示付款的期限由中国人民银行另行规定。付款人对超过提示付款期限的支票,可以不付款,但是出票人仍应当对持票人承担票据责任。

3. 付款

支票限于见票即付,付款人应在当日足额付款。

五、法律责任

(一) 违法情形

票据相关当事人的违法有七种情形：一是伪造、变造票据的；二是故意使用伪造、变造的票据的；三是签发空头支票或故意签发与其预留本人签名式样或印鉴不符的支票，骗取财物的；四是签发无可靠资金来源的汇票、本票，骗取资金的；五是汇票、本票的出票人在出票时作虚假记载，骗取财物的；六是冒用他人的票据，或故意使用过期或作废的票据，骗取财物的；七是付款人同出票人、持票人恶意串通，实施前六项所列行为之一的。

(二) 处罚形式

1. 民事责任

《票据法》规定，金融机构和直接责任人员在票据业务中玩忽职守，对违法的票据予以承兑、付款或保证，给当事人造成损失的，由该金融机构和直接责任人员依法承担赔偿责任。票据的付款人故意压票，拖延支付，给持票人造成损失的，依法承担赔偿责任。其他违反《票据法》规定的行为，给他人造成损失的，应当依法承担民事责任。

2. 行政责任

《票据法》规定，具有上述票据欺诈行为之一，情节轻微的，依照国家有关规定给予行政处罚。票据付款人对见票即付或到期的票据，故意压票，拖延支付的，由金融行政管理部门处以罚款，对直接责任人员给予处分。金融机构工作人员在票据业务中玩忽职守，对违法予以承兑、付款或保证的，给予处分。

3. 刑事责任

《票据法》规定，具有上述票据欺诈行为之一的，依法追究刑事责任。金融机构工作人员在票据业务中玩忽职守，对违法的票据予以承兑、付款或保证，造成重大损失，构成犯罪的，依法追究刑事责任。

案例分析

A公司拟在深圳市成立B公司,财务总监小孙委托在深圳代办工商登记的小李代办,双方约定事成后由小孙支付给小李委托费7 000元。小李通过购买万勇、刘伟身份证后并以其名义办理公司设立和税务登记手续,因此,小孙在该地招商银行总行营业部开设了B公司临时账户,分别以万勇和刘伟为出资人存入人民币50万元作为注册资金。之后,小李依照约定办理了B公司的工商设立登记、税务登记,刻制了公司公章、财务专用章和公司法定代表人万勇的虚假印章。然后小李在招商银行总行营业部开设了B公司一般账户,并将临时账户上的注册资金50万元转入该账户,以公司财务专用章和万勇私章作为印鉴。1周后,小李冒用B公司财务专用章、公司法定代表人万勇的印章开出支票,在招商银行总行营业部提取现金人民币5万元,转账人民币44万元至其他公司,提现后占为己有,并关停手机,携款潜逃。

请分析,小李犯何罪?应处以何种处罚?

第二节 金融机构《支付结算办法》

一、《支付结算办法》的基本概况

(一)《支付结算办法》的颁布

为了规范支付结算行为,保障支付结算活动中当事人的合法权益,加速资金周转和商品流通,促进社会主义市场经济的发展,依据《票据法》《票据管理实施办法》和有关法律、行政法规的规定,中国人民银行制定《支付结算办法》,自1997年12月1日起施行。《支付结算办法》适用于我国境内的人民币支付结算。

(二)《支付结算办法》的框架

《支付结算办法》共有 6 章:第一章为总则;第二章为票据;第三章为信用卡;第四章为结算方式;第五章为结算纪律与责任;第六章为附则。

(三)《支付结算办法》的基本概念

1. 支付结算

支付结算是指单位和个人在社会经济活动中使用票据和信用卡等工具,通过汇兑、托收承付和委托收款结算方式进行货币给付及其资金清算的行为。

2. 代理付款人

代理付款人是指根据付款人的委托,代理其支付票据金额的银行。

3. 个人有效身份证件

个人有效身份证件是指居民身份证、军官证、警官证、文职干部证、士兵证、户口簿、护照、港澳台同胞回乡证等符合法律和行政法规以及国家有关规定的身份证件。

(四) 管理部门

支付结算实行集中统一和分级管理相结合的管理体制。中国人民银行总行负责制定统一的支付结算制度,组织、协调、管理和监督全国的支付结算工作,调解与处理银行之间的支付结算纠纷;中国人民银行省、自治区和直辖市分行根据统一的支付结算制度制定实施细则和单项支付结算办法,报经中国人民银行总行批准后执行;中国人民银行分行与支行负责组织、协调、管理和监督本辖区的支付结算工作,调解与处理本辖区银行之间的支付结算纠纷;政策性银行和商业银行总行根据统一的支付结算制度,结合本行情况制定具体管理实施办法,报经中国人民银行总行批准后执行,并负责组织、管理和协调本行内的支付结算工作,调解和处理本行内分支机构之间的支付结算纠纷。

(五)《支付结算办法》的基本原则

单位和个人以及银行办理支付结算必须遵守三项原则:一是恪

守信用,履约付款原则;二是谁的钱进谁的账,由谁支配原则;三是银行不垫款原则。

二、银行结算

(一) 银行账户

1. 申请账户

单位和个人应根据《银行账户管理办法》的规定向银行申请开立账户。

2. 账户种类

银行依法为单位和个人开立的账户有以下四种。

1) 基本存款账户

基本存款账户是指存款人办理日常转账结算和现金收付的账户。一个单位只能开立一个基本存款账户。它适用于资金收付、存款人工资、奖金和现金支取的业务。

2) 一般存款账户

一般存款账户是指存款人在基本存款账户以外的银行借款转存、与基本存款账户的存款人不在同一地点的附属非独立核算单位开立的账户。一般存款账户不得支取现金。它适用于存款人借款转存、借款归还、其他结算资金收付和现金缴存的业务。

3) 专用存款账户

专用存款账户是指存款人因特定用途需要开立的账户。适用于基本建设资金、住房基金、社会保障基金、财政预算外资金、单位银行卡备用金、证券交易结算资金等预算单位零余额账户。

4) 临时存款账户

临时存款账户是指存款人因临时经营活动需要开立的账户。它适用于设立临时机构、异地临时经营活动、注册验资和增资。

除国家法律与行政法规的规定以外,银行不得为任何单位或个人查询,不代任何单位或个人冻结、扣款,不得停止单位和个人存款的正常支付。

(二) 支付结算

1. 办理支付结算的对象

在银行开立存款账户的单位和个人以及没有开立存款账户的个人都可以通过银行办理支付结算。

2. 办理支付结算的条件

单位和个人在银行办理支付结算,该账户内必须有足够的资金保证支付,并提供规范的结算单据。

3. 办理支付结算单据的要求

1) 使用指定的票据和结算凭证

支付结算必须使用中国人民银行统一印制的票据凭证和统一规定的结算凭证,否则银行不予受理。

2) 正确填写票据和结算凭证

结算凭证应依据《正确填写票据和结算凭证的基本规定》的要求进行填写,记载单位和银行的全称或简称,中文大写数码和阿拉伯数码必须一致。

3) 规范票据和结算凭证签章

在票据和结算凭证上的签章有单位和银行的盖章、法定代表人或其授权代理人的签名或盖章、个人的签名或盖章。

4) 依规对票据和结算凭证记载事项的更改

金额、出票或签发日期、收款人名称事项不得更改,其他记载事项更改应由原记载人在更改处签章证明。

票据和结算凭证上的签章和其他记载事项应当真实,不得伪造、变造。票据上有伪造、变造的签章的,不影响票据上其他当事人真实签章的效力。

三、信用卡

银行结算工具除了银行汇票、商业汇票、银行本票和支票以外还有信用卡。信用卡是指商业银行向个人和单位发行的,凭以向特约单位购物、消费和向银行存取现金,且具有消费信用的特制载体卡片。

(一) 信用卡的发放

1. 发放信用卡的机构

商业银行和非银行金融机构经中国人民银行批准可以发行信用卡。非金融机构和境外金融机构的驻华代表机构不得发行信用卡和代理收单结算业务。

2. 发放信用卡的条件

申请发放信用卡的银行和非银行金融机构必须具备六个条件：一是符合中国人民银行颁布的商业银行资产负债比例监控指标；二是相应的管理机构；三是合格的管理人员和技术人员；四是健全的管理制度和安全制度；五是必要的电信设备和营业场所；六是中国人民银行规定的其他条件。

3. 发放信用卡的审批

商业银行和非银行金融机构开办信用卡业务须报经中国人民银行总行批准，其所属分行和支行开办信用卡业务，须报经辖区内中国人民银行分行和支行备案。

(二) 信用卡的申领

信用卡按使用对象可以分为单位卡和个人卡。

1. 单位卡的申领

开立基本存款账户的单位应提交申请表及有关资料，并按银行要求交存一定金额的备用金，由银行为其开立信用卡存款账户，并发给若干张信用卡。单位卡的账户资金应从其基本存款账户转账存入，不得交存现金，不得将销货收入的款项存入其账户。

2. 个人卡的申领

具有完全民事行为能力的公民提交申请表和有关资料一并送交发卡银行，银行为其开立信用卡存款账户，并发给信用卡。主卡持卡人还可为其配偶及年满18周岁的亲属申领附属卡，最多不得超过2张。个人卡的账户资金以其持有的现金存入或以其工资性款项及属于个人的劳务报酬收入转账存入。

(三) 信用卡使用的规定

1. 信用卡的使用范围

信用卡仅限于合法持卡人本人使用,持卡人不得出租或转借信用卡。持卡人可持信用卡在特约单位购物、消费,单位卡不得用于10万元以上的商品交易、劳务供应款项的结算。信用卡结算超过限额必须取得发卡银行的授权。

2. 特约单位受理信用卡的规定

特约单位不得拒绝受理有效信用卡的使用,不得因使用信用卡而向其收取附加费用,不得通过压卡、签单和退货等方式支付现金。

(四) 特约单位受理信用卡的操作

1. 审查信用卡的注意事项

特约单位受理信用卡应注意的事项有六个方面:一是确为本单位可受理的信用卡;二是信用卡在有效期内,未列入"止付名单";三是签名条上没有"样卡"或"专用卡"等非正常签名的字样;四是信用卡无打孔、剪角、毁坏或涂改的痕迹;五是持卡人身份证件或卡片上的照片与持卡人相符;六是卡片正面的拼音姓名与卡片背面的签名和身份证件上的姓名一致。如果审查信用卡时发现问题的,须及时与签约银行联系,并将止付的信用卡收回,交还发卡银行。

2. 受理信用卡支付的操作

1) 支付操作

在信用卡审查无误后,特约单位收银人员在签购单上压卡,填写实际结算金额、用途、持卡人身份证件号码、特约单位名称和编号,核对其签名与卡片背面签名无误后付款,并由持卡人在签购单上进行签名确认,然后归还其信用卡和身份证件以及第一联的签购单。

2) 退货操作

持卡人要求退货的,特约单位收银人员应使用退货单办理压(刷)卡,将退货单金额从当日签购单累计金额中抵减,并将退货单和签购单一并送交收单银行。

3) 日报表填写

在营业结束后,将当日受理的信用卡签购单汇总,计算手续费和净计金额,并填写汇总单和进账单,连同签购单一并送交收单银行办理进账。收单银行接到特约单位送交的各种单据,经审查无误后,为特约单位办理进账。

(五) 银行对信用卡的管理

1. 受理个人信用卡支取现金的操作

持卡人在发卡银行或代理银行支取现金时,提交信用卡和身份证件,由银行压(刷)卡后,填写取现单,经审查无误后交持卡人签名确认,并将现金、信用卡、身份证件和取现单回单联交给持卡人。发卡银行收到代理银行通过同城票据交换或本系统联行划转的各种单据审核无误后办理付款。

2. 信用卡的透支

信用卡透支期限最长为 60 天。自签单日或银行记账日起 15 日内按日息 5‰计算利息,超过 15 日按日息 10‰计算利息,超过 30 日或透支金额超过规定限额的,按日息 15‰计算利息。透支计息不分段,按最后期限或最高透支额的最高利率档次计息。

持卡人使用信用卡不得发生恶意透支。

3. 信用卡的挂失

持卡人在发现信用卡丧失时,应立即持本人身份证件或其他有效证明,提供有关情况,向发卡银行或代办银行申请挂失。发卡银行或代办银行审核后办理挂失手续。

4. 信用卡的销户

1) 信用卡销户的情形

持卡人在没有透支条件下可以销户。销户有七种情形:一是信用卡有效期满 45 天后,持卡人不更换新卡的;二是信用卡挂失满 45 天后,没有附属卡又不更换新卡的;三是信用卡被列入止付名单,并被发卡银行收回其信用卡 45 天的;四是持卡人死亡,并被发卡银行收回其信用卡 45 天的;五是持卡人要求销户或担保人撤销担保,并已交回全部信用卡 45 天的;六是信用卡账户 2 年以上未发生交易的;七是持卡人违反其他规定,并被发卡银行确认应取消资格的。

2) 信用卡账户余额处理

销户时,单位卡账户余额转入其基本存款账户,不得提取现金;个人卡账户可以转账结清,也可以提取现金。

3) 信用卡销户

发卡银行办理销户时收回信用卡,有效信用卡无法收回的,将其止付。

 案例分析

小王自 2018 年 10 月以来,在一张信用卡上多次透支且不按期限还款,欠款本息已超过 50 万元。信用社屡次电话和上门催收,无果。信用社报警后,警方两次传唤小王并告知其法律后果,但她称自己投资失败、资金无法周转。此后,她要么不接电话,要么称自己在外地。

请分析,小王信用卡透支构成何种行为?应给予其何处罚?

四、结算方式

(一) 汇兑

1. 汇兑的类型

汇兑是指汇款人委托银行将其款项支付给收款人的结算方式。汇兑适用于单位和个人的各种款项的结算。其有以下两种类型。

1) 信汇

信汇是以邮寄方式将汇款凭证转给外地收款人指定汇入行的一种结算方式。

2) 电汇

电汇是以电报、电传、环球银行间金融电讯网络(SWIFT)等方式将汇款凭证转发给收款人指定的汇入行,由汇入行通知收款人领款的一种结算方式。

2. 汇兑凭证记载事项

汇兑凭证必须记载九个事项：一是表明"信汇"和"电汇"字样；二是无条件支付的委托；三是确定的金额；四是收款人名称；五是汇款人名称；六是汇入地点、汇入行名称；七是汇出地点、汇出行名称；八是委托日期；九是汇款人签章。汇款凭证缺少上列记载事项之一的，银行不予受理。

3. 汇兑的解付

1）收款人为个人收款

汇兑凭证上记载收款人为个人的，收款人需要到汇入银行领取汇款，汇款人应在汇兑凭证上注明"留行待取"字样。

2）汇款人和收款人为个人收款

汇款人和收款人为个人并需要在汇入银行支取现金的，应在信汇和电汇凭证的"汇款金额"大写栏中，先写"现金"字样，后写汇款金额。汇出银行受理汇款人签发的汇兑凭证，经审查无误后向汇入银行办理汇款，并向汇款人签发汇款回单。汇入银行直接将汇款转入收款人账户，并向其发出收账通知。

3）未在银行开立存款账户的收款人

未在银行开立存款账户的收款人，凭信汇和电汇的取款通知或"留行待取"向汇入银行支取款项时交验本人的身份证件，并在信汇和电汇凭证上注明证件名称、号码及发证机关，并在"收款人签盖章处"签章。信汇凭签章支取的，收款人的签章必须与预留信汇凭证上的签章相符。银行审查无误后，以收款人的姓名开立应解汇款及临时存款账户，该账户只付不收，付完清户，不计付利息。

4）支取现金的规定

在信汇和电汇凭证上必须有按规定填明的"现金"字样，才能办理。未填明"现金"字样，需要支取现金的，由汇入银行按照国家现金管理规定审查支付。

5）委托取款的规定

收款人需要委托他人向汇入银行支取款项的，应在取款通知上签章,注明本人身份证件名称、号码、发证机关、"代理"字样和代理人姓名。代理人代理取款时,应在取款通知上签章,注明其身份证件名称、号码及发证机关,并同时交验代理人和被代理人的身份证件。

6) 转账支付的规定

转账支付时,应由原收款人向银行填制支款凭证,并由本人交验其身份证件办理支付款项。再从收款人账户将款项转入单位或个体工商户的存款账户,不得转入储蓄账户和信用卡账户。如果是转汇的,由原收款人向银行填制信汇或电汇凭证,交验其身份证件,银行必须在信汇或电汇凭证上加盖"转汇"戳记。

4. 撤销与退汇

1) 尚未汇出款项的撤销

对汇出银行尚未汇出的款项,汇款人可以申请撤销。汇款人向汇出银行出具正式函件或本人身份证件及原信汇或电汇回单,经汇出银行确认后收回原信汇或电汇回单,方可办理撤销。

2) 已汇出款项的退汇

汇款人对汇出银行已经汇出的款项可以申请退汇。其有两种情形:一是在汇入银行开立存款账户的收款人,由汇款人与收款人自行联系退汇;二是未在汇入银行开立存款账户的收款人,汇款人应出具正式函件或本人身份证件以及原信汇或电汇回单,由汇出银行通知汇入银行,经汇入银行核实汇款确未支付,并将款项汇回汇出银行,方可办理退汇。

3) 汇入银行退汇的情形

汇入银行退汇的情形有两种:一是确认收款人拒绝接受汇款的行为;二是汇入银行向收款人发出取款通知后 2 个月无法交付的汇款。

(二) 托收承付

托收承付是根据购销合同由收款人发货后委托银行向异地付款人收取款项,由付款人向银行承认付款的结算方式。

1. 托收承付的范围

1）适用的企业单位

收款单位与付款单位必须是国有企业、供销合作社以及经营管理较好，并经开户银行审查同意的城乡集体所有制工业企业。

2）适用的款项

结算款项必须是商品交易以及因商品交易而产生的劳务供应的款项。代销、寄销、赊销商品的款项，不得办理托收承付结算。

3）合同规定的结算方式

收付双方签有符合《合同法》规定的购销合同，并在合同上订明使用托收承付结算方式。

2. 托收的条件

1）托收商品必须提供相关证件或证明

这主要有九种情形：一是收款人办理托收的商品，必须具有铁路、航运、公路等运输部门签发的运单、运单副本和邮局包裹回执；二是商务部门内调拨的商品、自备运输工具发送或自提的商品、危险性的商品、使用专用工具或线路或管道运输的商品，必须具有付款人确已收到商品的证明，如提货单和发货明细表等；三是交通部门材料厂向交通系统供应的专用器材，必须具有签发注明车辆号码和发运日期的证明；四是军队使用军列整车装运物资，必须具有注明车辆号码、发运日期的单据，如果是军用仓库对军内发货的，必须具有原总后勤部签发的提货单副本；五是收款人承造或大修生产周期长的船舶、锅炉和大型机器等，按合同规定分次结算的，必须具有凭工程进度完工证明书；六是付款人购进的商品在收款人所在地转厂加工、配套的，必须具有凭付款人和承担加工、配套单位的书面证明；七是合同规定商品由收款人暂时代为保管的，必须具有凭寄存证及付款人委托保管商品的证明；八是使用"铁路集装箱"或将零担凑整车发运商品的，必须具有凭持有发运证件单位出具的证明；九是商务部门进口商品，必须具有国外发来的账单、进口公司开出的结算账单。

2）托收承付结算金额的限制

托收承付结算每笔的金额起点为1万元,新华书店系统每笔的金额起点为1 000元。

3）托收承付凭证的要求

签发托收承付凭证必须记载十个事项:一是表明"托收承付"的字样;二是确定的金额;三是付款人名称及账号;四是收款人名称及账号;五是付款人开户银行名称;六是收款人开户银行名称;七是托收附寄单证张数或册数;八是合同名称、号码;九是委托日期;十是收款人签章。托收承付凭证缺少其中一项,银行不予受理。

3. 托收业务流程

1）办理托收承付的手续

收款人按照购销合同发货后,将托收凭证并附发运证件或其他符合托收承付结算的有关证明和交易单证送交银行。

2）委托银行的受理

收款人开户银行接到托收凭证及其附件后,应当按照托收的范围、条件和托收凭证记载的要求认真进行审查,并做出是否受理的决定。审查时间最长不得超过次日。

3）付款银行的承付

付款人开户银行收到托收凭证及其附件后通知付款人,付款人应在承付期内审查核对,安排资金。承付货款有两种方式:一是验单付款,承付期为3天,从付款人开户银行发出承付通知的次日算起,付款人在承付期内未向银行表示拒绝付款,银行即视作承付,并在承付期满的次日将款项从付款人的账户划给收款人;二是验货付款,承付期为10天,付款人在银行发出承付通知的次日起10天内未收到提货通知的,应在第10天将货物尚未到达的情况通知银行,如果没有通知,银行即视作已经验货,于10天期满的次日将款项划给收款人。不论验单付款还是验货付款,付款人都可以在承付期内提前向银行表示承付,并通知银行提前付款。

4. 逾期付款

付款人在承付期满日时,如无足够资金支付,其不足部分,即为逾期未付款项,按逾期付款处理。

(1) 付款人开户银行对付款人逾期支付的款项,应当根据逾期付款金额和逾期天数,按每天 5‰ 计算逾期付款赔偿金。

(2) 赔偿金实行定期扣付,每月计算一次,于次月 3 日内单独划给收款人。

5. 拒绝付款

1) 拒绝全部或部分付款的情形

付款人在承付期内可向银行提出全部或部分拒绝付款。其主要包括七种情形:一是没有签订购销合同及未订明托收承付结算方式的款项;二是未经双方事先达成协议,收款人提前交货或因逾期交货,付款人不再需要该项货物的款项;三是未按合同规定的到货地址发货的款项;四是代销、寄销、赊销商品的款项;五是验单付款发现所列货物的品种、规格、数量、价格与合同规定不符的,以及对已到货物查验后发现与合同规定或发货清单不符的款项;六是验货付款,经查验货物与合同规定或与发货清单不符的款项;七是货款已经支付或计算有错误的款项。

2) 拒绝全部或部分付款的规定

付款人对以上情况提出拒绝付款时,必须填写"拒绝付款理由书"并签章,注明拒绝付款理由,涉及合同的应引证合同上的有关条款。属于商品质量问题,需要提供商品检验部门的检验证明;属于商品数量问题,需要提供数量问题的证明及其有关数量的记录;属于商务部门进口商品的,应当提供国家商品检验或运输等部门出具的证明。

开户银行必须认真审查拒绝付款理由,查验合同。对于付款人提出拒绝付款的手续不全、依据不足、理由不符合规定和不属于前文所述的七种拒绝付款情形的,以及超过承付期拒付和应当部分拒付改为全部拒付的,银行均不得受理,应实行强制扣款。

银行同意部分或全部拒绝付款的,应在拒绝付款理由书上签注意见。部分拒绝付款的,除办理部分付款外,应将拒绝付款理由书连同拒付证明和拒付商品清单邮寄收款人开户银行转交收款人;全部拒绝付款的,应将拒绝付款理由书连同拒付证明和有关单证邮寄收款人开户银行转交收款人。

6. 重办托收

收款人对被无理拒绝付款的托收款项,在收到退回的结算凭证及其所附单证后,需要委托银行重办托收,应当填写四联单的"重办托收理由书",将其中三联连同购销合同、有关证据和退回的原托收凭证及交易单证,一并送交银行。经开户银行审查,确属无理拒绝付款,可以重办托收。

7. 暂停办理托收的情形

收付双方办理托收承付结算,必须重合同、守信用。收款人对同一付款人发货托收累计3次收不回货款的,收款人开户银行应暂停收款人向该付款人办理托收。付款人累计3次提出无理拒付的,付款人开户银行应暂停其向外办理托收。

(三)委托收款

1. 委托收款的范围

委托收款是指收款人委托银行向付款人收取款项的结算方式。其适用范围如下:一是单位和个人凭已承兑商业汇票、债券、存单等付款人债务证明办理款项的结算;二是同城和异地办理款项的结算。

2. 委托收款的方式

委托收款可分为邮寄和电报划回两种方式。前者是以邮寄方式由付款人开户银行向收款人开户银行转送委托收款凭证、提供收款依据的方式;后者则是以电报方式由付款人开户银行向收款人开户银行转送委托收款凭证,提供收款依据的方式。

3. 委托收款凭证的记载事项

签发委托收款凭证必须记载七个事项:一是表明"委托收款"的字样;二是确定的金额;三是付款人名称;四是收款人名称;五是委托收款凭据名称及附寄单证张数;六是委托日期;七是收款人签章。缺少上列事项之一的,银行不予受理。

4. 委托收款的流程

1）收款人申请委托

收款人办理委托收款应向银行提交委托收款凭证和有关的债务证明。

2）银行付款

银行接到寄来的委托收款凭证及债务证明,审查无误办理付款。以银行为付款人的,银行应在当日将款项主动支付给收款人;以单位为付款人的,银行应及时通知付款人,按照有关办法规定,需要将有关债务证明交给付款人的应交给付款人,并签收。付款人接到通知的当日以书面通知银行付款,如果3日内未通知银行付款的,银行视同付款人同意付款,于第4日将款项划给收款人。

银行在办理划款时,付款人存款账户不足支付的,应通过被委托银行向收款人发出未付款项通知书。

5. 拒绝付款

付款人审查有关债务证明后,对收款人委托收取的款项需要拒绝付款的,可以办理拒绝付款。以银行为付款人的,应自收到委托收款及债务证明的次日起3日内出具拒绝证明连同有关债务证明、凭证寄给被委托银行,转交收款人;以单位为付款人的,应在付款人接到通知日的次日起3日内出具拒绝证明,持有债务证明的,应将其送交开户银行。银行将拒绝证明、债务证明和有关凭证一并寄给被委托银行,转交收款人。

五、结算纪律与责任

（一）遵守结算纪律

1. 单位与个人办理支付结算的纪律

单位和个人办理支付结算,不准签发没有资金保证的票据或远期支票,套取银行信用;不准签发、取得和转让没有真实交易和债权债务的票据;不准套取银行和他人资金;不准无理拒绝付款,任意占用他人资金;不准违反规定开立和使用账户。

2. 银行办理支付结算的纪律

银行办理支付结算不准以任何理由压票、任意退票、截留挪用客户和他行资金；不准无理拒绝支付应由银行支付的票据款项；不准受理无理拒付、不扣少扣滞纳金；不准违章签发、承兑、贴现票据，套取银行资金；不准签发空头的银行汇票、银行本票和办理汇款；不准在支付结算制度之外规定附加条件，影响汇路畅通；不准违反规定为单位和个人开立账户；不准拒绝受理、代理他行正常结算业务；不准放弃对企业、事业单位和个人违反结算纪律的制裁；不准逃避向中国人民银行转汇大额汇划款项。

（二）承担相关责任

1. 持卡人承担的责任

（1）持卡人必须妥善保管和正确使用其信用卡；否则，应按规定承担由此造成的资金损失。

（2）持卡人办理挂失后，被冒用造成的损失，有关责任人应按照信用卡章程的规定承担责任。

（3）持卡人使用信用卡进行商品交易、套取现金以及出租或转借信用卡的，应按规定承担行政责任。

（4）持卡人使用单位卡发生透支的，由其单位承担透支金额的偿还和支付透支利息的责任。

（5）持卡人使用单位卡将基本存款账户以外的存款和销货款收入的款项转入其信用卡账户的，应承担行政责任。

（6）持卡人使用个人卡的附属卡发生透支的，由其主卡持卡人承担透支金额的偿还和支付透支利息的责任。主卡持卡人丧失偿还能力的，由其附属卡持卡人承担透支金额的偿还和支付透支利息的责任。

（7）持卡人使用个人卡将单位的款项转入其信用卡账户的，应承担行政责任。

2. 单位、个人和银行承担的民事责任

（1）承兑人或付款人拒绝承兑或拒绝付款，未按规定出具拒绝证明，或出具退票理由书的，应当承担由此产生的民事责任。

(2) 持票人超过规定期限提示付款的,银行汇票、银行本票的出票人、商业汇票的承兑人,在持票人做出说明后仍应当继续对持票人承担付款责任;支票的出票人对持票人的追索,仍应当承担清偿责任。

(3) 持票人行使追索权时,持票人及其前手未按《票据法》规定期限将被拒绝事由书面通知其前手的,因延期通知给其前手或出票人造成损失的,由没有按照规定期限通知的票据当事人,在票据金额内承担民事赔偿责任。

(4) 持票人因不获承兑或不获付款,对其前手行使追索权时,票据的出票人、背书人和保证人对持票人承担连带责任。

(5) 票据债务人在持票人不获付款或不获承兑时,应向持票人清偿《票据法》规定的金额和费用。

(6) 付款单位对收款单位托收的款项逾期付款,应承担赔偿责任。

(7) 付款单位变更开户银行、账户名称和账户,未能及时通知收款单位,影响收取款项的,应承担逾期付款赔偿责任。

(8) 付款单位提出的无理拒绝付款,对收款单位重办的托收,应承担自第一次托收承付期满日起逾期付款赔偿责任。

(9) 银行办理支付结算,因工作差错发生延误,影响客户和他行资金使用的,按中国人民银行规定的同档次流动资金贷款利率计付赔偿金。

(10) 银行违反规定故意压票、退票、拖延支付,受理无理拒付、擅自拒付退票、有款不扣以及不扣、少扣赔偿金,截留挪用结算资金,影响客户和他行资金使用的,应承担赔偿责任;因重大过失错付或被冒领的,要负责资金赔偿。

3. 单位、个人和银行承担的行政责任

(1) 按照法定条件在票据上签章的,必须按照所记载的事项承担票据责任。

(2) 单位签发商业汇票后,必须承担保证该汇票承兑和付款的责任。单位和个人签发支票后,必须承担保证该支票付款的责任。

银行签发银行汇票、银行本票后,即承担该票据付款的责任。

（3）商业汇票的背书人背书转让票据后,即承担保证其后手所持票据承兑和付款责任。

银行汇票、银行本票或支票的背书人背书转让票据后,即承担保证其后手所持票据付款的责任。单位或银行承兑商业汇票后,必须承担该票据付款的责任。

票据的保证人应当与被保证人对持票人承担连带责任。

（4）变造票据除签章以外的记载事项的,在变造之前签章的人对原记载事项负责,在变造之后签章的人对变造之后的记载事项负责。如果不能辨别在票据被变造之前或之后签章的,视同在变造之前签章。

（5）付款人及其代理付款人以恶意或者重大过失付款的,应当自行承担责任。

（6）商业汇票的付款人在到期前付款的,由付款人自行承担所产生的责任。

（7）持票人不能出示拒绝证明、退票理由书或未按规定期限提供其他合法证明丧失对其前手追索权的,承兑人或者付款人应对持票人承担责任。

（8）单位和个人签发空头支票、签章与预留银行签章不符或支付密码错误的支票,应按照《支付结算办法》《票据管理实施办法》的规定承担行政责任。

（9）单位为票据的付款人,对见票即付或到期的票据,故意压票、拖延支付的,应按照《支付结算办法》《票据管理实施办法》的规定承担行政责任。

（10）发卡银行未按规定时间将止付名单发至特约单位,应承担因此造成的资金损失。

（11）银行未经批准发行信用卡的,帮助持卡人将其基本存款账户以外的存款或其他款项转入单位卡账户的,将单位的款项转入个人卡账户的,违反规定帮助持卡人提取现金的,应承担行政责任。

(12) 付款单位到期无款支付,逾期不退回托收承付有关单证的,应承担行政责任。

(13) 单位和个人办理支付结算,未按照《支持结算办法》的规定填写票据或结算凭证或者填写有误,影响资金使用或造成资金损失;票据或印章丢失,造成资金损失的,由其自行负责。

(14) 因单位和个人违反规定,被银行停止其使用有关支付结算工具,由此造成的后果由其自行负责。

(15) 单位和个人违反规定开立和使用账户的,应承担行政责任。

(16) 收款人或持票人委托的收款银行的责任,限于收到付款人支付的款项后按照票据和结算凭证上记载的事项将票据或结算凭证记载的金额转入收款人或持票人账户。

(17) 付款人委托的付款银行的责任,限于按照票据和结算凭证上记载事项从付款人账户支付金额。但托收承付结算中的付款人开户银行,应按照托收承付结算方式有关规定承担责任。

(18) 银行将支付结算的款项转入储蓄和信用卡账户的,应按规定承担行政责任。

(19) 银行签发空头银行汇票、银行本票和办理空头汇款的,应按照规定承担行政责任。

(20) 银行违反规定故意压票、退票、拖延支付,受理无理拒付、擅自拒付退票、有款不扣以及不扣、少扣赔偿金,截留、挪用结算资金的,应承担行政责任。

(21) 银行未按规定通过中国人民银行办理大额转汇的,应承担行政责任。

(22) 银行在结算制度之外规定附加条件,影响汇路畅通的,应承担行政责任。

(23) 银行违反规定开立和管理账户的,应承担行政责任。

(24) 违反国家法律、法规和未经中国人民银行批准作为中介机构经营结算业务的;未经中国人民银行批准开办银行汇票、银行本票、支票和信用卡业务的,应承担行政责任。

4. 相关当事人承担的责任

(1) 特约单位受理信用卡时,应按照规定的操作程序办理;否则,应承担因此造成的资金损失。

(2) 非金融机构和境外金融机构的驻华代表机构违反规定经营信用卡业务的,应按照规定承担行政责任。

(3) 金融机构工作人员在票据业务中玩忽职守,对违反规定的票据予以承兑、付款、保证或者贴现的,应承担行政责任;情节严重的,应追究刑事责任。

(4) 违反规定擅自印制票据的,应承担行政责任。

(5) 邮电部门在传递票据、结算凭证和拍发电报中,因工作差错而发生积压、丢失、错投、错拍、漏拍、重拍等,造成结算延误,影响单位、个人和银行资金使用或造成资金损失的,由邮电部门负责。

(6) 伪造、变造票据和结算凭证上的签章或其他记载事项的,应当承担民事责任;情节严重的,应追究刑事责任。

(7) 利用票据、信用卡和结算凭证欺诈构成犯罪的,承担行政责任;构成犯罪的,应承担刑事责任。

第三节 《非金融机构支付服务管理办法》

一、《非金融机构支付服务管理办法》的基本概况

(一)《非金融机构支付服务管理办法》的颁布

为促进支付服务市场健康发展,规范非金融机构支付服务行为,防范支付风险,保护当事人的合法权益,根据我国《银行法》等法律、法规,中国人民银行制定《非金融机构支付服务管理办法》,自 2010 年 9 月 1 日起施行。

(二)《非金融机构支付服务管理办法》的框架

《非金融机构支付服务管理办法》共有 5 章:第一章为总则;第二章

为申请与许可;第三章为监督与管理;第四章为罚则;第五章为附则。

(三)《非金融机构支付服务管理办法》的基本概念

1. 非金融机构支付服务

非金融机构支付服务是指非金融机构在收款人和付款人之间作为中介机构提供网络支付、预付卡发行与受理、银行卡收单和中国人民银行根据支付服务市场的发展趋势等确定的其他支付业务。

2. 网络支付

网络支付是指依托公共网络或专用网络在收付款人之间转移货币资金的行为,包括货币汇兑、互联网支付、移动电话支付、固定电话支付、数字电视支付等。

3. 预付卡

预付卡是指以营利为目的发行的、在发行机构之外购买商品或服务的预付价值,包括采取磁条、芯片等技术以卡片、密码等形式发行的预付卡。其不包括社会保障金预付卡、乘坐公共交通工具预付卡、通信费用预付卡和发行机构与特约商户为同一法人的预付卡。

4. 银行卡收单

银行卡收单是指通过销售点(POS)终端等为银行卡特约商户代收货币资金的行为。

5. 中国人民银行分支机构

中国人民银行分支机构是指中国人民银行副省级城市中心支行以上的分支机构。

二、支付业务许可证的申请

根据《非金融机构支付服务管理办法》的规定,非金融机构应取得《支付业务许可证》才能从事支付服务。未经中国人民银行批准,任何非金融机构和个人不得从事或变相从事支付业务。

(一) 出资人

1. 主要出资人的条件

主要出资人是指拥有申请企业实际控制权的出资人和持有申请

人 10% 以上股权的出资人。其应符合以下四个条件：

（1）为依法设立的有限责任公司或股份有限公司。

（2）截至申请日，连续为金融机构提供信息处理支持服务 2 年以上，或连续为电子商务活动提供信息处理支持服务 2 年以上。

（3）截至申请日，连续盈利 2 年以上。

（4）最近 3 年内未受到因利用支付业务实施违法犯罪活动或为违法犯罪活动办理支付业务等处罚。

2. 注册资本最低限额

申请企业注册资本最低限额为实缴货币资本。具体规定如下：

（1）拟在全国范围内从事支付业务的，其注册资本最低限额为 1 亿元人民币。全国范围内从事支付业务，包括申请人跨省、自治区和直辖市设立分支机构从事支付业务，或客户可跨省、自治区和直辖市办理支付业务的情形。

（2）拟在省、自治区和直辖市范围内从事支付业务的，其注册资本最低限额为 3 000 万元人民币。

（二）申请企业的条件

申请支付业务许可证的企业应具备下列九个条件：

（1）公司性质：在中华人民共和国境内依法设立的有限责任公司或股份有限公司，且为非金融机构法人。

（2）注册资本：有符合《非金融机构支付服务管理办法》规定的最低限额注册资本。

（3）出资人：有符合《非金融机构支付服务管理办法》规定的出资人。

（4）高级管理人员：有 5 名以上熟悉支付业务的高级管理人员，包括总经理、副总经理、财务负责人、技术负责人，并具有相关专业本科学历和相关工作 2 年以上的经历。

（5）反洗钱措施：主要包括反洗钱内部控制、客户身份识别、可疑交易报告、客户身份资料和交易记录保存等预防洗钱、恐怖融资等金融犯罪活动的措施。

(6) 支付业务设施：主要包括支付业务处理系统、网络通信系统以及容纳上述系统的专用机房等设施。

(7) 有健全的组织机构、内部控制制度和风险管理措施。

(8) 营业场所与安全保障措施：有符合要求的营业场所和安全保障措施。

(9) 无犯罪记录：申请企业及其高级管理人员最近3年内未受到因利用支付业务实施违法犯罪活动或为违法犯罪活动办理支付业务等处罚。

(三) 申请支付许可证的流程

申请《支付业务许可证》的企业，需经所在地中国人民银行分支机构审查后，报中国人民银行批准。

1. 申请企业提交文件与资料

申请企业向所在地中国人民银行分支机构提交下列文件与资料。

1) 书面申请

书面申请应载明申请人的名称、住所、注册资本、组织机构设置、拟申请支付业务等内容。

2) 公司营业执照（副本）复印件

营业执照（副本）复印件应当加盖申请企业的公章。

3) 公司章程

公司章程应当加盖申请企业的公章。

4) 验资证明

提供合法的验资证明，并加盖申请企业的公章。

5) 经会计师事务所审计的财务会计报告

财务会计报告是指截至申请日最近1年内的财务会计报告。申请人设立时间不足1年的，应当提交存续期间的财务会计报告。

6) 支付业务可行性研究报告

可行性研究报告应包括五个方面的内容：一是拟从事支付业务的市场前景分析；二是拟从事支付业务的处理流程，载明从客户发起支付业务到完成客户委托支付业务各环节的业务内容和相关资金流转情况;三是拟从事支付业务的技术实现手段;四是拟从事支付业务的风险分析及其管理措施,并区分支付业务各环节分别进行说明;五是拟从事支付业务的经济效益分析。

7) 反洗钱措施验收材料

该材料包括三个方面:一是反洗钱内部控制制度文件;二是反洗钱岗位设置及职责说明;三是开展可疑交易监测的技术条件说明。

8) 技术安全检测认证证明

技术安全检测认证证明是指据以表明支付业务设施符合中国人民银行规定的业务规范、技术标准和安全要求的文件、资料,应当包括检测机构出具的检测报告和认证机构出具的认证证书。

9) 高级管理人员的履历材料

履历材料包括高级管理人员的履历说明以及学历、技术职称相关证明材料。

10) 申请人及其高级管理人员的无犯罪记录证明材料

无犯罪记录证明材料由属地公安机关出具。

11) 主要出资人的相关材料

主要出资人相关材料包括:申请人关于出资人之间关联关系的说明材料;公司营业执照(副本)复印件;信息处理支持服务合作机构出具的业务合作证明;最近2年经会计师事务所审计的财务会计报告;最近3年内未因利用支付业务实施违法犯罪活动或为违法犯罪活动办理支付业务等受过处罚的证明材料。

12) 申请资料真实性声明

其是指由申请人出具的、据以表明申请人对所提交的文件、资料的真实性、准确性和完整性承担相应责任的书面文件。申请资料真实性声明应当由申请人的法定代表人签署并加盖公章。

2. 人民银行分支机构发出受理通知

中国人民银行分支机构依法审查受理的文件与资料,对符合要求的申请企业发出受理通知。

3. 申请企业公告相关事项

申请企业在收到中国人民银行分支机构的受理通知后按规定公告。公告事项包括：申请人的注册资本及股权结构；主要出资人的名单、持股比例及其财务状况；拟申请的支付业务；申请人的营业场所；支付业务设施的技术安全检测认证证明。

4. 中国人民银行审查批准

中国人民银行分支机构将初审意见和申请资料报送中国人民银行进行审查，依法核准后颁发《支付业务许可证》，并予以公告。

1)《支付业务许可证》的放置

《支付业务许可证》分为正本和副本，正本和副本具有同等法律效力。支付机构应当将《支付业务许可证》（正本）放置其住所显著位置。支付机构有互联网网站的，还应当在网站主页显著位置公示其《支付业务许可证》（正本）的影像信息。

2)《支付业务许可证》的有效期

《支付业务许可证》自颁发之日起，有效期5年，可在期满前6个月内向所在地中国人民银行分支机构提出续展申请。经中国人民银行准予续展的，续展的有效期为5年。

2017年8月4日，中国人民银行发文要求自2018年6月30日起，支付机构受理的涉及银行账户的网络支付业务全部通过网联平台处理。网联的上线宣告了第三方支付机构"直连"银行时代告一段落，开启了银行、网联、银联、第三方支付组成的线上支付市场的新格局。

（四）支付机构的变更与终止

1. 支付机构变更事项

支付机构变更相关事项应当在向公司登记机关申请变更登记前报中国人民银行同意。变更事项包括：变更公司名称、注册资本或组织形式；变更主要出资人；合并或分立；调整业务类型或改变业务覆盖范围。

2. 支付业务的终止

支付机构终止支付业务应向所在地中国人民银行分支机构提交公司法定代表人签署的书面申请、公司营业执照（副本）复印件、《支付业务许可证》复印件、客户合法权益保障方案、支付业务信息处理方案。经中国人民银行核准终止的，支付机构应按其批复完成终止工作，交回《支付业务许可证》。

3. 支付机构的终止

支付机构因解散、依法被撤销或被宣告破产而终止的，其清算事宜按照国家有关法律规定办理。

三、支付机构的监督与管理

根据《非金融机构支付服务管理办法》规定，支付机构依法接受中国人民银行的监督管理。监督管理的内容有以下几个方面。

（一）开展合法合规经营

1. 依法从事支付业务

（1）支付机构应当按照《支付业务许可证》核准的业务范围从事经营活动，不得从事核准范围之外的业务，不得将业务外包。支付机构不得转让、出租、出借《支付业务许可证》。

（2）支付机构的分公司从事支付业务的，支付机构及其分公司应当分别到所在地中国人民银行分支机构备案。

（3）支付机构应当遵循安全、效率、诚信和公平竞争的原则，不得损害国家利益、社会公共利益和客户合法权益。

（4）支付机构之间的货币资金转移应当委托银行业金融机构办理，不得通过支付机构相互存放货币资金或委托其他支付机构等形式办理。

（5）支付机构不得办理银行业金融机构之间的货币资金转移，经特别许可的除外。

（6）支付机构应当遵守反洗钱的有关规定，履行反洗钱义务。

2. 建立系统的管理措施

（1）支付机构应制定支付业务办法及客户权益保障措施，建立健全风险管理和内部控制制度,并报所在地中国人民银行分支机构备案。

(2) 支付机构应制定支付服务协议,明确其与客户的权利和义务、纠纷处理原则、违约责任等事项。支付机构应当公开披露支付服务协议的格式条款,并报所在地中国人民银行分支机构备案。

(3) 支付机构应当在客户发起的支付指令中记载有关事项,包括付款人名称、确定的金额、收款人名称、付款人的开户银行名称或支付机构名称、收款人的开户银行名称或支付机构名称和支付指令的发起日期。客户通过银行结算账户进行支付的,支付机构还应当记载相应的银行结算账号。客户通过非银行结算账户进行支付的,支付机构还应当记载客户有效身份证件上的名称和号码。

(4) 支付机构应当按规定核对客户的有效身份证件或其他有效身份证明文件,并登记客户身份基本信息。支付机构明知或应知客户利用其支付业务实施违法犯罪活动的,应当停止为其办理支付业务。

(5) 支付机构应当具备必要的技术手段,确保支付指令的完整性、一致性和不可抵赖性,支付业务处理的及时性、准确性和支付业务的安全性;具备灾难恢复处理能力和应急处理能力,确保支付业务的连续性。

3. 规范财务制度

(1) 支付机构应确定支付业务的收费项目和收费标准,并报所在地中国人民银行分支机构备案。支付机构应公开披露其支付业务的收费项目和收费标准。

(2) 支付机构应按规定向所在地中国人民银行分支机构报送支付业务统计报表和财务会计报告等资料。

(3) 支付机构接受客户备付金时,只能按收取的支付服务费向客户开具发票,不得按接受的客户备付金金额开具发票。

(4) 支付机构接受的客户备付金不属于支付机构的自有财产。

支付机构只能根据客户发起的支付指令转移备付金。禁止支付机构以任何形式挪用客户备付金。

(5) 支付机构接受客户备付金的,应当在商业银行开立备付金专用存款账户存放备付金。支付机构只能选择一家商业银行作为备付金存管银行,且在该商业银行的一个分支机构只能开立一个备付金专用存款账户。支付机构应当与商业银行的法人机构或授权的分支机构签订备付金存管协议,明确双方的权利、义务和责任。支付机构应当向所在地中国人民银行分支机构报送备付金存管协议和备付金专用存款账户的信息资料。

(6) 支付机构的分公司不得以自己的名义开立备付金专用存款账户,只能将接受的备付金存放在支付机构开立的备付金专用存款账户。

(7) 支付机构调整不同备付金专用存款账户头寸的,由备付金存管银行的法人机构对支付机构拟调整的备付金专用存款账户的余额情况进行复核,并将复核意见告知支付机构及有关备付金存管银行。支付机构应当持备付金存管银行的法人机构出具的复核意见办理有关备付金专用存款账户的头寸调拨。

(8) 备付金存管银行应当对存放在本机构的客户备付金的使用情况进行监督,并按规定向备付金存管银行所在地中国人民银行分支机构及备付金存管银行的法人机构报送客户备付金的存管或使用情况等信息资料。对支付机构违反相关规定使用客户备付金的申请或指令,备付金存管银行应当予以拒绝;发现客户备付金被违法使用或有其他异常情况的,应当立即向备付金存管银行所在地中国人民银行分支机构及备付金存管银行的法人机构报告。

(9) 支付机构的实缴货币资本与客户备付金日均余额的比例,不得低于10%。客户备付金日均余额是指备付金存管银行的法人机构根据最近90日内支付机构每日日终的客户备付金总量计算的平均值。

4. 依法依规保护商业信息

(1) 支付机构应依法保守客户的商业秘密,不得对外泄露。

（2）支付机构应按规定妥善保管客户身份基本信息、支付业务信息、会计档案等资料。

（3）支付机构应接受中国人民银行及其分支机构定期或不定期的现场检查和非现场检查，如实提供有关资料，不得拒绝、阻挠、逃避检查，不得谎报、隐匿、销毁相关证据材料。

 案例分析

2014年1月，某支付机构泄露了上千万张银行卡信息，涉及全国16家银行，截至7月31日，由于伪卡形成的损失已达3 900多万元。

请分析，该支付机构违反了《非金融机构支付服务管理办法》哪项规定？

（二）依法依规接受监督检查

根据《非金融机构支付服务管理办法》规定，支付机构依法依规接受中国人民银行的监督检查。

1. 检查的形式

检查的形式分为定期或不定期的现场检查和非现场检查。

2. 检查的内容和措施

中国人民银行对支付机构的公司治理、业务活动、内部控制、风险状况、反洗钱等工作进行检查。现场检查的内容和措施包括：询问支付机构的工作人员，要求其对被检查事项做出解释、说明；查阅、复制与被检查事项有关的文件、资料，对可能被转移、藏匿或毁损的文件、资料予以封存；检查支付机构的客户备付金专用存款账户及相关账户；检查支付业务设施及相关设施。

3. 停止支付业务的处罚

中国人民银行及其分支机构发现支付机构存在累计亏损超过其实缴货币资本的50%、有重大经营风险和有重大违法违规行为的现象，可责令其停止部分或全部支付业务。

四、法律责任

(一) 人民银行工作人员承担的责任

1. 违法违规情形

中国人民银行及其分支机构工作人员的违法违规情形如下:

(1) 违反规定审查批准《支付业务许可证》的申请、变更、终止等事项的。

(2) 违反规定对支付机构进行检查的。

(3) 泄露知悉的国家秘密或商业秘密的。

(4) 滥用职权、玩忽职守的其他行为。

2. 承担行政责任和刑事责任

中国人民银行及其分支机构工作人员有上述违法情形之一的,依法给予行政处分;构成犯罪的,依法追究刑事责任。

(二) 商业银行承担的责任

1. 违法违规情形

商业银行的违法违规情形如下:

(1) 未按规定报送客户备付金的存管或使用情况等信息资料的。

(2) 未按规定对支付机构调整备付金专用存款账户头寸的行为进行复核的。

(3) 未对支付机构违反规定使用客户备付金的申请或指令予以拒绝的。

2. 承担行政责任

商业银行有上述违法违规情形之一的,中国人民银行及其分支机构应责令其限期改正,并给予警告或处 1 万元以上 3 万元以下罚款。情节严重的,中国人民银行应责令其暂停或终止客户备付金存管业务。

(三) 支付机构承担的责任

1. 违法违规情形

支付机构的违法违规情形如下:

(1) 未按规定建立有关制度、办法或风险管理措施的。

(2) 未按规定办理相关备案手续的。

(3) 未按规定公开披露相关事项的。

(4) 未按规定报送或保管相关资料的。

(5) 未按规定办理相关变更事项的。

(6) 未按规定向客户开具发票的。

(7) 未按规定保守客户商业秘密的。

(8) 转让、出租、出借《支付业务许可证》的。

(9) 超出核准业务范围或将业务外包的。

(10) 未按规定存放或使用客户备付金的。

(11) 未遵守实缴货币资本与客户备付金比例管理规定的。

(12) 无正当理由中断或终止支付业务的。

(13) 拒绝或阻碍相关检查监督的。

(14) 其他危及支付机构稳健运行、损害客户合法权益或危害支付服务市场的违法违规行为。

(15) 支付机构未按规定履行反洗钱义务的。

(16) 支付机构超出《支付业务许可证》有效期限继续从事支付业务的。

(17) 以欺骗等不正当手段申请《支付业务许可证》但未获批准的。

(18) 以欺骗等不正当手段申请《支付业务许可证》且已获批准的。

2. 承担行政责任与刑事责任

支付机构有上述第(1)～第(7)项违法违规情形之一的,中国人民银行分支机构责令其限期改正,并给予警告或处 1 万元以上 3 万元以下罚款;支付机构有上述第(8)～第(16)项违法违规情形之一的,中国人民银行分支机构责令其限期改正,处 3 万元罚款,情节严重的,注销其《支付业务许可证》,构成犯罪的,依法追究刑事责任;支付机构有上述第(17)项违法违规情形的,申请人及持有其 5% 以上股权的出资人3年内不得再次申请或参与申请《支付业务许可证》;支付机构有上述第(18)项违法违规情形的,注销其《支付业务许可证》,申请人及持有其5%以上股权的出资人不得再次申请或参与申请《支付业务许可证》,构成犯罪的,依法追究刑事责任。

案例分析

2013年,某支付公司技术员工小刘利用工作之便,分多次在公司后台下载了公司的用户资料超过20G,并伙同他人多次以500元3万条的价格,将用户信息多次出售给电商公司和数据公司,包括公民个人的真实姓名、手机号、身份证号、电子邮箱、家庭住址、消费记录等,被当地警方逮捕。

请分析,该支付机构是否承担法律责任?

(四) 其他机构和个人承担的责任

任何非金融机构和个人未经中国人民银行批准擅自从事或变相从事支付业务的,中国人民银行及其分支机构应责令其终止支付业务。构成犯罪的,依法追究刑事责任。

阅读思考

宪法、法治——公平正义价值追求

党的十八届四中全会提出了"坚持依法治国首先要坚持依宪治国,坚持依法执政首先要坚持依宪执政"。党的十九大在全面依法治国的侧重点上提出了"加强宪法实施和监督,推进合宪性审查工作,维护宪法权威"的重要主张,提出到2035年基本建成法治国家、法治政府和法治社会。

我国社会主义法治的内涵是"依法治国,执法为民,公平正义,服务大局,党的领导",其中依法治国是核心内容,依法治国的目的在于执法为民,执法为民是本质要求,公平正义是价值追

(续上)

> 求,服务大局是重要使命,而党的领导是根本保证。
>
> 　　公平正义是中国特色社会主义的内在要求,是社会主义法治建设的根本目标,是社会主义和谐社会的基本特征,其价值被蕴涵和内化在社会法治理念当中,建立以权利公平、机会公平、规则公平为主要内容的社会公平保障体系,营造公平的社会环境。
>
> 　　请思考,宪法、法治、公正三者之间的内在关系,对学习结算法律制度具有哪些指导意义?

复习与思考

一、单项选择题

1. 下列各项中,不属于汇票法定记载事项的是(　　)。
   A. "汇票"字样　　　　　　B. 付款人名称
   C. 出票地　　　　　　　　D. 出票日期

2. 下列各项中,属于汇票法定记载事项的是(　　)。
   A. 付款日期　　　　　　　B. 付款地
   C. 收款人名称　　　　　　D. 出票地

3. 下列各项中,属于本票法定记载事项的是(　　)。
   A. "本票"字样　　　　　　B. 无条件支付的承诺
   C. 付款日期　　　　　　　D. 收款人名称

4. 支票持票人应自出票日起(　　)日内提示付款。
   A. 5　　　　B. 10　　　　C. 15　　　　D. 20

5. 持票人自收到被拒绝付款的有关证明之日起(　　)日内,将被拒绝事由书面通知其前手。
   A. 3　　　　B. 5　　　　C. 13　　　　D. 15

6. 商业银行和非银行金融机构开办信用卡业务须报经(　　)

批准。

A. 政策性银行 B. 中国人民银行分行
C. 中国人民银行总行 D. 商业银行总行

7. 持卡人使用信用卡套取现金以及出租或转借信用卡的,应承担(　　)责任。

A. 行政 B. 刑事
C. 民事 D. 道德

8. 持卡人使用单位卡将销货款收入的款项转入其信用卡账户的,应承担(　　)责任。

A. 行政 B. 刑事
C. 民事 D. 道德

9. 《非金融机构支付服务管理办法》规定,取得(　　)才能从事支付服务。

A. 银行从业资格证 B. 支付业务许可证
C. 金融从业资格证 D. 营业执照

10. 拟在全国范围内从事支付业务的,其注册资本最低限额为(　　)元人民币。

A. 1亿 B. 8 000万
C. 5 000万 D. 3 000万

11. 支付业务许可证的有效期为(　　)年。

A. 2　　　　B. 3　　　　C. 4　　　　D. 5

12. 银行签发空头银行汇票、银行本票和办理空头汇款的,应承担(　　)责任。

A. 行政 B. 刑事
C. 民事 D. 道德

13. 金融机构工作人员在票据业务中玩忽职守,情节严重的追究其(　　)责任。

A. 行政 B. 刑事
C. 民事 D. 道德

14. 非金融机构未经中国人民银行批准擅自从事支付业务的,构成犯罪的,追究其(　　)责任。

A. 行政　　　　　　　　B. 刑事

C. 民事　　　　　　　　D. 道德

二、多项选择题

1. 汇票的票据行为包括(　　)业务。

A. 出票

B. 提示、背书

C. 保证、付款

D. 符合发展趋势的其他支付

2. 下列各项中,属于支票法定记载事项的有(　　)。

A. 无条件支付的委托　　　B. 确定的金额

C. 出票人签章　　　　　　D. 出票地

3. 个人有效身份证件包括(　　)。

A. 身份证、户口簿

B. 军官证、警官证、士兵证、文职干部证

C. 护照、港澳台同胞回乡证

D. 工作证、学生证

4. 单位和个人以及银行办理支付结算必须遵守的原则有(　　)。

A. 恪守信用,履约付款原则

B. 公正诚信原则

C. 谁的钱进谁的账,由谁支配原则

D. 银行不垫款原则

5. 银行依法为单位和个人开立的账户有(　　)。

A. 基本存款账户　　　　　B. 一般存款账户

C. 专用存款账户　　　　　D. 临时存款账户

6. 单位和个人在银行办理支付结算的条件有(　　)。

A. 具有市场主体资格　　　B. 账户内须有足够的资金

C. 提供规范的结算单据　　　D. 属于合同当事人

7. 经中国人民银行批准可以发行信用卡的机构有（　　）。

A. 外资金融机构　　　　　　B. 非金融机构

C. 商业银行　　　　　　　　D. 非银行金融机构

8. 银行办理支付结算的纪律包括（　　）。

A. 不准签发没有资金保证的票据

B. 不准套取银行和他人资金

C. 不准无理拒绝付款

D. 不准违反规定开立和使用账户

9. 银行办理支付结算不准以任何理由（　　）。

A. 压票　　　　　　　　　　B. 任意退票

C. 截留挪用客户资金　　　　D. 截留挪用他行资金

10. 收款人办理委托收款应向银行提交（　　）。

A. 第三方证明　　　　　　　B. 委托收款凭证

C. 有关的债务证明　　　　　D. 相关合同书

11. 非金融机构可以提供的服务包括（　　）业务。

A. 网络支付

B. 预付卡发行与受理

C. 银行卡收单

D. 符合发展趋势的其他支付

12. 熟悉支付业务的高级管理人员包括（　　）。

A. 总经理　　　　　　　　　B. 副总经理

C. 财务负责人　　　　　　　D. 技术负责人

三、判断题

1.《非金融机构支付服务管理办法》是一部法律。　　　　　（　　）

2. 中国人民银行分支机构是指其副省级城市中心支行以上的分支机构。　　　　　　　　　　　　　　　　　　　　　（　　）

3. 支付业务许可证有效期满后不得续展。　　　　　　　　（　　）

4. 本票未按照规定记载法定事项的,则无效。　　　　　　（　　）

5. 出票人签发支票的金额可以超过其付款时在付款人处实有的存款金额。（　　）

6. 支付结算必须使用中国人民银行统一印制的票据凭证和统一规定的结算凭证。（　　）

7. 票据上有伪造、变造签章的，不影响票据上其他当事人真实签章的效力。（　　）

8. 信用卡持卡人可以将信用卡转借给亲属使用。（　　）

9. 个人卡账户资金可以将属于个人的劳务报酬收入转账存入。（　　）

10. 单位卡账户资金可以将销货收入的款项存入其账户。（　　）

11. 持卡人使用信用卡不得发生恶意透支。（　　）

12. 单位和个人办理支付结算，不准签发没有资金保证的票据。（　　）

13. 商业汇票的背书人背书转让票据后，即承担保证其后手所持票据承兑和付款责任。（　　）

14. 持卡人使用单位卡发生透支的，由其偿还透支金额和透支利息的责任。（　　）

四、简答题

1. 简述汇票持票人行使追索权的情形。
2. 简述申请发放信用卡的银行和非银行金融机构必须具备的条件。
3. 简述特约单位受理信用卡应注意的事项。
4. 简述委托收款的范围。
5. 简述申请支付业务许可证的企业应具备的条件。
6. 简述申请支付业务许可证应提供的文件与资料。

五、案例分析题

某年，小王通过网络向他人购买大量身份证正面的照片信息后，交由小杨。小杨利用其为某科技有限公司法定代表人的身份，虚构为其公司员工办理工资卡的事实,采取批量开卡的方式,办理农商银行的银行卡536张。小王为了牟利,以每张数十元的价格通过支付宝交易的方式陆续向小杨购买45张银行卡,并在淘宝网注册淘宝店铺,绑定支付宝,通过支付宝转账等方式予以销售牟利。

请分析,小杨犯何罪?如何处罚?

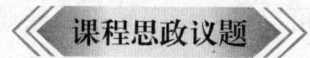

课程思政议题

公平正义、利国之爱、结算法律之析

"公平正义"是社会主义的核心价值,是社会稳定的根本基础。在社会主义经济建设中,要开展公平的市场竞争。2018年5月2日,习近平主席在北京大学师生座谈会上指出:要时时想到国家,处处想到人民,做到利于国者爱之,害于国者恶之。我国颁布的《票据法》《支付结算办法》和《非金融机构支付服务管理办法》的核心基本价值就是"义必公正",规范票据和支付结算行为,保护当事人的合法经济权益,保障社会主义市场经济健康发展。

请以小组为单位,依据本章电子商务结算法律制度的学习,结合"公平正义、利国之爱、结算法律之析"一文,谈谈培育和践行社会主义核心价值观"公正"的现实意义。

第七章 忠于职守——电子商务仲裁诉讼法律制度

 学习目标

◆ 了解仲裁和诉讼的基本原则和基本程序。
◆ 熟悉仲裁和诉讼的流程、内容和相关规定。
◆ 明确社会主义荣辱观"八荣八耻"的现实教育意义。
◆ 具备应用《中华人民共和国仲裁法》(以下简称《仲裁法》)和《中华人民共和国民事诉讼法》(以下简称《诉讼法》)的法律知识维护合法权益的能力。

倡导社会主义荣辱观——"八荣八耻"

电子商务当事人要忠诚地对待自己的职业岗位,尽力地遵守自己的职业本分,倡导社会主义荣辱观。荣是指人们对高尚的道德行为所做的客观评价;辱是指人们对违背公共利益的不道德行为的否定和贬斥。荣辱观是指人们对荣与辱的评价标准的价值确认。伴随着社会经济的快速发展,在电子商务交易中,因供应商、经营商缺乏忠于职守的精神导致消费者的投诉层出不穷。据"电子商务消费纠纷调解平台"

（续上）

> 大数据显示，2017年受理的投诉案件数同比增长了48.02%，2018年上半年受理投诉案件数量同比增长66.93%。
>
> 为了保护当事人的合法经济权益，保障社会主义市场经济健康发展，我国从1991年起先后颁布了《仲裁法》和《民事诉讼法》，消费者协会、仲裁机构和人民法院以事实为依据，以法律为准绳进行调解、仲裁和判决。为此，作为一个准创业团队，上海立达电子商务有限公司的成员们需要学习掌握法律关于调解、仲裁和诉讼等相关法律规定，结合"八荣八耻"的教育，做一个"爱国、敬业、诚信、友善"的公民。

第一节 《仲裁法》

一、《仲裁法》的基本概况

(一)《仲裁法》的颁布

为保证公正、及时地仲裁经济纠纷，保护当事人的合法权益，保障社会主义市场经济健康发展，1994年8月31日，第八届全国人民代表大会常务委员会第九次会议通过了《仲裁法》，自1995年9月1日起施行。该法先后于2009年8月和2017年9月通过两次修订，当前版本为第十二届全国人民代表大会常务委员会第二十九次会议通过的修订版。

(二)《仲裁法》的适用范围

1. 适用的主体

《仲裁法》适用的主体是我国的公民、法人和其他组织。

2. 适用的客体

《仲裁法》适用的客体是合同纠纷和其他财产权益纠纷,不包括婚姻、收养、监护、扶养、继承纠纷和行政争议。

(三)《仲裁法》的基本概念

1. 仲裁

仲裁是指发生争议的双方当事人自愿将其争议交于第三者进行评断,并做出双方当事人都有义务履行裁决的一种解决争议方式。

2. 经济仲裁

经济仲裁是指经济争议的双方当事人达成协议,将其在经济领域中的争议提交选定的仲裁机构进行裁决,并有义务履行裁决的一种解决争议方式。其包括经济合同仲裁、技术合同仲裁、专利纠纷仲裁、商标纠纷仲裁、产权纠纷仲裁、涉外经济纠纷仲裁。

3. 涉外仲裁

涉外仲裁是指争议的双方当事人达成仲裁协议,自愿将其在对外经济贸易及运输和海事领域中发生的争议提交协议指定的仲裁机构进行仲裁,并有义务履行裁决的一种解决争议的方式。

(四)《仲裁法》的基本原则

《仲裁法》的基本原则有以下四个方面。

1. 自愿仲裁原则

自愿仲裁原则是指发生争议的双方当事人自愿决定是否选择仲裁作为解决纠纷的途径、选择哪家仲裁机构仲裁、哪些争议事项提交仲裁、选择哪个仲裁员和哪种仲裁形式的仲裁庭以及选择哪种审理方式和开庭形式。

2. 或裁或审原则

或裁或审原则是指双方当事人在纠纷发生前或发生后,既可以达成仲裁协议提交仲裁机构裁决,也可以向人民法院提起诉讼进行判决。如果当事人达成仲裁协议的,就应当依据协议向仲裁机构申请仲裁,而不能向法院起诉,人民法院也不能受理当事人已经达成仲裁协议的起诉,但仲裁协议无效或失效的情形除外。

3. 依据事实和法律仲裁原则

依据事实和法律仲裁原则是指仲裁机构应当以客观案情为依据进行公平仲裁，以相关法律、法规为依据进行公正裁决的准则。

4. 独立仲裁原则

独立仲裁原则是指仲裁机构设置以及仲裁争议具有独立性，不受行政机关、社会团体和个人的干涉。其主要表现在两个方面：一是仲裁委员会是依法设立的独立的民间组织；二是仲裁委员会之间没有级别和地域限制，并与仲裁庭之间保持相对独立。

（五）仲裁委员会

1. 仲裁委员会的设立

1）仲裁委员会设立的条件

仲裁委员会又称仲裁机构，其可以在直辖市和省、自治区人民政府所在地的市设立，也可以根据需要在其他设区的市设立，由市人民政府组织有关部门和商会统一组建，并在省、自治区、直辖市的司法行政部门进行登记。设立仲裁委员会应具备四个方面的条件：一是有自己的名称、住所和章程；二是有必要的财产；三是有该委员会的组成人员；四是有聘任的仲裁员。仲裁委员会是民间性的组织，各委员会之间也相互独立，与行政、司法机关没有隶属关系。

2）仲裁委员会的类型

仲裁委员会的类型有两种：一是涉外仲裁委员会，其包括中国国际经济贸易仲裁委员会和中国海事仲裁委员会，主要仲裁涉外经济贸易、运输和海事中发生的纠纷；二是国内仲裁委员会，主要仲裁国内的平等主体的公民、法人和其他组织之间发生的合同纠纷。

2. 仲裁委员会的组成

仲裁委员会由主任、副主任和委员组成。涉外仲裁委员会设主任1人，副主任若干人和委员若干人，其可以由中国国际商会聘任；国内仲裁委员会设主任1人，副主任2~4人，委员7~11人，其中主任、副主任和委员由法律、经济贸易专家和有实际工作经验的人员担任，法律、经济贸易专家不得少于2/3。

3. 仲裁员

涉外仲裁委员会可以从具有法律、经济贸易、科学技术等专门知识的外籍人士中聘任仲裁员。国内仲裁委员会应当从公道正派的人员中聘任仲裁员,并按照不同专业设仲裁员名册。仲裁员必须符合下列其中一个条件:

(1) 通过国家统一法律职业资格考试取得法律职业资格,从事仲裁工作满8年的。

(2) 从事律师工作满8年的。

(3) 曾任法官满8年的。

(4) 从事法律研究、教学工作并具有高级职称的。

(5) 具有法律知识、从事经济贸易等专业工作并具有高级职称或者具有同等专业水平的。

(六) 仲裁协会

1. 仲裁协会的性质

仲裁协会是仲裁行业协会的简称,是社会团体法人,是以仲裁委员会和仲裁员为成员的自律性、管理性的行业组织。

2. 仲裁协会的职责

仲裁协会根据全国会员大会制定的章程对仲裁委员会及其组成人员、仲裁员的违纪行为进行监督,并依照《仲裁法》和《民事诉讼法》的有关规定制定仲裁规则。涉外仲裁规则可以由中国国际商会依照《仲裁法》和《民事诉讼法》的有关规定制定。仲裁协会不能直接进行仲裁业务,也不能干涉仲裁委员会和仲裁员的具体仲裁工作。

二、仲裁协议的订立

(一) 仲裁协议的形式

1. 仲裁条款

仲裁条款是指合同当事人订立的,将可能发生的合同纠纷及其他财产权益的争议提交仲裁解决的条款。它构成合同的一部分。仲裁条款是仲裁协议的一种最普遍和最重要的形式,许多商事合同中都记载有这种条款。

2. 仲裁协议书

仲裁协议书是指在商事合同没有规定仲裁条款的前提下,当合同当事人之间发生争议后,经过协商议定并共同签署的将其争议提交仲裁解决的一种专门性文件。仲裁协议书与仲裁条款有两点区别:仲裁协议书是发生争议后签订的,仲裁条款是争议发生前订立的;二是仲裁协议书是独立存在的,仲裁条款是合同的一个组成部分,不能独立存在。

在现实的商务活动中,双方当事人也会在来往的邮件、电传、电报和其他书面材料中,共同约定将他们之间可能发生或已发生的争议提交仲裁解决的意思表示。与仲裁条款、仲裁协议书不同的是,提交仲裁的意思表示不是集中表现在合同或单独的协议书中,而是分散在有关当事人双方相互往来的函件中。这种协议在商事仲裁实践中也是比较常见的。

(二) 仲裁协议的内容

仲裁协议应包括以下三个方面的内容。

1. 请求仲裁的意思表示

在仲裁协议中,当事人应有将发生的争议提交仲裁的明确表示。

2. 明确仲裁事项

当事人应先在仲裁协议中约定将什么样的争议提交仲裁,日后只能就仲裁协议中约定的争议事项向仲裁机构申请仲裁,这是仲裁机构行使仲裁管辖权的重要依据之一,也是当事人向法院申请执行仲裁裁决的一个必备要件。如果仲裁协议对仲裁事项没有约定或约定不明确的,当事人可以补充协议;达不成补充协议的,仲裁协议无效。

3. 选定仲裁委员会

仲裁委员会的选择包括两项内容:一是选择涉外仲裁委员会,还是国内仲裁委员会;二是选择常设仲裁委员会,还是临时仲裁委员会。如果仲裁委员会是常设仲裁委员会,还应明确指向的仲裁机构。如果仲裁协议对仲裁委员会没有约定或约定不明确的,当事人可以补充协议;达不成补充协议的,仲裁协议无效。

(三) 无效仲裁协议的情形

无效的仲裁协议有三种情形:一是仲裁协议约定的仲裁事项超出法律规定的仲裁范围的;二是无民事行为能力或限制民事行为能力人订立的仲裁协议;三是一方采取胁迫手段迫使对方订立仲裁协议的。发生上述情形之一的,该仲裁协议无效。

(四) 仲裁当事人起诉的处理

当事人达成仲裁协议,一方向人民法院起诉未声明有仲裁协议,人民法院受理后,另一方在首次开庭前提交仲裁协议的,人民法院应当驳回起诉;另一方在首次开庭前未对人民法院受理该案提出异议的,视为放弃仲裁协议,人民法院应当继续审理。

三、仲裁程序

(一) 仲裁申请

1. 符合仲裁申请的条件

当事人申请仲裁应当符合三项条件:一是有仲裁协议;二是有具体的仲裁请求、事实和理由;三是属于仲裁委员会的受理范围。

2. 提交仲裁的文件

仲裁文件主要包括仲裁协议、仲裁申请书及副本。仲裁申请书应当载明三个事项:一是当事人的姓名、性别、年龄、职业、工作单位和住所,法人或者其他组织的名称、住所和法定代表人或者主要负责人的姓名、职务;二是仲裁请求和所根据的事实、理由;三是证据和证据来源、证人姓名和住所。

(二) 仲裁申请的受理

1. 确定是否受理

仲裁委员会收到仲裁申请书之日起5日内,认为符合受理条件的,应当受理,并通知当事人;认为不符合受理条件的,应当书面通知当事人不予受理,并说明理由。

2. 告知相关事项

仲裁委员会受理仲裁申请后,应当在仲裁规则规定的期限内将仲裁规则和仲裁员名册送达申请人;将仲裁申请书副本和仲裁规则、仲裁员名册送达被申请人。被申请人收到仲裁申请书副本后,应当在仲裁规则规定的期限内向仲裁委员会提交答辩书。仲裁委员会收到答辩书后,应当在仲裁规则规定的期限内将答辩书副本送达申请人。被申请人未提交答辩书的,不影响仲裁程序的进行。

(三)仲裁庭的组成

1. 仲裁庭的组成方式

仲裁庭可以由3名仲裁员或1名仲裁员组成。由3名仲裁员组成的,设首席仲裁员。

2. 仲裁员的选任

当事人约定由3名仲裁员组成仲裁庭的,应当各自选定或各自委托仲裁委员会主任指定1名仲裁员,第三名仲裁员由当事人共同选定或共同委托仲裁委员会主任指定,其为首席仲裁员;当事人约定由1名仲裁员成立仲裁庭的,应当由当事人共同选定或共同委托仲裁委员会主任指定仲裁员。

当事人没有在仲裁规则规定的期限内约定仲裁庭的组成方式或选定仲裁员的,由仲裁委员会主任指定。仲裁庭组成后,仲裁委员会应当将仲裁庭的组成情况书面通知当事人。

3. 仲裁员的回避

仲裁员回避有四种情形:第一种是本案当事人或当事人、代理人的近亲属;第二种是与本案有利害关系的;第三种是与本案当事人、代理人有其他关系,可能影响公正仲裁的;第四种是私自会见当事人、代理人,或接受当事人、代理人的请客送礼的。如果仲裁员有违法情形的,仲裁委员会应当将其除名。

仲裁员是否回避,由仲裁委员会主任决定。仲裁委员会主任担任仲裁员时,由仲裁委员会集体决定。仲裁员因回避或其他原因不能履行职责的,应依法重新选定或指定。

(四) 仲裁的审理

仲裁一般不公开进行,如果当事人协议公开审理的,可以公开进行,但是涉及国家秘密的除外。仲裁一般应当开庭进行审理,当事人协议不开庭审理的,仲裁庭可以根据仲裁申请书、答辩书以及其他材料做出裁决。

1. 开庭通知

仲裁委员会应在仲裁规则规定的期限内将开庭日期通知双方当事人。如果当事人有正当理由请求延期开庭的,可以在仲裁规则规定的期限内提出申请。是否延期,由仲裁庭决定。当事人应在开庭时到庭,申请人无正当理由不到或未经仲裁庭许可中途退庭的,视为撤回申请。如果被申请人无正当理由不到或未经仲裁庭许可中途退庭的,视为缺席裁决。

2. 开庭审理

1) 举证

当事人应当在开庭时对自己的主张提供证据,当事人可以质证。仲裁庭认为有必要也可以自行收集证据作为裁决的依据。当事人在证据可能灭失或以后难以取得的情况下,可以申请证据保全,由仲裁委员会将当事人申请提交的证据交由所在地的基层人民法院。如果是涉外仲裁当事人申请证据保全的,涉外仲裁委员会应将当事人的申请提交证据所在地的中级人民法院。

2) 鉴定

仲裁庭对专门性问题认为需要鉴定的,可以交由当事人约定的鉴定部门鉴定,也可以由仲裁庭指定的鉴定部门鉴定。根据当事人的请求或仲裁庭的要求,鉴定部门应当派鉴定人参加开庭。当事人经仲裁庭许可,可以向鉴定人提问。

3) 辩论

当事人在审理过程中有权进行辩论。辩论终结时,首席仲裁员或独任仲裁员应当征询当事人的最后意见。

4) 仲裁笔录

仲裁庭应当将开庭情况进行笔录,当事人和其他仲裁参与人认为对自己陈述的记录有遗漏或差错的,有权申请补正。笔录由仲裁员、记录人员、当事人和其他仲裁参与人签名或盖章。

3. 和解、调解与裁决

当事人申请仲裁后,可以自行和解。在做出裁决前,可以先行调解,调解不成的,应当及时做出裁决。

1) 和解

当事人自行和解并达成和解协议的,可以请求仲裁庭根据和解协议作出裁决书,也可以撤回仲裁申请。当事人达成和解协议,撤回仲裁申请后反悔的,可以根据仲裁协议申请仲裁。

2) 调解

仲裁庭在做出裁决前,可以先行调解。当事人自愿调解的,仲裁庭应当调解。调解达成协议的,仲裁庭应当制作调解书或根据协议的结果制作裁决书。调解书与裁决书具有同等法律效力。

3) 裁决

仲裁庭进行调解后达不成协议的,应及时做出裁决。裁决应当按照多数仲裁员的意见做出,少数仲裁员的不同意见可以记入笔录。仲裁庭不能形成多数意见时,裁决应当按照首席仲裁员的意见做出。裁决书应当写明仲裁请求、争议事实、裁决理由、裁决结果、仲裁费用的负担和裁决日期。

裁决书由仲裁员签名,加盖仲裁委员会印章。对裁决持不同意见的仲裁员,可以签名,也可以不签名。裁决书自做出之日起发生法律效力。

一经仲裁庭解决,该裁决即发生终局的法律效力,当事人不能就同一纠纷向人民法院起诉,也不能向其他仲裁机构再申请仲裁。

当事人收到仲裁裁决书后,如果发现裁决书中有书写、打印、计算上的错误或其他类似性质的错误,可以在其收到裁决书之日起30天内书面通知仲裁庭做出更正;如确有错误,仲裁庭应在收到书面申请之日起 30 天内自行以书面形式做出更正。

当事人可以在收到仲裁裁决书之日起 30 天内请求仲裁庭就裁决书中漏裁的事项做出补充裁决。该请求应以书面形式提出。

仲裁庭也可以在发出仲裁裁决书之日起 30 天内自行做出补充裁决。对裁决的书面更正及补充裁决均构成原裁决的一部分。

 案例分析

乐然电子商务有限公司与民联电子商务有限公司签订了服装采购合同,双方就交货的商品品质发生了纠纷,经当地仲裁委员会仲裁做出裁决。乐然电子商务有限公司对该裁决不服,向当地人民法院起诉。

请分析,人民法院能受理这个民事纠纷案件吗?为什么?

(五)仲裁裁决的撤销

1. 申请撤销裁决的情形

当事人提出证据证明裁决有符合《仲裁法》规定撤销的条件,可以向仲裁委员会所在地的中级人民法院申请撤销裁决。其具体有六种情形:一是没有仲裁协议的;二是裁决的事项不属于仲裁协议的范围或仲裁委员会无权仲裁的;三是仲裁庭的组成或仲裁的程序违反法定程序的;四是裁决所根据的证据是伪造的;五是对方当事人隐瞒了足以影响公正裁决的证据的;六是仲裁员在仲裁该案时有索贿受贿,徇私舞弊,枉法裁决行为的。人民法院经组成合议庭审查核实裁决有上述情形之一的,应当裁定撤销。如果人民法院认定该裁决违背社会公共利益的,应当裁定撤销。

2. 申请撤销裁决的期限

当事人申请撤销裁决的,应当自收到裁决书之日起 6 个月内提出。人民法院应当在受理撤销裁决申请之日起 2 个月内做出撤销裁决或驳回申请的裁定。

3. 申请撤销裁决的后果

人民法院受理撤销裁决的申请后,认为可以由仲裁庭重新仲裁的,通知仲裁庭在一定期限内重新仲裁,并裁定中止撤销程序。仲裁庭拒绝重新仲裁的,人民法院应当裁定恢复撤销程序。

四、仲裁执行

(一) 当事人应当履行裁决

一方当事人不履行的,另一方当事人可以依照《民事诉讼法》的有关规定向人民法院申请执行。受申请的人民法院应当执行。

(二) 裁决中止、终结与恢复执行

一方当事人申请执行裁决,另一方当事人申请撤销裁决的,人民法院应当裁定中止执行。人民法院裁定撤销裁决的,应当裁定终结执行。

撤销裁决的申请被裁定驳回的,人民法院应当裁定恢复执行。

涉外仲裁委员会做出的发生法律效力的仲裁裁决,当事人请求执行的,如果被执行人或其财产不在中华人民共和国领域内,应当由当事人直接向有管辖权的外国法院申请承认和执行。

第二节 《民事诉讼法》

一、《民事诉讼法》基本概况

(一)《民事诉讼法》的颁布

1991年4月9日,第七届全国人民代表大会常务委员会第四次会议通过了我国《民事诉讼法》,自公布之日起施行。该法先后于2007年10月、2012年8月和2017年6月通过三次修订,当前版本为第十二届全国人民代表大会常务委员会第二十八次会议通过的修订版。

(二)《民事诉讼法》的适用

《民事诉讼法》的适用有三个方面:一是中国境内公民之间、法人之间、其他组织之间以及他们相互之间因财产关系和人身关系提起的民事诉讼;二是外国人、无国籍人、外国企业和组织在我国人民法院的起诉和应诉;三是外国法院对我国公民、法人和其他组织的民事诉讼权利加以限制的,对该国公民、企业和组织的民事诉讼。

(三)《民事诉讼法》的基本概念

1. 原告

原告是指为保护自己的合法权益,以自己的名义向法院提起诉讼,从而引起诉讼程序发生的人,包括公民、法人或其他组织。法人由法定代表人进行诉讼,其他组织由其主要负责人进行诉讼。

2. 被告

被告是指侵犯原告利益而被追究民事责任,并经法院通知其应诉的人,包括公民、法人或其他组织。

3. 诉讼代理人

诉讼代理人是指在代理的权限内,代理被代理人进行诉讼活动的人。诉讼代理人可以是律师、基层法律服务工作者,也可以是当事人近亲属或所在社区、单位的工作人员等。

4. 审判员

审判员是指在人民法院审判案件所组成的合议庭中,负责组织审判活动的审判人员。省或直辖市设立的中级人民法院的审判员由省和直辖市人大常务委员会任免,其他各级人民法院审判员由同级人大常务委员会任免。

5. 陪审员

陪审员又称人民陪审员,是指在法院审判工作中,享有与审判员同等权利和义务,并负责对案件的案情了解和处理的公民。

6. 书记员

书记员是指在人民法院内担任办理案件的记录和有关事项的工作人员。

7. 鉴定人

鉴定人是指人民法院指派或聘请,运用专门知识或技能对案件的专门性问题进行鉴别和判断的人员。

8. 勘验人

勘验人是指在民事诉讼过程中,在当事人申请之下勘验物证或现场取证或固定证据的行为的人。勘验人可以是人民法院内部的专职勘验人,可以是审判庭成员,也包括在特殊技术领域内聘请的其他成员。

(四)《民事诉讼法》的基本原则

1. 独立原则

独立原则是指人民法院依照法律规定对民事案件独立进行审判,不受行政机关、社会团体和个人干涉的原则。

2. 事实与法律为依据原则

事实与法律为依据原则是指人民法院以事实为根据,以法律为准绳的准则进行公正审理的原因。

3. 平等原则

平等原则是指人民法院审理民事案件,应当保障和便利当事人行使诉讼权利,对当事人在适用法律上一律平等的原因。

4. 自愿与合法原则

自愿原则是指人民法院审理民事案件应根据自愿和合法的原则进行调解,调解不成的,应当及时判决的原因。

(五)管辖

1. 级别管辖

级别管辖是指对各级审判机构依据案件的性质、情节轻重和影响范围大小来对第一审案件管辖范围的划分。其具体内容如下。

1)基层人民法院

基层人民法院管辖第一审民事案件,但《民事诉讼法》另有规定的除外。

2) 中级人民法院

中级人民法院管辖重大涉外案件、在本辖区有重大影响的案件和最高人民法院确定由其管辖的案件。

3) 高级人民法院

高级人民法院管辖在本辖区有重大影响的第一审民事案件。

4) 最高人民法院

最高人民法院管辖在全国有重大影响的案件、认为应由最高人民法院审理的案件。

2. 地域管辖

地域管辖是指同级人民法院之间，按照各自辖区对第一审案件审理的分工。地域管辖是在级别管辖基础上，从横的方面来确定案件由哪个法院来受理。其具体内容如下。

1) 被告地管辖

被告地管辖有五种情形：第一种是对公民提起的民事诉讼由被告住所地人民法院管辖，被告住所地与经常居住地不一致的，由经常居住地人民法院管辖；第二种是对法人或其他组织提起的民事诉讼由被告住所地人民法院管辖，同一诉讼的几个被告住所地、经常居住地在两个以上人民法院辖区的，各级人民法院都有管辖权；第三种是因合同纠纷提起的诉讼由被告住所地或合同履行地人民法院管辖；第四种是因保险合同纠纷提起的诉讼由被告住所地或保险标的物所在地人民法院管辖；第五种是因票据纠纷提起的诉讼，由票据支付地或被告住所地人民法院管辖。

2) 原告地管辖

原告地管辖有四种情形：第一种是对不在我国居住的人提起有关身份关系的诉讼，由原告住所地人民法院管辖。原告住所地与经常居住地不一致的，由原告经常居住地人民法院管辖。第二种是对下落不明或宣告失踪的人提起的有关身份关系的诉讼，由原告住所地人民法院管辖。原告住所地与经常居住地不一致的，由原告经常居住地人民法院管辖。第三种是对被采取强制性教育措施的人提起诉讼,由原告住所地人民法院管辖。原告住所地与经常居住地不一致的,由原告经常居住地人民法院管辖。第四种是对被监禁人提起的诉讼,由原告住所地人民法院管辖。原告住所地与经常居住地不一致的,由原告经常居住地人民法院管辖。

3) 其他管辖

其他管辖有七种情形:第一种是因公司设立、确认股东资格、分配利润、解散等纠纷提起的诉讼,由公司住所地人民法院管辖;第二种是因铁路、公路、水上、航空运输和联合运输合同纠纷提起的诉讼,由运输始发地、目的地或被告住所地人民法院管辖;第三种是因侵权行为提起的诉讼,由侵权行为地或被告住所地人民法院管辖;第四种是因铁路、公路、水上和航空事故请求损害赔偿提起的诉讼,由事故发生地或车辆、船舶最先到达地、航空器最先降落地或被告住所地人民法院管辖;第五种是因船舶碰撞或其他海事损害事故请求损害赔偿提起的诉讼,由碰撞发生地、碰撞船舶最先到达地、加害船舶被扣留地或被告住所地人民法院管辖;第六种是因海难救助费用提起的诉讼,由救助地或被救助船舶最先到达地人民法院管辖;第七种是因共同海损提起的诉讼,由船舶最先到达地、共同海损理算地或航程终止地的人民法院管辖。

4) 专属管辖情形

专属管辖有三种情形:第一种是因不动产纠纷提起的诉讼,由不动产所在地人民法院管辖;第二种是因港口作业中发生纠纷提起的诉讼,由港口所在地人民法院管辖;第三种是因继承遗产纠纷提起的诉讼,由被继承人死亡时住所地或主要遗产所在地人民法院管辖。

5) 选择管辖

选择管辖有两种情形:第一种是合同或其他财产权益纠纷的当事人可以书面协议选择被告住所地、合同履行地、合同签订地、原告住所地、标的物所在地等与争议有实际联系的地点的人民法院管辖,但不得违反级别管辖和专属管辖的规定。第二种是两个以上人民法院都有管辖权的诉讼,原告可以向其中一个人民法院起诉。原告向两个以上有管辖权的人民法院起诉的,由最先立案的人民法院管辖。

3. 移送管辖

人民法院发现受理的案件不属于本院管辖的,应当移送有管辖权的人民法院,受移送的人民法院应当受理。受移送的人民法院认为受移送的案件依照规定不属于本院管辖的,应当报请上级人民法院指定管辖,不得再自行移送。

4. 指定管辖

指定管辖有以下三种情形:

(1) 有管辖权的人民法院由于特殊原因,不能行使管辖权的,由上级人民法院指定管辖。

(2) 人民法院之间因管辖权发生争议,由争议双方协商解决,协商解决不了的,报请他们的共同上级人民法院指定管辖。

(3) 上级人民法院认为所管辖的第一审民事案件需要下级人民法院审理的,下级人民法院认为所管辖的第一审民事案件需要由上级人民法院审理的,应报请各自上级人民法院批准。

(六) 审判组织

1. 一审审判组织构成

人民法院审理第一审民事案件,由审判员、陪审员共同组成合议庭或由审判员组成合议庭。合议庭的成员人数为单数,适用简易程序审理的民事案件由审判员一人独任审理。

2. 二审审判组织构成

人民法院审理第二审民事案件,由审判员组成合议庭,成员人数为单数。发回重审的案件,原审人民法院应当按照第一审程序另行组成合议庭。审理再审案件,原来是第一审的,按照第一审程序另行组成合议庭;原来是第二审的或是上级人民法院提审的,按照第二审程序另行组成合议庭。

二、当事人

(一) 当事人的权利

民事诉讼的当事人包括公民、法人和其他组织。其享有的权利如下：一是当事人有权委托代理人提出回避申请，收集、提供证据，进行辩论，请求调解，提起上诉，申请执行；二是当事人可以查阅本案有关材料，并可以复制本案有关材料和法律文书。

(二) 当事人的义务

当事人必须依法行使诉讼权利，遵守诉讼秩序，履行发生法律效力的判决书、裁定书和调解书。

(三) 审判人员的回避

1. 书记员、鉴定人、勘验人的回避

适用于书记员、鉴定人、勘验人的回避情形如下：

(1) 本案当事人或当事人、诉讼代理人近亲属的。

(2) 与本案有利害关系的。

(3) 本案当事人、诉讼代理人有其他关系，可能影响对案件公正审理的。

2. 审判人员的回避

适用于审判人员的回避情形如下：

(1) 审判人员接受当事人、诉讼代理人请客送礼。

(2) 违反规定会见当事人、诉讼代理人。

3. 回避审判人员的决定

院长担任审判长时的回避由审判委员会决定；审判人员的回避由院长决定；其他人员的回避由审判长决定。

三、审判程序

(一) 简易程序

1. 简易程序的适用范围

简易程序的适用范围有两类：一是对事实清楚、权利和义务关系明确、争议不大的简单的民事案件；二是经当事人双方约定采用简易程序的民事案件。

2. 简易程序的环节

1) 起诉

原告可以口头起诉。

2）审理

基层人民法院可以当即审理，也可另定日期审理，应在立案之日起 3 个月内审结。审理由审判员 1 人主持，传唤当事人和证人、送达诉讼文书、当事人陈述意见和审理案件。人民法院在审理过程中，发现案件不适用简易程序的，裁定转为第一审程序。

（二）第一审程序

1. 起诉

1）起诉的条件

起诉必须符合四个方面的条件：一是原告是与本案有直接利害关系的公民、法人和其他组织；二是有明确的被告；三是有具体的诉讼请求、事实和理由；四是属于人民法院受理民事诉讼的范围和受诉人民法院管辖。

2）递交起诉状

起诉应当向人民法院递交起诉状，并按照被告人数提出副本。起诉状内容应记明的事项包括四个方面：一是原告的姓名、性别、年龄、民族、职业、工作单位、住所、联系方式，法人或其他组织的名称、住所和法定代表人或主要负责人的姓名、职务、联系方式；二是被告的姓名、性别、工作单位、住所等信息，法人或其他组织的名称、住所等信息；三是诉讼请求和所根据的事实与理由；四是证据和证据来源，证人姓名和住所。

2. 受理

人民法院对符合起诉条件的予以受理，在 7 日内立案，并通知当事人；不符合起诉条件的，应在 7 日内做出裁定书，不予受理；原告对裁定不服的，可以提起上诉。

3. 通知被告人

人民法院应在立案之日起 5 日内将起诉状副本发送被告，被告应当在收到之日起 15 日内提出答辩状。人民法院收到答辩状之日起 5 日内将答辩状副本发送原告。被告不提出答辩状的，不影响人民法院审理。

4. 告知当事人

人民法院对决定受理的案件,应在受理案件通知书和应诉通知书中向当事人告知有关的诉讼权利和义务,或者口头告知。合议庭组成人员确定后,应当在3日内告知当事人。

5. 调解

当事人起诉到人民法院的民事纠纷,适宜调解的,先行调解。合议庭根据当事人自愿的原则,在事实清楚的基础上由审判员或合议庭主持调解。调解达成协议,人民法院应当制作调解书,注明诉讼请求、案件的事实和调解结果,并由审判员和书记员署名、双方当事人签章,加盖人民法院印章。

6. 开庭审理

人民法院审理民事案件,除涉及国家秘密、个人隐私或法律另有规定的以外,应当公开进行,在开庭3日前通知当事人和其他诉讼参与人。离婚和涉及商业秘密的案件,当事人申请不公开审理的,可以不公开审理。

1) 宣布法庭纪律

开庭审理前,书记员应当查明当事人和其他诉讼参与人是否到庭,宣布法庭纪律。

2) 告知诉讼权利和义务

开庭审理时,审判长核对当事人,宣布案由,宣布审判人员、书记员名单,告知当事人有关的诉讼权利和义务,询问当事人是否提出回避申请。

3) 法庭调查

法庭调查顺序依次为:当事人陈述;告知证人的权利和义务,证人作证,宣读未到庭的证人证言;出示书证、物证、视听资料和电子数据;宣读鉴定意见;宣读勘验笔录。期间,当事人在法庭上可以提出新的证据,经法庭许可,可以向证人、鉴定人、勘验人发问。

4) 法庭辩论

法庭辩论顺序依次为:原告及其诉讼代理人发言;被告及其诉讼

代理人答辩;第三人及其诉讼代理人发言或者答辩;互相辩论。法庭辩论终结,由审判长按照原告、被告、第三人的先后顺序征询各方最后意见。

5) 判决

法庭在判决前能够调解的,还可以进行调解,调解不成的,应当及时判决。

(三) 第二审程序

1. 上诉

1) 上诉的时间

《民事诉讼法》对上诉时间的规定:一是当事人不服第一审判决的,有权在判决书送达之日起 15 日内向上一级人民法院提起上诉;二是当事人不服第一审裁定的,有权在裁定书送达之日起 10 日内向上一级人民法院提起上诉。

2) 递交上诉状

上诉状内容应包括的事项:一是当事人的姓名,法人的名称及其法定代表人的姓名或其他组织的名称及其主要负责人的姓名;二是原审人民法院名称、案件的编号和案由;三是上诉的请求和理由。上诉状应通过原审人民法院提出,并按照对方当事人或代表人的人数提交副本,也可直接向第二审人民法院上诉,由其在 5 日内将上诉状移交原审人民法院。

2. 提出答辩状

原审人民法院收到上诉状,应在 5 日内将上诉状副本送达对方当事人,由其在 15 日内提出答辩状。人民法院在收到答辩状之日起 5 日内将副本送达上诉人。对方当事人不提出答辩状的,不影响人民法院审理。

3. 报送案卷证据

原审人民法院收到上诉状和答辩状后,在 5 日内将全部案卷和证据报送第二审人民法院。第二审人民法院对上诉请求的有关事实和适用法律进行审查。

4. 审理

第二审人民法院对上诉案件组成合议庭进行审理。经过阅卷、调查和询问当事人，对没有提出新的事实、证据或理由，合议庭认为不需要开庭审理的，可以不开庭审理。第二审人民法院按照下列情形进行处理：

（1）原判决、裁定认定事实清楚，适用法律正确的，以判决、裁定方式驳回上诉，维持原判决、裁定。

（2）原判决、裁定认定事实错误或适用法律错误的，以判决、裁定方式依法改判、撤销或者变更。

（3）原判决认定基本事实不清的，裁定撤销原判决，发回原审人民法院重审，或查清事实后改判。

（4）原判决遗漏当事人或违法缺席判决等严重违反法定程序的，裁定撤销原判决，发回原审人民法院重审。

原审人民法院对发回重审的案件做出判决后，当事人提起上诉的，第二审人民法院不得再次发回重审。

四、督促、公示催告程序

（一）督促程序

督促程序是指对于给付金钱或有价证券的请求，人民法院根据债权人的申请向债务人发出支付令，债务人在收到支付令之日起15日内不提出异议又不履行支付令的，债权人可以向人民法院申请执行。

（二）公示催告程序

公示催告程序是指可以背书转让的票据持有人，因票据被盗、遗失或灭失，可以向票据支付地的基层人民法院申请公示催告。申请人应当向人民法院递交申请书，写明票面金额、发票人、持票人、背书人等票据主要内容和申请的理由、事实。人民法院决定受理申请，应当同时通知支付人停止支付，并在3日内发出公告，催促利害关系人申报权利。没有人申报的，人民法院应当根据申请人的申请做出判决，宣告票据无效。判决应当公告，并通知支付人。自判决公告之日起,申请人有权向支付人请求支付。

五、执行措施

(一) 申请执行

1. 申请执行的情形

申请执行有四种情形:一是发生法律效力的民事判决和裁定,一方拒绝履行的,对方当事人可以向人民法院申请执行;二是调解书和其他应当由人民法院执行的法律文书,一方拒绝履行的,对方当事人可以向人民法院申请执行;三是对依法设立的仲裁机构的裁决,一方当事人不履行的,对方当事人可以向有管辖权的人民法院申请执行;四是对公证机关依法赋予强制执行效力的债权文书,一方当事人不履行的,对方当事人可以向有管辖权的人民法院申请执行。

2. 申请执行的期间

申请执行的期间为2年。执行员接到申请执行书向被执行人发出执行通知,并可以立即采取强制执行措施。

(二) 强制执行措施

1. 罚款与拘留

被执行人未按执行通知履行法律文书确定的义务,应当报告当前以及收到执行通知之日前1年的财产情况。被执行人拒绝报告或者虚假报告的,人民法院可以根据情节轻重对被执行人或其法定代理人、有关单位的主要负责人或直接责任人员予以罚款和拘留。

2. 扣押、冻结、划拨、变价财产

被执行人未按执行通知履行法律文书确定的义务,人民法院有权向有关单位查询被执行人的存款、债券、股票、基金份额等财产情况,并有权根据不同情形扣押、冻结、划拨、变价被执行人的财产。

3. 扣留和提取收入

被执行人未按执行通知履行法律文书确定的义务,人民法院有权扣留、提取被执行人应当履行义务部分的收入。

4. 查封、扣押、冻结、拍卖、变卖财产

被执行人未按执行通知履行法律文书确定的义务,人民法院有权查封、扣押、冻结、拍卖、变卖被执行人应当履行义务部分的财产。财产被查封、扣押后,执行员应当责令被执行人在指定期间履行法律文书确定的义务。被执行人逾期不履行的,人民法院应当拍卖被查封、扣押的财产。查封、扣押财产时,被执行人是公民的,应通知被执行人或他的成年家属到场,其工作单位或财产所在地的基层组织应派人参加。被执行人是法人或其他组织的,应通知其法定代表人或主要负责人到场。拒不到场的,不影响执行。

5. 搜查

被执行人不履行法律文书确定的义务,并隐匿财产的,人民法院有权发出搜查令,对被执行人及其住所或者财产隐匿地进行搜查。

6. 支付债务利息与迟延履行金

被执行人未按判决、裁定和其他法律文书指定的期间履行给付金钱义务的,应当加倍支付迟延履行期间的债务利息。被执行人未按判决、裁定和其他法律文书指定的期间履行其他义务的,应当支付迟延履行金。

7. 其他措施

被执行人不履行法律文书确定的义务的,人民法院可以对其采取或通知有关单位协助采取限制出境,在征信系统记录、通过媒体公布不履行义务信息和法律规定的其他措施。

 案例分析

小张通过某小额贷款有限公司的"向朋友借"或"借条"的应用软件向小刘借了3万元,并以软件中数据电文形式和小刘订立借款协议,双方约定借款期限为3个月,未约定利息。借款到期后,小张一直没有偿还,小刘见交涉无果,起诉至法院,要求法院判令小张偿还其借款及利息。

请分析,以数据电文形式签订的电子协议能否得到法院的认可?法院应如何判决?

阅读思考

社会主义荣辱观——"八荣八耻"

2006年3月,胡锦涛指出要引导广大干部群众特别是青少年树立社会主义荣辱观。即"以热爱祖国为荣、以危害祖国为耻,以服务人民为荣、以背离人民为耻,以崇尚科学为荣、以愚昧无知为耻,以辛勤劳动为荣、以好逸恶劳为耻,以团结互助为荣、以损人利己为耻,以诚实守信为荣、以见利忘义为耻,以遵纪守法为荣、以违法乱纪为耻,以艰苦奋斗为荣、以骄奢淫逸为耻"。

"八荣八耻"是针对拜金主义、享乐主义、见利忘义、损公肥私、不讲信用、欺骗欺诈等消极现象和社会公害,提出鲜明的是非、善恶界限,为保证社会主义市场经济的健康发展,为建设与社会主义市场经济相适应的道德体系,提供了思想基础。

请思考,在互联网与大众创业时代,社会主义荣辱观对电子商务专业学生在道德观念与法律意识方面的培养具有哪些指导意义?

复习与思考

一、单项选择题

1. 《仲裁法》先后经过(　　)次修订。
   A. 一　　　　B. 两　　　　C. 三　　　　D. 四

2. 仲裁协会的性质是(　　)。
   A. 行业组织　　　　　　B. 官方组织
   C. 社会组织　　　　　　D. 政府组织

3. 下列各项中,不属于经济仲裁的是(　　)。
   A. 商标纠纷仲裁　　　　B. 经济合同仲裁

C. 专利纠纷仲裁　　　　　　D. 继承合同仲裁

4. 《民事诉讼法》先后经过（　　）次修订
   A. 一　　　B. 两　　　C. 三　　　D. 四

5. 基层人民法院管辖的是（　　）。
   A. 第一审民事案件　　　　B. 重大涉外案件
   C. 重大影响案件　　　　　D. 经济案件

6. 人民法院发现受理案件不属于其管辖,应移送有管辖权的人民法院,其是指（　　）管辖。
   A. 指定　　　　　　　　　B. 选择
   C. 移送　　　　　　　　　D. 专属

7. 下列各项中,不属于民事诉讼当事人的是（　　）。
   A. 公民　　　　　　　　　B. 法人
   C. 原告　　　　　　　　　D. 其他组织

8. 当事人不服第一审判决的,有权在判决书送达之日起（　　）日内提出申诉。
   A. 15　　　B. 20　　　C. 30　　　D. 60

9. 发生法律效力民事判决和裁定后,申请执行的期间为（　　）年。
   A. 1　　　B. 2　　　C. 3　　　D. 4

10. （　　）是指为保护自己合法权益并以自己名义向法院提起诉讼的人。
    A. 原告　　　　　　　　　B. 被告
    C. 第三方被告　　　　　　D. 公民

二、多项选择题

1. 《仲裁法》适用的主体是我国境内的（　　）。
   A. 公民　　　　　　　　　B. 法人
   C. 销售者　　　　　　　　D. 其他组织

2. 下列各项中,属于《仲裁法》适用的客体有（　　）。
   A. 合同纠纷　　　　　　　B. 财产权益纠纷

C. 继承纠纷 D. 行政争议

3. 《仲裁法》的基本原则包括（　　）。

A. 自愿仲裁原则 B. 或裁或审原则
C. 依据事实和法律仲裁原则 D. 独立仲裁原则

4. 我国仲裁委员会的类型包括（　　）。

A. 专业仲裁委员会 B. 涉外仲裁委员会
C. 临时仲裁委员会 D. 常设仲裁委员会

5. 《民事诉讼法》的基本原则包括（　　）。

A. 独立原则 B. 事实与法律为依据原则
C. 平等原则 D. 自愿与合法原则

6. 上诉状应通过（　　）提出。

A. 最高人民法院 B. 原审人民法院
C. 第二审人民法院 D. 第一审人民法院

7. 被执行人未按执行通知履行法律文书确定的义务，人民法院有权（　　）。

A. 调解

B. 处罚

C. 扣留

D. 提取被执行人应当履行义务部分的收入

8. 申请撤销裁决的情形包括（　　）。

A. 没有仲裁协议的 B. 仲裁委员会无权仲裁的
C. 仲裁程序违反法定程序的 D. 仲裁员徇私舞弊的

9. 仲裁庭应当将开庭情况进行笔录，由（　　）记录。

A. 仲裁员 B. 记录人员
C. 作者 D. 其他仲裁参与人

10. 被申请人（　　）视为缺席裁决。

A. 无正当理由不到庭的

B. 无提供证据的

C. 未经仲裁庭许可中途退庭的

D. 违反程序的

三、判断题

1. 仲裁是指发生争议的一方当事人自愿将其争议交于第三者进行评断。（　）
2. 仲裁不受行政机关、社会团体和个人的干涉。（　）
3. 仲裁协会可以直接进行仲裁业务。（　）
4. 仲裁协会可以领导仲裁委员会的具体工作。（　）
5. 仲裁协议书就是仲裁条款。（　）
6. 仲裁庭在做出裁决前，可以先行调解。（　）
7. 调解书与裁决书具有同等法律效力。（　）
8. 地域管辖是指不同级人民法院之间，按照各自辖区对第一审案件审理的分工。（　）
9. 院长担任审判长时的回避由审判长决定。（　）
10. 当事人起诉到人民法院的民事纠纷，即使适宜调解的，也不可先行调解。（　）
11. 审判人员的回避，由院长决定。（　）
12. 法庭辩论终结后，由审判长按照原告、被告、第三人的先后顺序征询各方最后意见。（　）
13. 法院审理民事案件除涉及国家秘密、个人隐私或法律另有规定以外，应公开进行。（　）
14. 仲裁裁决经当事人申请可以重新仲裁的。（　）

四、简答题

1. 简述仲裁员必须具备的条件。
2. 简述仲裁协议书与仲裁条款的区别。
3. 简述原告地管辖的情形。
4. 简述起诉的条件。
5. 简述起诉状内容。
6. 简述上诉状的内容。

五、案例分析题

A电子商务有限公司与B制衣有限公司签订了一份女式套裙购

销合同,订有仲裁条款,但没有明确由哪一方仲裁委员会仲裁。A 电子商务有限公司对交货的品质与包装进行了验货,发现存在严重的质量问题,为此双方发生了争议,即向属地仲裁机构提请仲裁。

请分析,仲裁机构能受理吗?为什么?此案该如何处理?

荣辱、争议、法律之析

我国改革开放经过了 40 年,物质生活条件有了很大的改善,人们的道德观、人生观、世界观也发生了变化,既有积极向上、与时俱进的,也有损人利己、见利忘义的。"八荣八耻"的荣辱观是时代道德建设的精神概括,指出了人们应该坚持什么、反对什么、倡导什么、抵制什么。

根据电子商务研究中心发布的《2018 年(上)中国电子商务用户体验与投诉监测报告》显示,2018 年上半年受理投诉案件数量同比增长 66.93%,增速高于往年。名列全国投诉前 18 的问题依次为退款、商品质量、发货、网络欺诈、霸王条款、网络售假、订单、售后服务、虚假促销、退换货难、物流、不退还保证金、货不对板、冻结商家资金、恶意罚款、客服、发票、信息泄露问题。

请以小组为单位,依据本章电子商务仲裁诉讼法律制度的学习,结合"荣辱、争议、法律之析"一文,谈谈倡导"八荣八耻"对在校大学生创业具有哪些指导作用?